English-to-Spanish Computer and Internet Dictionary

Alicia S. Clark
and
Eduardo H. Clark

Universal Publishers
Boca Raton, Florida
USA • 2004

English-to-Spanish Computer and Internet Dictionary

Universal Publishers
Boca Raton, Florida • USA
2004

ISBN: 1-58112-499-6

www.universal-publishers.com

Al Lector

Este libro es una recopilación de varias fuentes de información de computación y de Internet. Se ha tratado de reunir la mayor cantidad de términos básicos y de uso común, así como de terminología de mayor sofisticación, teniendo en cuenta su utilidad y frecuencia de uso. Este libro representa una gran herramienta para aquellas personas interesadas en comprender, en el idioma español, términos, expresiones comunes y nombres, propios del interesante y vasto mundo de la computación y de la Internet. La traducción exacta de vocablos en el idioma inglés, con una explicación concisa, ambos en español, hacen de este diccionario un aliado indispensable para cualquier persona dedicada a la amplia gama de labores de la informática.

Se hizo uso de ciertas características especiales para la óptima comprensión de las explicaciones de ciertos términos en el diccionario. Como ejemplo tenemos el signo: / , que introduce varias acepciones de un mismo vocablo, para una clara y completa comprensión.

Acerca de los Autores

Eduardo H. Clark es ingeniero industrial titulado y con maestría en administración pública. Estudió la licenciatura en prestigiosas universidades de México: el Tecnológico de Monterrey, en la ciudad de Monterrey, Nuevo León; y en la Universidad Anahuac, en la Ciudad de México. Estudió el posgrado en el Centro de Investigación y Docencia Económicas (CIDE), también en la Ciudad de México. Fué profesor en el área de ánalisis y diseño de sistemas en la División de Estudios de Posgrado de la Facultad de Contabilidad y Administración de la Universidad Nacional Autónoma de México. Posee amplia experiencia en el campo de la informática y en el ámbito de la comunicación y reside en los Estados Unidos desde 1982. Ha escrito una multitud de manuales técnicos para importantes empresas americanas de tecnología, como Texas Instruments (procesadores digitales de señales y computadoras), VTEL (equipo de teleconferencia), y Pervasive Software (bases de datos). También trabajó como consultor en Nortel Networks asesorando a clientes proveedores de servicios de telecomunicación en la integración de sistemas computarizados de soporte de operaciones. Es miembro *senior* del IEEE y en la actualidad ocupa el cargo de presidente de la Sociedad Profesional de Comunicación del IEEE.

Alicia Sevilla-Clark cursó estudios bilingües (inglés y español) en prestigiosos colegios privados de la Ciudad de México. Se especializó posteriormente, en la enseñanza del inglés como segundo idioma, obteniendo diploma de la Universidad de Cambridge, Inglaterra. Ha trabajado como profesora de inglés y traductora por muchos años. Actualmente radica en los Estados Unidos, junto con su familia, y trabaja como maestra asistente de educación primaria, especialmente dedicada a ayudar a niños de lento aprendizaje o con conocimiento limitado del idioma inglés.

Dedicatoria

Este libro lo dedicamos a toda la comunidad hispano-parlante a quien profesamos cariño y admiración. Nuestros padres son mexicanos, y nos enorgullecemos de nuestras raíces.

Papá, te dedico también este libro. Gracias por tu amor y dedicación.

A

AAMOF- (As A Matter Of Fact)- Abreviación comúnmente usada en la Internet que significa: "de hecho".

abandon- Borrar un documento, programa de contabilidad, o cualquier otro trabajo realizado en pantalla, sin salvarlo previamente en cualquier tipo de disco.

abbreviation- Abreviatura. Abreviatura generalmente usada en la Internet. Como ejemplo tenemos: IMHO (In My Humble Opinion) "en mi humilde opinión", BRB (Be Right Back) "regreso en seguida".

A/B switch- Interruptor de dos puertos.

ABEND- (Abnormal END)- Interrupción inusitada de algún proceso.

abort- Interrumpir/interrupción de un programa de manera abrupta y anormal.

ABS- Función que calcula el valor absoluto en ciertos lenguajes de programación.

absolute address- Dirección absoluta. En un programa, un lugar fijo en memoria que se localiza por una dirección.

absolute link- Enlace absoluto. Hiperenlace que especifica la localización del archivo del documento de referencia remoto, en un documento de Lenguaje de Formateo de Hipertexto (HTML).

absolute path- Trayectoria absoluta. Especificación de trayectoria en un sistema de archivo jerarquizado, que incluye toda la información para localizar el archivo relativo al directorio de raíz (principal).

absolute URL- Localizador Uniforme de Recursos (URL) absoluto. URL que especifica detalladamente (empezando con http:) la localización de un recurso o archivo en la Internet.

absolute value- Valor absoluto. Término usado en matemáticas para indicar la distancia de un punto o número, a partir del origen (punto cero), en una línea de números o sistema coordenado.

abstract- Resumen. Resumen de un archivo o documento.

Abstract Syntax Notation One (ASN.1)- Forma estándar de describir un mensaje (una unidad de datos de aplicación) que puede enviarse o recibirse en una red.

ACAP (Application Configuration Access Protocol)- Protocolo de Acceso de Configuración de Aplicación. Protocolo de correo electrónico en desarrollo por La Fuerza de Trabajo de Ingeniería de la Internet (IETF) para complementar la última versión del Protocolo de Acceso a Mensajes de la Internet (IMAP4).

Accelerated Graphics Port (AGP)- Puerto Acelerado de Gráficas. Especificación de interfaz que facilita el despliegue acelerado de gráficas 3-D en computadoras personales comunes.

accelerator- Acelerador. Dispositivo que permite agilizar una operación.

accelerator board- Tarjeta de acelerador. Placa de circuitos diseñada para agilizar funciones de computadora.

accelerator key- Tecla de acelerador.

Acceptable Use Policy (AUP)- Política de Uso Aceptable. Política a la que deben someterse los usuarios de cualquier tipo de acceso a red para que se les proporcione servicio de acceso.

acceptance test- Examen aprobatorio. Demostración de las cualidades de un nuevo producto de software o hardware.

access- Acceso. El acto de leer datos de, o escribir (grabar) datos a un dispositivo de almacenamiento. // Privilegio. El derecho de uso de información de computadora. La mayoría de sistemas operativos cuenta con diferentes tipos de privilegios de acceso. // Usar. Los programas pueden usar memoria, lo cual significa que pueden leer datos de, o escribir (grabar) datos a la memoria principal. // Leer datos de, o escribir (grabar) datos a un dispositivo de almacenamiento masivo.

access arm (head arm)- Brazo de acceso. Brazo de la cabeza electora de disco.

access charge- Cargo (cobro) por acceso. Cantidad que se cobra por el uso de una red.

access code- Código de acceso.

access control- Control de acceso. Forma de controlar el acceso a una red como medio de seguridad.

Access Control List (ACL)- Lista de Control de Acceso. Lista de usuarios de una red que tienen autorización de acceder al sistema.

access denied- Acceso denegado.

access hole (head access aperture)- Ranura de acceso. La ranura de la cubierta de un floppy disk (disco flexible), a través de la cual la cabeza de leer/escribir (grabar) trabaja con el medio de grabación.

access method- Método de acceso.

access privileges- Privilegios de acceso.

access provider (Internet service provider)- Proveedor de acceso (al servicio de la Internet).

access rights- Derechos de acceso.

access time- Tiempo de acceso. El tiempo que transcurre entre la solicitud de información en memoria y su recepción.

accessibility- Accesibilidad.

accessibility wizard- Asistente de accesibilidad.

accessory slot (expansion slot)- Ranura para accesorios. Receptáculo diseñado para aceptar adaptadores.

account- Contrato entre un usuario y el proveedor de servicio.

accounting package- Programa de contabilidad.

accumulator- Acumulador. Registro de valores acumulados en la Unidad Central de Procesamiento (CPU).

ACK (Acknowledgement code) Código de Acuse de Recibo. Caracter de control de transmisión usado para indicar que un mensaje transmitido fue recibido sin daños o errores y que la estación receptora está lista para aceptar transmisiones.

ACL (Access Control List)- Lista de Control de Acceso. Ver Access Control List.

ACM (Association for Computer Machinery)- Asociación para la Maquinaria de Computación. Organización fundada en 1947 que constituye la sociedad de computación científica e industrial mas grande y antigua del mundo.

acoustic coupler- Enlace acústico. Dispositivo de hardware que permite que un módem se conecte a un circuito de voz.

ACPI (Advanced Configuration and Power Interface)- Interfaz de Energía y de Configuración Avanzada. Sistema de control de energía para computadoras portátiles.

acquire- Adquirir. Obtener un archivo para ser editado.

Acrobat- Programa desarrollado por la Compañía Adobe Systems, Inc. que permite capturar un documento y verlo en su formato y apariencia original.

acronym- Acrónimo. Abreviatura de varias palabras para formar una sola.

activate- Activar.

active- Activo. Objeto que se exhibe o usa en el momento.

active addressing- Tipo de pantalla de cristal líquido, que utilizan las computadoras portátiles, que funciona mejor que las pantallas de cristal líquido de matriz pasiva, pero sin el alto costo de una pantalla de matriz activa.

active attack- Ataque activo. La alteración de información en un sistema de computadora, al burlar su sistema de seguridad, para introducirse ilícitamente.

active cell (current cell)- Celda activa. La celda donde se localiza el puntero en una hoja de cálculo.

Active Channel- Canal activo.

active color- Color activo. El color que se usa en el momento de estar trabajando en un programa de dibujo o pintura.

active configuration- Configuración activa.

active database- Base de datos activa. En el manejo de bases de datos, el archivo de base de datos en uso.

Active Desktop- Escritorio activo. Interfaz del programa Windows 2000 que permite convertir un escritorio de computadora en un recipiente para páginas Web.

Active Directory- Directorio activo. Servicio de directorio de Microsoft, que funciona como parte integral de la arquitectura de Windows 2000.

active file- Archivo activo. El documento que aparece en pantalla cuando se trabaja con un programa de aplicación.

active index- Indice activo. En sistemas de manejo de bases de datos, el archivo de índice en uso.

active matrix- Matriz activa. Pantalla de cristal líquido (LCD) que ofrece un mayor contraste que la pantalla de matriz pasiva.

active matrix display (thin film transistor)- Despliegue de matriz activa. Tecnología utilizada en pantallas de cristal líquido (LCD), de panel plano, de computadoras laptop y notebook (bloc de notas). Utiliza un transistor por cada elemento de pantalla.

active sensing- Sensor activo. Proceso de verificación de errores usado en dispositivos de Interfaz Digital de Instrumentos Musicales (MIDI).

Active Server Page (ASP)- Página de Servidor Activo. Página de Lenguaje Marcador de Hipertexto (HTML) que incluye uno o más programas pequeños con un propósito particular (scripts), procesados en un servidor de Microsoft Web antes de enviar la página al usuario.

active window- Ventana activa. Ventana donde se localiza el cursor.

ActiveX- El nombre que Microsoft ha dado a una serie de herramientas y tecnología estratégicas de programación orientada a objetos

ActiveX control- Control ActiveX. Objeto, parte de un programa mayor, que puede ser usado de nuevo por varios programas de aplicación dentro de una computadora o entre computadoras en una red.

activity light- Luz de estar en funcionamiento. Luz en el panel frontal de una computadora que parpadea cuando la unidad de disco duro se encuentra en funcionamiento.

actual parameter- Parámetro real.

actuator- Estimulador. Mecanismo que mueve la cabeza de lectura y escritura de un disco duro.

Ada- Lenguaje de programación en honor al nombre de Ada Augusta Lovelace Byron, hija de Lord Byron y compañera de Charles Babbage (1791-1871), quien aportó varios conceptos a la computación.

adapter (expansion board, card)- Adaptador. Tarjeta de circuitos impresos que puede insertarse en una computadora para añadirle capacidades.

adaptive answering- Respuesta adaptiva. Propiedad de un modem de fax de detectar si la llamada que está por entrar contiene un fax o datos de computadora.

Adaptive Differential Pulse Code Modulation (ADPCM)- Modulación Adaptiva de Código de Pulso Diferencial. Método de compresión en forma de onda digital en multimedia.

adaptive technology- Tecnología adaptiva. Tecnología de computación para personas con limitaciones físicas.

ADB (Apple Desktop Bus)- Vía de Transmisión de Escritorio Apple. Interfaz para conectar dispositivos de entrada a computadoras Macintosh.

ADC (Analog-to-Digital Converter)- Convertidor de Analógico a Digital.

A/D converter (Analog-to-Digital converter)- Convertidor de Analógico a Digital.

add-in program- Programa de extensión. Utilidad de software u otro programa que puede anexarse a un programa primario.

add noise- Añadir ruido. Filtro de fotopintura que añade textura.

address- Dirección. Localización de datos, usualmente en la memoria principal, o en un disco. // Nombre o señal que identifica a un componente de red.

addressability- Medida del funcionamiento de un monitor.

address book- Libreta de direcciones.

address bus- Conducto por el cual se transmiten direcciones de localizaciones de almacenamiento en memoria.

address resolution- Proceso automatizado por medio del cual la dirección de Red de Area Local (LAN) de cada estación de trabajo se convierte en una dirección de Protocolo de la Internet (IP).

Address Resolution Protocol (ARP)- Protocolo para relacionar una dirección de Protocolo de la Internet (IP) con una dirección de máquina física reconocida en la red local.

address space- Espacio para direcciones. Espacio reservado para toda posible dirección de una entidad de computación: dispositivo, un archivo, un servidor o una computadora en red.

ad-hoc (spontaneous) network- Red temporal. Red de área local creada temporalmente con cierto propósito.

ad-hoc mode- Una red de dos o mas computadoras que se comunican inalambricamente usando la norma 802.11 a la par sin usar un enrutador o punto de acceso a una red externa.

ADI (Apple Desktop Interface) Interfaz de Escritorio Apple. Serie de normas de interfaz de usuario desarrolladas por la Compañía Apple Computer.

ADPCM - (Adaptive Differential Pulse Code Modulation)- Ver Modulación Adaptiva de Código de Pulso Diferencial.

ADSL (Assymmetric Digital Subscriber Line)- Línea de Suscriptor Digital Asimétrica. Servicio de suscripción de banda ancha digital para conexión a Internet.

ADSL modem- Modulador o demodulador para conectar al servicio de ADSL.

Advanced Configuration and Power Interface (ACPI)- Interfaz de Energía y de Configuración Avanzada. Sistema de control de energía para computadoras portátiles.

Advanced Interactive Executive- Versión IBM del sistema operativo UNIX.

Advanced Micro Devices (AMD)- Empresa que fabrica microprocesadores y otros circuitos integrados.

Advanced Power Management (APM)- Administración Avanzada de Energía. Utilidad de Windows que permite conservar energía cortando el suministro de energía a recursos (como la pantalla, o el disco duro) cuando no están en uso activo.

Advanced Research Projects Agency (ARPA)- Agencia de Proyectos de Investigación Avanzados. Red de computadoras de instituciones de investigación, antecesora a la Internet.

Advanced Run-Length Limited (ARLL)- Método Avanzado de Compresión de Datos.

Advanced SCSI Programming Interface (ASPI)- Interfaz de Programación Avanzada de Interfaz de Sistemas de Pequeñas Computadoras (SCSI). Especificación de interfaz, desarrollada por Adaptec, Inc., para el envío de comandos a un adaptador huésped de Interfaz de Sistemas de Pequeñas Computadoras (SCSI).

advanced setup options- Opciones avanzadas de configuración. Opciones en el programa de configuración del Sistema Básico de Entrada y Salida (BIOS).

Advanced Technology Attachment (ATA)- Nombre oficial que el Instituto Americano de Normas Nacionales (ANSI), grupo X3T10, utiliza para lo que la industria de la computación conoce como Integrated Drive Electronics (IDE): interfaces para disco duro y disco compacto.

Advanced Technology Attachment Packet Interface (ATAPI)- Interfaz de paquete de interfaz para disco duro y disco compacto.

adventure game- Juego de aventuras.

AFAIK (As Far As I Know)- Abreviatura comúnmente usada en correo electrónico que significa: "Hasta donde yo sé".

AFAIR (As Far As I Remember)- Abreviatura comúnmente usada en correo electrónico que significa: "Que yo recuerde".

AFK (Away From Keyboard)- Abreviatura comúnmente usada en correo electrónico que significa: "Lejos de mi computadora".

agent- Agente. Software de servicio.

aggregate function- Función de agregar.

aggregate operator- Comando para que un programa ejecute la función de agregar.

aglet (agile applet) – Pequeño programa que sirve como agente móvil de servicios en una red de computadora.

AGP (Accelerated Graphics Port)- Puerto Acelerado de Gráficas. Especificación de interface de video que habilita un despliegue rápido de gráficas tridimensionales en computadoras personales.

ai- Extensión del nombre de archivo de Adobe Illustrator.

AI (Artificial Intelligence)- Inteligencia artificial. Ver Artificial Intelligence.

AIFF (Audio Interchange File Format) – Formato de Archivo de Intercambio de Audio. Uno de los formatos de audio más usados en el sistema operativo de Apple Macintosh.

airbrush- Aerógrafo.

AirPort- Adaptador inalámbrico de red de la Compañía Apple, que es compatible con la norma 802.11 del Instituto de Ingenieros Electrónicos y Electricistas (IEEE).

AIX (Advanced Interactive Executive)- Sistema operativo de IBM, abierto a la opinión pública, basado en una versión de UNIX.

alert box- Cuadro de alerta. Pequeño cuadro que aparece en pantalla para dar información o advertir sobre una posible operación dañina.

ALGOL (ALGOrithmic Language)- Lenguaje Algorítmico. Ver algorithm.

algorithm- Algoritmo. Fórmula, o serie de pasos, para la resolución de un problema en particular. Los algoritmos pueden ser expresados en cualquier lenguaje, desde en un lenguaje natural (lenguaje humano: español, inglés, etc.), hasta en lenguajes de programación.

alias- Alias. Nombre alternativo para un objeto; como una variable, un archivo, o un dispositivo.

aliasing- Fenómeno de video y sonido, que resulta de la generación de falsas frecuencias junto con las verdaderas, ocasionada por una frecuencia de muestreo que no es ni menos del doble de la más alta frecuencia muestreada (teorema de Nyquist). El resultado en gráficas de video es: orillas escalonadas; en sonido, un zumbido.

allocation unit (cluster)- Unidad de asignación. Unidad de espacio de disco asignada a un archivo.

Alpha- Microprocesador de alta velocidad de 64 bits creado por Digital Equipment Corporation (adquirida por Compaq Computer Corp.) en Massachusetts, E.U.A.

alphabetic text-Texto alfabético.

alpha build- Versión preliminar de software en desarrollo para prueba interna, previa a beta (prueba con usuarios externos selectos).

alphanumeric characters- Caracteres alfanuméricos

alphanumeric text- Texto alfanumérico.

alpha software- Versión muy temprana de un programa que se somete a pruebas de "bichos" (bugs), antes de someterlo a pruebas beta.

alpha test- Primera serie de pruebas a las que se someten los productos de computación antes de salir al mercado.

alpha testing- Someter a pruebas alfa. Pruebas iniciales de un producto de software.

Alt- Tecla de computadora que sirve para dar un uso adicional a otras teclas.

AltaVista- Popular motor de búsqueda (search engine) de la Web.

Altair- Microcomputadora personal pionera.

alterable memory- Memoria en la que se puede escribir y borrar.

ALU (Arithmetic-Logic Unit)- Ver Unidad Lógica-Aritmética.

AMD (Advanced Micro Devices)- Empresa de microprocesadores y otros circuitos integrados.

American National Standards Institute (ANSI)- Instituto Americano de Normas Nacionales. Instituto en el cual se establecen algunas normas que luego llegan a ser normas en el mundo de la computación. Hay muchos lenguajes que cumplen las normas ANSI.

American Standard Code for Information Interchange (ASCII)- Código Estándar Americano de Intercambio de Información. Código internacional compuesto de 8 bits que utiliza la computadora para interpretar letras, signos de puntuación, dígitos, u otros símbolos. Es el formato para archivo de textos más común en computadoras y en la Internet.

America Online (AOL)- El servicio de información en línea más grande en los Estados Unidos, con oficinas generales en Vienna, Virginia.

AMI (American Megatrends, Inc.)- Compañia en Norcross, Georgia, que produce el AMIBIOS uno de los sistemas básicos de entrada y salidas más usados en PCs.

Amiga- Computadora personal desarrollada originalmente por Commodore Business Machines. Durante su producción en los 1980s, generó una base de usuarios muy leal, debido a su poder en multimedia y a su sistema operativo de multitarea basado en tiempo compartido entre aplicaciones.

ampere (amp)- Amperio. Unidad de medida de corriente eléctrica.

ampersand- El caracter "&", que en ocasiones se utiliza en lugar de la palabra en inglés "and", que significa: "y".

amplified speaker- Bocina con amplificador electrónico.

amplifier- Amplificador.

anacronym- Un abreviación o acrónimo tan antiguo que su definición ha sido olvidada.

analog- Analógico. Basado en valores o voltajes que varían continuamente.

analog computer- Computadora analógica.

analog data- Datos analógicos.

analog device- Dispositivo analógico, a diferencia de digital.

analog modem- Modulador / demodulador analógico.

analog monitor- Monitor analógico.

analog-to-digital converter (A/D converter)- Convertidor de analógico a digital.

analog transmission- Transmisión analógica.

analyst- Analista. Especialista en computación que define los requerimientos y especificaciones de un sistema computarizado. El diseñador especifica los módulos, su interacción y funcionalidad; el programador crea el código que ejecuta la funcionalidad.

Analytical Engine- Motor analítico.

anchor- Ancla. Ancla de una gráfica que la asocia con una parte específica de un documento. En HTML (Lenguage de Formateo de Hipertexto), el ancla de un objeto (palabra, frase o imagen) es el objetivo de un enlace o una referencia seleccionable que apunta a ese objetivo.

anchored graphic- Gráfica anclada. Gráfica fijada en una parte específica de un documento.

AND- "Y". Operación lógica de unión.

AND gate- Compuerta de unión. Compuerta que realiza la operación lógica de unión.

angle brackets- Paréntesis en ángulo < >.

angry fruit salad- Expresión coloquial que se refiere a una gráfica de una multitud abrumadora de colores que no hacen juego ni contraste.

animated GIF- Gráfica animada de formato de intercambio. GIF es uno de los dos formatos más usados en páginas Web, el otro es JPEG.

animation- Animación. Simulación de movimiento creada al exponer una serie de imágenes.

anon server- Servidor anónimo. Servidor que oculta la identidad de sus usuarios.

anonymous FTP (File Transfer Protocol)- Protocolo de Transferencia de Archivo (FTP) anónimo. Método por el cual usuarios de la Internet pueden tener acceso a archivos sin la necesidad de identificarse con el servidor.

anonymous post- Artículo anónimo. Artículo puesto en Usenet por un anónimo.

anonymous remailer- Re-enviador anónimo. Servicio de correspondencia de la Internet que retira información de remitentes de mensajes por correo electrónico

ANSI- (American National Standards Institute)- Ver American National Standards Institute.

ANSI C – Versión estándar del lenguaje de programación C, desarrollado por el Instituto Americano para Normas Nacionales (ANSI).

ANSI escape sequences- Secuencias de escape del Instituto Americano para Normas Nacionales (ANSI).

ANSI graphics- Gráficas del Instituto Americano para Normas Nacionales (ANSI).

ANSI/ISO C++ - Versión estandarizada del lenguaje de programación C++ , desarrollada por un comité afiliado al Instituto Americano de Normas Nacionales (ANSI) y a la Organización Internacional de Estandarización (ISO).

ANSI screen control- Control de pantalla del Instituto Americano para Normas Nacionales (ANSI).

ANSI.SYS- Archivo de configuración con instrucciones para desplegar gráficas ANSI, para controlar la localización del cursor, el salto de línea y el tablero.

anti-aliasing- Procedimiento que elimina la apariencia escalonada de líneas en la pantalla de una computadora.

anti-glare- Anti-reflejante. Procedimiento para reducir el reflejo de luz en el monitor.

antistatic mat- Almohadilla anti-estática. Cojincillo cerca de un dispositivo de computación que absorbe electricidad estática.

antivirus software- Programas antivirus.

anycast- El medio de comunicación entre un solo remitente (sender) y el receptor (receiver) más próximo de varios en un grupo, en la versión 6 de Protocolo de la Internet (IPv6).

AOL – Ver America Online.

Apache- Servidor de Web ampliamente usado en la actualidad.

API (Application Program Interface)- Interfaz de Programa de Aplicación. Conjunto de servicios que ofrece un sistema operativo a sus programas.

APL (A Programming Language)- Lenguaje de programación de alto nivel ideado por K. Iverson (1956). Es utilizado generalmente para cálculos matemáticos tomando en consideración su carácter interactivo.

A-Plus- Programa de certificación desarrollado por la Asociación de la Industria de Tecnología de la Computación.

APM (Advanced Power Management)- Ver Advanced Power Management.

app (application, applet)- (Caló) Aplicación. Programa pequeño a mediano, de bajo costo y destinado a fines específicos.

append- Añadir datos al final de un archivo o base de datos.

Apple Computer- Compañía mejor conocida por su fabricación de computadoras Macintosh. Tiene oficinas generales en Cupertino, California.

Apple Desktop Bus (ADB)- Vía de Transmisión de Escritorio Apple. Interfaz para conectar dispositivos de entrada (ratones, tableros…) a computadoras Macintosh.

Apple Desktop Interface (ADI)- Interfaz de Escritorio Apple.

Apple File Exchange- Intercambio de Archivo Apple. Programa de utilidad de computadoras Macintosh para intercambiar datos con computadoras compatibles con las IBM PC.

Apple menu- Menú Apple (Macintosh).

AppleShare- Protocolo de comunicaciones de Apple que permite aplicaciones de cliente en una computadora para intercambiar archivos y solicitar servicios de programas de servidor en una red de computación.

Applet- Un programa de pequeña a mediana capacidad, de bajo costo y destinado a fines específicos.

AppleTalk- Protocolo de comunicaciones en red desarrollado por la compañía Apple Computer.

application- Aplicación. Programa de aplicación. Programa o grupo de programas diseñados para realizar una función específica, directamente para el usuario o, en ciertos casos, para otro programa de aplicación.

Application Configuration Access Protocol (ACAP)- Protocolo de Acceso de Configuración de Aplicación. Protocolo de correo electrónico, en desarrollo por la Fuerza de Trabajo de Ingeniería de la Internet (IETF), para complementar al Protocolo de Acceso a Mensajes de la Internet, última versión (IMAP4).

application control menu- Menú de control de aplicación.

application development system- Sistema de desarrollo de aplicación.

application framework- Serie de procedimientos predefinidos que ahorran al programador gran parte del trabajo de escribir un programa con una interfaz de usuario.

application heap- Memoria base (Macintosh).

application icon- Icono de aplicación.

application layer- Capa de aplicación. En el modelo de comunicaciones de Interconexión de Sistemas Abiertos (OSI), la capa de aplicación (applicaction layer) proporciona servicios para programas de aplicación que aseguran la comunicación.

application-level encryption- Codificación a nivel aplicación.

Application Menu (Macintosh)- Menú de aplicaciones (Macintosh).

application program- Programa de aplicación. Cualquier programa diseñado para realizar una función específica directamente para el usuario o, en algunos casos, para otro programa de aplicación.

Application Program Interface (API)- Interfaz de Programa de Aplicación. Método específico preescrito por un sistema operativo de computadora o por un programa de aplicación por el cual un programador que escribe un programa de aplicación puede hacer peticiones al sistema operativo u otra aplicación.

application programmer- Programador de aplicaciones.

application software- Programas de aplicación. Programas diseñados para resolver problemas específicos (de cierta aplicación).

application window- Ventana de aplicación.

applications programmer- Programador de aplicaciones.

A Programming Language- Ver APL.

aptent (application/content)- Aplicación/contenido. Combinación de aplicaciones de programas de computadora con contenido gráfico y de texto en la Internet.

arc cosine- Arco coseno.

arc sine- Arco seno.

arc tangent- Arco tangente.

Archie- Programa que permite buscar los archivos de todos los servidores de Protocolo de Transferencia de Archivo (FTP) de la Internet que ofrecen FTP anónimo.

Archie gateway- Enlace Archie. Página Web que proporciona una interfaz fácil de usar para el servicio de búsqueda Archie.

architecture- Arquitectura. El proceso y resultado de la concepción y especificación de la estructura general, componentes lógicos e interrelaciones lógicas de una computadora, su sistema operativo, una red, u otra concepción.

archival backup- Respaldo de archivos. Procedimiento de creación de respaldo a archivos de disco duro.

archival storage- Almacenamiento de archivos.

archive- Archivar. Copiar archivos a un medio de almacenamiento a largo plazo, como un respaldo. // Comprimir un archivo. // Disco, cinta o directorio que contenga archivos a los que se les hayan sacado un respaldo. // Archivo que contenga uno o más archivos en un formato comprimido. // En sistemas DOS, el atributo de archivo marca a archivos que hayan sido modificados desde el último respaldo. Ver archive attribute.

archive attribute- Atributo de archivo. Código secreto que indica si un archivo ha sido alterado desde que fue copiado por última vez, usando alguna utilidad de soporte o XCOPY. Ver archive.

archive site- Sitio de archivo.

ARCnet- Red de Area Local (LAN) desarrollada originalmente por Datapoint Corporation para computadoras compatibles con las IBM PC.

area- Area. Cantidad con dos dimensiones que representa cantidad o extensión de superficie.

area graph- Gráfica de área.

areal density- Densidad de área. Lo restringido de área en que se pueden almacenar datos en un disco duro o flexible.

argument (actual parameter)- Argumento (parámetro real) Valor que se pasa a una rutina, en programación. Ver command-line argument.

Arial- Tipo de fuente sans serif.

Arithmetic-Logic Unit (ALU)- Unidad Lógica-Aritmética. Parte de la Unidad Central de Procesamiento (CPU) que lleva a cabo operaciones lógicas y aritméticas y toma todas las decisiones de un microprocesador.

arithmetic operation- Operación aritmética.

arithmetic operator- Operador de aritmética. El símbolo que indica a un programa la operación aritmética a desarrollar.

ARP (Address Resolution Protocol)- Protocolo de Resolución de Dirección. Protocolo para convertir una dirección de Protocolo de la Internet (IP address) a una dirección de máquina física identificable en la red local.

ARPA (Advanced Research Projects Agency)- Agencia de Proyectos de Investigación Avanzados. Agencia del Departamento de Defensa de los Estados Unidos de América.

ARPANET (Advanced Research Projects Agency Network)- Red de la Agencia de Proyectos de Investigación Avanzados. Red de computadoras, precursora de la Internet, fue creada por la Agencia de Proyectos de Investigación (ARPA), del Departamento de Defensa de los Estados Unidos de América . Se estableció en 1969 para enlazar universidades y centros de investigación.

arrange- Arreglar. Ordenar.

array- Arreglo. Número de artículos dispuestos en una forma específica; por ejemplo, en una lista o en una tabla tridimensional.

array processor (vector processor)- Procesador de arreglo. Microprocesador que ejecuta una instrucción a la vez, pero en un arreglo o tabla de datos al mismo tiempo, más que en elementos de datos sencillos.

arrow keys- Teclas de movimiento del cursor (hacia arriba, abajo, la derecha o la izquierda).

article- Artículo. Escrito expuesto en grupos de discusión.

article selector- Selector de artículo.

Artificial Intelligence (AI)- Inteligencia artificial. La simulación de procesos de inteligencia humana por medio de máquinas, especialmente por sistemas de computación. El término fue concebido en 1956 por John McCarthy, del Instituto de Tecnología de Massachusetts.

artificial life- Vida artificial. Simulación de organismos vivos por medio de sistemas de computación.

AS (Autonomous System)- Sistema autónomo. Ver Autonomous System.

ASC- Función en BASIC que busca el número del código ASCII ligado a cierto caracter.

ascender Ascendente. Parte de las letras minúsculas b, d, f, h, k, l y t que sobresalen de la altura de la letra x.

ascending order- Orden ascendente.

ASCII (American Standard Code for Information Interchange)- Ver American Standard Code for Information Interchange.

ASCII art- Arte ASCII. Figuras creadas usando los caracteres ASCII regulares del teclado de una computadora.

ASCII character set- Juego de caracteres ASCII.

ASCII file- Archivo ASCII. Archivo que contiene únicamente caracteres del juego ASCII.

ASCII graphics- Gráficas ASCII.

ASCII transfer- Protocolo de transferencia de archivo.

ASIC (Application Specific Integrated Circuit)- Circuito Integrado para Aplicaciones Específicas. Cápsula de silicio (chip) diseñada para una aplicación en particular. Los circuitos integrados (ASICs) se construyen conectando bloques de construcción de circuito ya existente, en nuevas formas.

A-size paper- Tamaño de papel usado en Europa (210 mm x 297 mm) basado en el éstandar ISO 216.

ASM (Association for Systems Management)- Asociación para la Administración de Sistemas.

ASN (Autonomous System Number)- Número de Sistema Autónomo. Número que se asigna al Sistema Autónomo (AS). Ver Autonomous System.

ASN.1 (Abstract Syntax Notation One)- Forma estándar de describir un mensaje (unidad de datos de aplicación) que puede ser enviado o recibido en una red.

ASP (Application Service Provider)- Proveedor de Servicio de Aplicación. Compañía que ofrece acceso, a través de la Internet, a individuos o a empresas a aplicaciones y servicios relacionados, que de otra manera tendrían que ser localizados en sus computadoras personales o empresariales.

ASP (Active Server Page)- Ver Página de Servidor Activo.

Aspect-Oriented Programming (AOP)- Programación Orientada al Aspecto. Enfoque a la programación que permite que las propiedades globales de un programa determinen como está compilado como programa ejecutable. AOP puede ser usada con Programación Orientada a Objetos (OOP).

aspect ratio- Radio de la anchura de una imagen a su altura.

ASPI (Advanced SCSI Programming Interface)- Interfaz Avanzada de Programación de Interfaz de Sistemas de Pequeñas computadoras (SCSI). Ver Advanced SCSI Programming Interface.

assembler- Ensamblador. Programa que toma instrucciones básicas de computadora y las convierte en un patrón de cifras binarias (bits) que el procesador de computadora puede usar para realizar sus operaciones básicas (programa que traduce programas de lenguaje ensamblador a lenguaje máquina).

assembly language- Lenguaje ensamblador.

assembly listing- Listado de ensamblador.

assembly program- Programa ensamblador.

assign- Asignar. Dar valor a una variable.

assigned number- Número asignado. En Internet, valor asociado a un protocolo específico.

assignment- Asignación. Almacenar un valor a una variable fija.

assignment operator- Operador de asignación. Símbolo que permite al programador asignar un valor a una variable.

assignment statement- Instrucción de asignación. Instrucción de programa que asigna un valor a una variable.

associate- Asociar. Establecer en una computadora que cierto programa siempre procese un archivo determinado.

associated document- Documento asociado.

Association for Computing/Computer Machinery (ACM)- Asociación para Maquinaria de Computación. Fundada en 1947, es la sociedad de computación industrial y científica más grande y antigua del mundo.

Association for Systems Management (ASM)- Asociación para la Administración de Sistemas. Ver ASM.

Association for Women in Computing (AWC)- Asociación para Mujeres en la Computación.

Association of Shareware Professionals (ASP)- Asociación para Profesionales de Shareware (ver shareware).

asterisk- Asterisco. Signo en forma de estrella *.

astonisher (bang character, ball bat)- (Caló) Signo de admiración (!) en Unix.

Asymmetric Digital Subscriber Line (ADSL)- Línea de Suscriptor Digital Asimétrica. Tecnología para transmitir información digital a alta anchura de banda en líneas telefónicas existentes a hogares y negocios.

asymmetric key cryptography- Criptografía de clave asimétrica. Método para convertir a lenguaje críptico (en código o clave) que no requiere que el destinatario haya recibido la clave para descifrar en una transmisión por separado.

asynchronous- Asíncrono (a). Que no sucede o funciona al mismo tiempo.

asynchronous communication- Comunicación asíncrona.

ACIA (Asynchronous Communications Interface Adapter)- Adaptador de Interfaz de Comunicaciones Asíncronas.

asynchronous data transmission- Transmisión asíncrona de datos.

AT (Advanced Technology)- Tecnología avanzada.

AT command set (Hayes command set)- Juego de comandos AT. Juego de comandos AT que se utilizan para controlar modems Hayes.

ATA- Ver Advanced Technology Attachment.

ATA packet interface- Interfaz de paquete de ATA. Ver ATAPI.

ATAPI (Advanced Technology Attachment Packet Interface)- Interfaz de Paquete de ATA. Interfaz entre la computadora, la unidad de CD-ROM y unidades de respaldo de cinta conectadas.

ATM (Asynchronous Transfer Mode)- Modo de Transferencia Asíncrona. Tecnología de conmutación de conexión dedicada que organiza datos digitales en unidades de celda de 53 octetos (bytes) y las transmite en un medio físico usando tecnología de señal digital.

at sign- Signo arroba: @ que significa: en

Attached Resource Computer Network (ARCnet)- Ver ARCnet.

attachment- Añadidura. Archivo binario que se añade a un mensaje por correo electrónico.

attachment encoding- Formato en código que se usa para añadir un archivo binario a un mensaje por correo electrónico.

attenuation- Atenuación. Cualquier reducción en la fuerza de una señal.

attribute- Atributo. Propiedad o característica de algún componente o programa que puede ajustarse a diferentes valores.

ATX case- Compartimiento de computadora personal diseñado para tarjetas madre de factor forma ATX.

ATX form factor- Factor de forma, inventado for Intel, para tarjetas madre. Reemplaza al AT y Baby AT.

AU – Abreviatura de audio (en electrónica) o Australia (en la Internet).

audible feedback- Regeneración audible. La capacidad de un teclado de generar sonidos al presionar las teclas.

audio- Audio.

audio card- Tarjeta de audio. Ver sound board.

audio file- Archivo de audio.

audio monitor- Monitor de audio.

audit trail- Registros de auditoría.

AUP (Acceptable Use Policy)- Política de Uso Aceptable. Política a la que cualquier usuario de red debe someterse para que se le proporcione servicio de acceso.

authenticate- Identificar. Establecer la identidad de la persona que accesa una red de computadora.

authentication- Identificación. En redes públicas o privadas, el proceso de verificación de identidad por medio de contraseñas de acceso.

authoring- Proceso de preparación de presentaciones de multimedia o hipertexto.

authorware- Programas diseñados para la producción de presentaciones multimedia y páginas Web.

AutoCAD- Programa de diseño asistido por computadora (CAD).

auto-dial/auto-answer modem- Módem de auto-marcado/de auto-respuesta. Módem que puede generar tonos de marcado y puede contestar llamadas telefónicas para establecer conexión.

auto-dial mode- Modo de auto-marcado.

AUTOEXEC.BAT- En MS-DOS, archivo que contiene instrucciones que DOS ejecuta al poner en funcionamiento la computadora.

autojoin- Autounir. Unir automáticamente.

auto-logon- Autoacceso. Proceso automático de establecimiento de contacto o acceso a un sistema.

automata- Autómata.

automatic backup- Grabado automático. Característica de un programa de aplicación que graba (salva) un documento automáticamente a intervalos preestablecidos por el usuario (por ejemplo cada 5 o 10 minutos).

automatic emulation switching- Conmutación de emulación automática. El cambio automático de lenguajes de control de impresora.

automatic font downloading- Transferencia automática de caracteres. Transferencia de caracteres tipográficos del disco duro a la impresora por medio de un programa de utilidad.

automatic head parking- Estacionamiento de cabeza automático.

automatic hyphenation- División automática de texto con guiones.

automatic name recognition- Reconocimiento de nombre automático. Característica por la cual se detecta que la clave de búsqueda proporcionada es el nombre de una persona.

automatic network switching- Conmutación automática de red.

automatic recalculation- Recálculo automático. En hojas de cálculo, modo por el cual se recalcula los valores de celda cada vez que ocurre un cambio.

automatic speed sensing- Sensor de velocidad automático.

automation- Automatización.

Autonomous System (AS)- Sistema Autónomo. En Internet, una red o un grupo de redes controlado por un administrador de red en común (o grupo de administradores), en nombre de una sola entidad administrativa (una universidad, una empresa de negocios, o una división de negocios).

Autonomous System Number (ASN)- Número de Sistema Autónomo. Número que se asigna al Sistema Autónomo (AS).

autorepeat key- Tecla de autorepetición.Tecla que hace aparecer un caracter repetidamente mientras se mantenga pulsada.

autosave- Ver automatic backup.

autosizing- Autoajuste de tamaño. Propiedad de monitor que permite ajustar el tamaño de una imagen.

autostart routine- Rutina de autoarranque. Instrucciones en Memoria de Sólo Lectura (ROM) que indica a la computadora como proceder al accionarse el interruptor de encendido.

autotrace (draw program)- Autotrazar (programas de dibujo).

A/UX- Versión de la Compañía Apple Computer del sistema operativo de Unix.

auxiliary battery- Batería de emergencia. Pequeña batería empotrada a las computadoras portátiles que puede suministrar energía a la computadora por espacio de algunos minutos.

auxiliary memory- Memoria auxiliar.

auxiliary speakers- Bocinas auxiliares.

auxiliary storage (external storage) (secondary storage)- Almacenamiento de emergencia. Almacenamiento externo. Almacenamiento secundario. Medio de almacenamiento que conserva instrucciones de programa y datos aún cuando la computadora no está en funcionamiento.

avatar- Identificación visual usada en juegos de realidad virtual para identificar a un jugador. En algunos foros de charla, el avatar es la apariencia visual con la que uno suele representarse: unicornio, pájaro azul...o cualquier otra clase de creatura que resulte conveniente.

average access time- Tiempo promedio de acceso.

average latency- Demora promedio para que un paquete de información viaje de un punto a otro.

Puede también ser el tiempo promedio de viaje redondo de un paquete que regresa al remitente.

average seek time- Tiempo promedio de búsqueda.

AVI (Audio Video Interleave) file- Archivo de sonido y dibujos animados desarrollado por la Compañía Microsoft y diseñado para sus sistemas Microsoft Windows.

AWC (Association for Women in Computing)- Asociación para Mujeres en la Computación.

awk- Lenguaje de programación diseñado para manejar archivos de texto

AWT (Abstract Window Toolkit)- Serie de interfaces de programa de aplicación (APIs) usados por programadores en Java para crear objetos de Interfaz Gráfica de Usuario (GUI).

axis- Eje.

AX.25- Formato regular que se utiliza para transmitir datos en paquetes.

B

B (byte)- Abreviatura de byte (octeto; conjunto de 8 bits).

B- Programa experimental desarrollado en los Laboratorios Bell de AT&T en 1970.

Babbage, Charles (1791-1871)- Inventor de máquinas de cálculo.

baby AT case- Caja de computadora pequeña de tecnología avanzada (AT).

baby AT motherboard- Tarjeta madre de 9 x 10 pulgadas.

back- Comando de explorador (browser) que regresa a la página Web que se vió por última vez.

backbone- En una red de área amplia (Internet), conjunto de troncales de alta velocidad y capacidad a las cuales se conectan redes locales o regionales para interconnección a larga distancia.

backdoor- Forma no convencional de accesar un programa o sistema de computación.

back end- Parte de un programa que maneja las tareas de procesamiento que el programa está diseñado para realizar.

background- De fondo. En computadoras que pueden hacer más de una tarea a la vez, la ejecución de alguna tarea mientras el usuario trabaja con alguna aplicación.

background application- Aplicación de fondo. En un sistema de operación de multitarea, aplicación no activa.

background communication- Comunicación de fondo. Comunicación de datos que se lleva a cabo mientras el usuario realiza otra aplicación.

background execution- Ejecución de fondo. Ejecución de un programa que se lleva a cabo aún cuando no aparece en pantalla.

background noise- Ruido de fondo.

background pagination- División de páginas de fondo. División de un documento en páginas mientras se realiza otra aplicación.

background printing- Impresión de fondo.

background recalculation- Recálculo de fondo.

background tasks- Tareas de fondo.

backlighting- Luz de fondo.

backlit- Con luz posterior (de fondo).

backlit display- Despliegue con luz de fondo.

backoff- Tiempo de espera para la retransmisión de datos.

backplane- Tarjeta de circuitos para componentes específicos. Sinónimo de motherboard en computadoras personales.

back quote- El acento grave del teclado ASCII.

backside bus- Vía trasera. Trayectoria de datos e interfaz física entre el procesador y la memoria L1 y L2 en computadoras personales con una Vía (Bus) Dual Independiente (DIB).

backside cache- Caché trasero. Caché secundario montado en la parte trasera del cartucho que contiene el microprocesador, en computadoras Macintosh.

backslash- Barra invertida. El caracter \.

backspace- Tecla de retroceso.

backtracking- Método de resolución de problemas por medio de combinaciones tentativas de movimientos que conduzcan a un resultado.

backup- Rspaldo de archivos

backup and recovery test- Prueba de respaldo y recuperación. Procedimiento para verificar si un sistema puede ponerse en funcionamiento de nuevo después de una falla.

backup copy- Copia de respaldo.

backup file- Archivo de respaldo.

backup procedure- Procedimiento de actualización de respaldo

backup utility- Programa de utilidad de respaldo.

Backus-Naur/Normal Form (BNF)- Forma normal de Backus. Reglas para la descripción de la organización de un programa, creadas por J. Backus y Peter Naur.

backward chaining- Encadenamiento hacia atrás. Sistema experto consistente en preguntas al usuario, elaborando conjeturas y estableciendo un diálogo para la resolución de problemas.

backward-compatible- Software o hardware que es compatible con versiones más antiguas.

backward search- Búsqueda hacia atrás. Búsqueda que principia desde donde se encuentra el cursor hacia el principio de un documento, en bases de datos, hojas de cálculo o en documentos creados con procesadores de palabra.

bad break- División incorrecta de una línea por un guión.

bad page break- Salto de página incorrecto. División incorrecta de una página.

bad sector- Sector averiado. Area de un disco de almacenamiento que no graba datos debido a defectos de fabricación.

bad track- Pista averiada. Pista de un disco de almacenamiento que contiene un sector averiado.

bad track table- Documento que señala los sectores averiados de un disco.

BAK- Extensión de nombre de archivo MS-DOS que usualmente acompaña a un archivo que contiene datos de respaldo.

ball bat (bang character, astonisher)- (Caló) Signo de admiración (!) en Unix.

band- Banda. En telecomunicaciones, una banda, en ocasiones llamada banda de frecuencia (frequency band), es una escala de frecuencias específica en el espectro de frecuencias de radio (RF) que se divide entre alcances de frecuencias muy bajas a frecuencias extremadamente altas.

banding- Aparición de rayas de colores en una imagen a causa de una graduación de tonos limitada.

bandwidth- Amplitud o anchura de banda. El volumen de datos que un medio de comunicación puede transmitir.

bang- (Caló) En programación, término para el signo de admiración (!). / En HTML, término para el caracter (/).

bang character- (Ver astonisher, ball bat).

bank switching- Conmutación de bancos de memoria. Forma de expandir memoria más allá de la limitación de un sistema operativo.

banner page- Letrero en una página Web.

bar chart- Diagrama de barras. Tipo de gráfica en la cual se representan valores diferentes por medio de barras rectangulares, en gráficas de presentación.

bar code- Código de barras.

bar code reader- Lector de código de barras.

bar graph- Gráfica de barras.

bar printer- Impresora de barras.

bare metal- (Caló) Componentes físicos (hardware) de computadora.

base- Base.

base64- Método de codificación de datos de archivo binario a texto ASCII.

baseband- Banda de base. Sistema de telecomunicaciones en el cual la información viaja en forma digital en un solo canal de señal no-multiplexado en el medio de transmisión.

base font- Caracteres de base. Caracteres tipográficos que aparecen autómaticamente en un texto al no elegirse algunos en especial.

base-level synthesizer- Sintetizador de nivel base. Sintetizador de música de mínima capacidad.

base memory (conventional memory)- Memoria base (memoria convencional). En sistemas DOS, memoria convencional que se refiere a la porción de memoria disponible a programas DOS estándar.

baseline- Línea base. El punto más bajo al que llegan los caracteres (sin contar descendentes).

baseline test- Prueba que se hace antes de hacer cambios al sistema.

BASIC (Beginner's All-Purpose Symbolic Instruction Code)- Código simbólico de instrucciones de uso general para principiantes. Lenguaje de programación pionero, de los más sencillos, desarrollado por John Kemeney y Thomas Kurtz, a mediados de los años sesenta, en Darmouth College.

Basic Encoding Rules (BER)- Reglas de Codificación Básicas.

basic input/output system (BIOS)- Sistema básico de entrada/salida. Conjunto de instrucciones y valores almacenados (hora, fecha, configuración, etc) que controlan las funciones básicas de una PC.

Basic Rate Interface (BRI)- Nivel básico de servicio en una red ISDN para el hogar y negocios pequeños.

BAT- Extensión de nombre de archivo MS-DOS conectada a un archivo batch.

batch- Programa asignado a la computadora para que trabaje sin mayor interacción del usuario. Algunos están diseñados para funcionar automáticamente, a determinado tiempo.

batch file (BAT file)- Archivo de secuencia. Archivo que contiene una serie de comandos MS-DOS ejecutados sucesivamente.

batch processing- Procesamiento en secuencia automática. Operación en la cual las instrucciones de un programa se ejecutan una después de la otra sin la intervención del usuario.

battery- Batería. Celda electroquímica que puede ser cargada eléctricamente para suministrar potencial eléctrico cuando se necesite.

battery pack- Batería recargable que suministra energía a computadoras, en especial a computadoras portátiles.

baud- Baudio. Medida que en un principio se usaba para medir la velocidad de transmisiones telegráficas, luego fue usada para medir la velocidad de transmisión de datos. Ahora que se usa la compresión, un término más exacto es bits por segundo (bps).

baud rate- El número máximo de cambios por segundo en un circuito de comunicaciones.

bay- Bahía. Sitio para un disco o unidad de cinta en una computadora.

BBS (Bulletin Board Service/Bulletin Board System)- Servicio de Tablero de Boletín/Sistema de Tablero de Boletín. Centro de mensajería electrónica. Computadora a la que se puede tener acceso marcando un módem de computadora (y en algunos casos por Telnet) con el propósito de compartir o intercambiar mensajes u otros archivos.

bcc (Blind Carbon Copy)- Copia Ciega. En correo electrónico, copia de un mensaje enviado a terceras personas sin que los destinatarios primarios se enteren que se están enviando copias a terceros.

BCC-(Blind Carbon Copy)- Ver Bcc.

BCD (Binary Coded Decimal)- Decimal Codificado Binario. Formato para representar números decimales (enteros), en el cual cada dígito es representado por cuatro cifras binarias (bits).

BDK (Bean Development Kit)- Herramienta para el Desarrollo de JavaBeans.

bean- Componente. En la interfaz de programa de aplicación JavaBeans para describir a un componente, la Compañía Sun Microsystems nombra "bean" a un componente. Un "bean" es simplemente la variación de la idea de un componente para Sun Microsystems.

bed- Música de fondo para una presentación en multimedia.

BEDO DRAM (Burst Extended Data Output–Dynamic Random Access Memory)- Tipo de Memoria Dinámica de Acceso Aleatorio (DRAM) que puede enviar datos a la computadora de una operación de lectura, al mismo tiempo que lee la dirección a la que se enviarán los siguientes datos.

Beginner's All-Purpose Symbolic Instruction Code (BASIC)- Código Simbólico de Instrucciones de Uso General para Principiantes.Uno de los primeros lenguajes de programación que aún está entre los más sencillos y más populares.

Bell 103A- Protocolo para modems de computadora que transmite datos a la velocidad de 300 bps.

Bell 202- Protocolo para modems de computadora que transmite datos a la velocidad de 1200 baudios.

Bell 212A- Protocolo para modems de computadora que transmite datos a la velocidad de 1200 bps.

Bell Operating Company (BOC)- Término para cualquiera de las 22 compañías originales (o sus sucesoras) creadas cuando AT&T fue dividida en 1983 y se le dió el derecho de proporcionar servicio telefónico local en determinada área geográfica.

bells and whistles- Características elaboradas agregadas a un programa de computadora.

benchmark- Punto de referencia. Programa de prueba. Serie de condiciones bajo las cuales se evalúa un producto o sistema (punto de referencia). / Programa diseñado especialmente para proporcionar medidas para un sistema operativo particular o aplicación (programa de prueba).

BeOS- Sistema operativo de computadora personal descrito por sus fabricantes como diseñado para las aplicaciones de multimedia del futuro.

Beowulf- Supercomputadora de bajo costo creada agrupando computadoras personales de fácil adquisición en el mercado, interconectadas con tecnología como Ethernet.

BER (Basic Encoding Rules)- Reglas de Codificación Básicas.

Berkeley Software Distribution (BSD)- Distribución de Software de Berkeley. Versión del sistema operativo Unix desarrollada por la Universidad de California en Berkeley..

Bernoulli box- Caja de Bernoulli. Unidad de disco de cartucho removible de gran capacidad creada por Iomega Corporation, en Roy, Utah. En la actualidad se le ha reemplazado en gran medida por las unidades Zip y Jaz.

beta build- Versión preliminar de prueba de una aplicación o página Web.

beta site- Lugar o individuo autorizados a llevar a cabo la prueba de software beta.

beta software- Programa preliminar antes de salir al mercado.

beta test- Prueba beta. En el desarrollo de programas, la prueba beta (externa) es la segunda fase de prueba de programas, después de la prueba interna (alfa).

beta testing- Someter a pruebas beta. Segunda etapa de pruebas de un nuevo producto de software.

beta version- Versión preliminar de un programa, antes de salir al mercado.

Bézier curve- Curva de Bézier. Líneas curvas definidas por fórmulas matemáticas. Casi todos los programas de dibujo usan curvas de Bézier.

Bézier spline- Curva de Bézier. Ver Bézier curve.

BGP (Border Gateway Protocol)- Protocolo de intercambio de información en ruta entre huéspedes de enlace en una red de sistemas autónomos.

bibliographic retrieval service- Servicio de consulta bibliográfica.

bidirectional- Bidireccional.

bidirectional communication- Comunicación bidireccional.

bidirectional parallel port- Puerto en paralelo bidireccional.

bidirectional printer- Impresora bidireccional.

bidirectional printing- Impresión bidireccional.

biff- Programa de utilidad de Unix que alerta al usuario de la recepción de correo electrónico.

Big Blue (IBM)- (Caló) Forma coloquial para nombrar a la Compañía International Business Machines Corporation (IBM).

big-endian- Sistema de direccionamiento de memoria en el cual el más alto valor significativo en una secuencia de números es almacenado primero en la parte más baja de la memoria.

big iron- (Caló) Término para designar una computadora para varios usuarios (mainframe).

bin (binary file)- Abreviatura para archivo binario (binary file).

binary- Binario. Sistema de numeración que usa los dígitos 0 y 1.

binary addition- Suma binaria.

binary coded decimal (BCD)- Número decimal codificado en binario usando potencias de 2.

binary-compatible- Capaz de trabajar con software diseñado para la Unidad de Proceso Central (CPU) de otra compañía.

binary file- Archivo binario. Archivo cuyo contenido debe ser interpretado por un programa o procesador de hardware que entienda exactamente como está formateado.

binary language- Lenguaje binario (lenguaje máquina).

binary multiplication- Multiplicación binaria.

binary newsgroup- Grupo de discusión en línea, con artículos que contienen archivos binarios.

binary notation- Notación binaria.

binary number- Número binario representado con los dígitos 0 y 1.

binary search (dichotomizing search)- Búsqueda binaria. Esquema digital para localizar un objeto específico en un grupo grande.

binary subtraction- Resta binaria.

binary synchronous (BiSync)- Síncrónico binario. Protocolo para conectar terminales de computadora IBM entre sí.

binary transfer- Transferencia binaria. Protocolo de transferencia de datos que permite a usuarios transferir archivos binarios a y desde una computadora remota.

binary tree- Arbol binario. Método para colocar y localizar archivos en una base de datos, especialmente cuando todos los datos se sabe que se encuentran en Memoria de Acceso Aleatorio (RAM).

binaries- Binarios.

bind- Unir. Asociar dos o más valores u objetos de programación.

BIND (Berkeley Internet Name Domain (DNS server))- Servidor de nombre de campo, también conocido como servidor DNS, para sistemas operativos parecidos al Unix.

binding offset- Espacio reservado en alguno de los lados de una hoja impresa para permitir la encuadernación o unión de las hojas en un tomo.

BinHex- Protocolo para codificar archivos binarios que puedan ser transmitidos a otras computadoras a través de la Internet.

bioinformatics- Bioinformática. Ciencia para el desarrollo de bases de datos de computadora y algoritmos con el propósito de mejorar el desarrollo biológico.

biological feedback device- Dispositivo de retroalimentación biológica. Dispositivo que traduce movimientos del cuerpo u ondas cerebrales en información que se puede introducir a la computadora.

biometrics- Biometría. La ciencia y tecnología que se encargan de medir y analizar estadísticamente datos biológicos.

biometric verification- Verificación biométrica. Cualquier medio por el cual una persona puede ser identificada por medio de la evaluación de uno o más rasgos biológicos distintivos.

BIOS (Basic Input Output System)- Sistema Básico de Entrada y Salida. Programa usado por el microprocesador de una computadora personal para iniciar el sistema de la computadora, después de encenderla. También maneja flujo de datos entre el sistema operativo de la computadora y dispositivos adjuntos, tales como disco duro, adaptador de video, teclado, ratón, e impresora.

BIOS enumerator- Enumerador de Sistema Básico de Entrada y Salida (BIOS).

bipolar transistor- Transistor bipolar.

bis (a second time)- Duplicado, repetido.

B-ISDN (Broadband Integrated Services Digital Network)- Red Digital de Servicios Integrados de Banda Ancha. Método de comunicaciones que integra servicios de transmisión digital en red de banda ancha o por medio de fibra óptica y medios radiales.

BIST (Built-In Self Test)- Característica de circuitos integrados de autoprueba.

BiSync (Binary Synchronous)- Sincrónico binario. Tipo de comunicaciones sincrónicas, usadas fundamentalmente en redes de computadoras de grandes dimensiones (mainframes).

bit (binary digit)- Bit. Cifra binaria. La unidad de información más pequeña en una máquina.

bit depth- Profundidad expresada en bits. La longitud en bits de la unidad de almacenamiento para almacenar información de la imagen escaneada, en un escáner.

bit length- Longitud expresada en bits. La longitud en bits de la clave para codificar y decodificar los datos de texto, en codificación.

bitmap- Mapa de bits. Elementos mapeados para representar una gráfica, imagen, o fuente tipográfica.

bit-mapped font- Caracteres tipográficos en pantalla o de impresora, compuestos por mapas de bits.

bit-mapped graphics- Gráficas de mapas de bits.

BITNET- Red de centros de computadores en universidades en varias partes del mundo.

bits per inch (bpi)- Bits por pulgada.

bits per second (bps)- Bits por segundo.

black widow- Viuda negra. Programa de computadora destructivo.

blank- Blanco. Espacio.

blank cell- Celda en blanco.

bleed- Diseño que se extiende hasta la orilla de la página.

blend- Fusión. Comando de programa de dibujo que calcula formas que conectan a determinado par de objetos. Filtro de programa de fotografía.

blessed folder- En Macintosh, el folder de sistema.

blind carbon copy (Bcc)- Ver BCC.

blind certificate- Certificado digital que no contiene información acerca del usuario a quien se expide.

blinking- Parpadeo.

bloat- Inflar. Aumentar ineficientemente características especiales a un producto de software con el propósito de hacerlo más actractivo en el mercado.

Bloatware (fatware)- Programas muy cargados de características especiales o diseñados ineficientemente.

BLOB (Binary Large Object)- Archivo de gran tamaño. Imagen o archivo de sonido, que debe manejarse (bajarse, almacenarse en una base de datos…) de manera especial debido a sus proporciones.

block- Bloque. Unidad de información procesada o transferida.

block cipher- Clave de bloque. Método de codificación de textos en el cual se aplica una clave criptográfica y un algoritmo a un bloque de datos a la vez, como grupo, en vez de bit por bit.

block move (block operation)- Movimiento en bloque. Operación en bloque. Acción de cortar cierta sección de un texto e insertarla en otro sitio.

block protect- Protección de bloque. Acción de proteger un bloque de texto de manera que no se divida al imprimirse.

block size- Tamaño de bloque.

Blue Book- Libro Azul. Nombre informal para un documento que especifica el éstandar para multi-sesión en discos compactos, usando multimedia; tal como videoclips, texto e imágenes en disco compacto de audio.

blue screen of death- La pantalla azul con letras blancas en la que Windows despliega errores fatales de ejecución.

blur- Empañar.

BMP- Extensión que indica que un archivo en Microsoft Windows contiene una gráfica de mapa de bits compatible con Windows.

BNC connector- Conector BNC. Conector tipo bayoneta para conectar cable coaxial, comúnmente usado en redes Ethernet del tipo 10 Base T.

BNF (Backus-Naur Form)- Ver Backus Naur Form.

board- Tarjeta. Placa. Tabla de apoyo donde se colocan los circuitos electrónicos de una computadora.

boat anchor- (Caló) Ancla. Máquina obsoleta, sin ninguna utilidad excepto como ancla para un bote.

body- Cuerpo. Etiqueta usada en Lenguaje de Formateo de Hipertexto (HTML) para indicar la parte principal del material para una página Web, que sería lo opuesto al encabezado (head).

body type- Caracteres tipográficos para párrafo de usualmente 8 a 12 puntos de tamaño.

BOF (Beginning Of File)- Principio de archivo.

bogus- (Caló) Incorrecto, falso o inútil.

boilerplate- Elementos de texto o gráficas diseñados para ser usados una y otra vez sin ningún cambio.

bold- Negrilla. Negrita.

boldface- Tipo negrilla de una fuente.

bomb- Bloquear el acceso de un correo electrónico saturándolo con mensajes no deseados. // En Macintosh, ícono anunciando falla repentina de la computadora.

bookmark- Registro. Marca que permite volver al usuario a cierto punto dentro de un archivo o dirección en la World Wide Web.

book weight- Tipo de letra más obscura que la mayoría de tipos de letra, pero no tan obscura como el tipo negrilla.

Boole, George (1815-1864)- Matemático inglés conocido como el fundador de la lógica matemática. Boole demostró exitosamente que la lógica podía ser representada por ecuaciones algebraicas y sentó las bases para la creación de las computadoras digitales actuales.

Boolean algebra- Algebra de Boole. Desarrollada por George Boole en 1850.

Boolean logic- Lógica Booleana.

Boolean operator- Operador lógico booleano, tal como AND, OR, etc.

Boolean query- Indagación Booleana.

Boolean search- Búsqueda Booleana.

Boolean variable- Variable Booleana. Variable con uno o dos posibles valores: verdadero o falso.

boot- Poner en marcha. Hacer funcionar una computadora.

boot disk- Disco de iniciación. Disco que contiene los archivos del sistema operativo necesarios para poner en operación una computadora.

boot off- (Caló) Ser desconectado de algún servicio en línea o de la Internet ya sea por violación de los reglamentos o por una mala conexión telefónica.

boot up- Cargar el sistema operativo a la memoria principal de la computadora o a la Memoria de Acceso Aleatorio (RAM).

BOOTP (Bootstrap Protocol)- Protocolo Bootstrap. Protocolo que permite a un usuario de red configurarse automáticamente (recibir dirección de Protocolo de la Internet (IP)), poner en marcha el sistema operativo o ser iniciado sin que el usuario se vea involucrado.

boot sector- Sector de iniciación. Sector de disco que contiene los archivos del sistema operativo necesarios para operar una computadora.

boot sector virus- Virus de sector de iniciación. Un virus que afecta corrompiendo el sector del disco necesario para iniciar el sistema operativo.

boot sequence- Secuencia de iniciación. La secuencia de discos que la computadora busca para iniciar el sistema. Por ejemplo disquete, disco duro, CD.

bootable diskette- Disquete de iniciación. Disquete que se puede utilizar para poner en funcionamiento una computadora.

bootstrap (boot)- Cargar un programa a una computadora usando un programa inicial mucho más pequeño para cargar el programa deseado (usualmente un sistema operativo).

bootstrap loader- Cargador bootstrap.

Border Gateway Protocol (BGP)- Ver BGP.

Borland C++ - Paquete de desarrollo creado para el lenguaje de programación C++ por la Compañía Borland International, Inc.

Borland International, Inc.- Compañía publicadora de programas, con oficinas generales en Scotts Valley, California.

bot (robot)- (Caló) Forma corta para robot. Programa que funciona como agente para un usuario u otro programa, o que simula actividad humana.

bottleneck- Embudo de tráfico en un sistema de computadora que hace más lento su funcionamiento.

bounce- Rebotar. No llegar a su destino.

bounced message- Mensaje rebotado (mensaje que no llegó a su destino; ya sea debido a una dirección de correo electrónico incorrecta, o a problemas de red, y que regresa al que lo envía).

bouncing- Rebote.

bounding box- Caja invisible que rodea a un objeto gráfico y que determina su tamaño.

Bourne shell – Intérprete de comandos en UNIX.

box- (Caló) Caja. Término para designar una computadora de determinado tipo. // Abreviatura para caja de diálogo.

bozo filter- Ver kill file.

bpi (bits per inch)- Bits por pulgada.

Bps (Bytes per second)- Octetos por segundo.

bps (bits per second)- Bits por segundo.

Br- Abreviatura en HTML que indica "Salto de Línea".

braces (curly braces)- Corchetes: { }.

brackets (square brackets)- Paréntesis cuadrados: [ ].

branch- Enrutar. En programación, enrutar la ejecución de un programa a una subrutina.

break- Interrupción. Señal dada por el usuario que interrumpe la recepción o procesamiento de datos.

break-out box- Dispositivo de prueba de señales por separado.

breakpoint- Punto de interrupción de un programa.

BRI (Basic Rate Interface)- Interfaz de Tipo Básico. En la Red Digital de Servicios Integrados (ISDN), existen dos niveles de servicio: la Interfaz de Tipo Básico (BRI), destinada para la pequeña empresa y el hogar, y la Interfaz de Tipo Primario (Primary Rate Interface (PRI)) para usuarios a mayor escala.

bridge- Puente. En redes de telecomunicación, un puente es un producto que conecta una Red de Area Local (LAN) con otra red de área local que use el mismo protocolo.

brightness- Brillantez.

broadband- Banda amplia. Tipo de transmisión de datos por la que un solo medio puede llevar varios canales al mismo tiempo. Banda amplia se refiere a telecomunicaciones en las que existe una amplia banda de frecuencias para transmitir mucha información a gran velocidad.

Broadband ISDN (B-ISDN)- Banda Amplia ISDN. Concepto y serie de servicios y normas de desarrollo para integrar servicios de transmisión digital en una red de banda amplia de media, de radio y fibra óptica.

broadcast- Transmitir señales o mensajes a cualquier receptor, sintonizando el mismo canal o la misma red.

broadcast fax- Facsímil enviado a varios destinatarios.

broadcast message- Mensaje enviado a todos los miembros de un grupo, tales como un departamento o empresa, por medio de correo electrónico u otra forma de distribución de mensajes.

broken hyperlink (link)- Hiperenlace roto. Enlace en una página Web que señala un documento que ya no existe en esa dirección.

broken link- Enlace roto. Ver broken hyperlink.

brouter- Puente de red y dispositivo que pone en ruta, combinados en un solo producto.

brownout- Espacio de tiempo de bajo voltaje de la energía eléctrica que puede provocar fallas en equipos de computación.

browse- Navegar. Buscar información y leer archivos de texto en línea.

browser- Navegador. Explorador. Programa de aplicación que proporciona una forma de ver e interactuar con toda la información en la World Wide Web.

brush script- Tipo de letra con la apariencia de haber sido pintada con brocha.

brute force- Fuerza bruta. Método de prueba y error usado en programas de aplicación para descifrar datos en código, tales como contraseñas o claves Estándar de Codificación de Datos (DES), a través de esfuerzos exhaustivos (fuerza bruta) en lugar de por medio del uso de estrategias intelectuales.

BSD (Berkeley Software Distribution)- Distribución de Software de Berkeley. Versión del sistema operativo Unix, desarrollado por la Universidad de California en Berkeley.

B-size paper- Papel de medida B. Papel que mide 11 x 17 pulgadas.

B-size printer- Impresora que trabaja con papel de tamaño B (11 x 17 pulgadas).

B-spline- Curva B.

BTW (By The Way)- Abreviatura de correo electrónico que significa: "Por cierto...".

bubble-jet printer- Impresora de burbuja. Impresora que utiliza elementos de calentamiento para disparar la tinta.

bubble memory- Memoria de burbuja. Tipo de memoria que emplea materiales que pueden magnetizarse en una sola dirección.

bubble sort- Clasificación de burbuja. Algoritmo en la organización de elementos.

buddy list- Lista de amigos o familiares. Servicio de la Internet que informa cuando amigos o familiares accesan el sistema.

buffer- Area temporal de almacenamiento de datos. Sección de memoria que guarda temporalmente información de cualquier dispositivo periférico.

buffer overflow- Desbordamiento del área de almacenamiento de datos temporal. Esto ocurre cuando un programa o proceso trata de almacenar más datos de los que se pueden retener.

bug- Error de programación. Error o defecto en el software o hardware que causa que un programa falle.

build or buy decision- Elección entre la construcción de un nuevo sistema o la compra de uno.

built-in- Parte integrante. Incluído en las funciones básicas de un programa de computadora o lenguaje de computación.

built-in font (resident font) (internal font) (printer font)- Caracteres tipográficos integrantes. Caracteres tipográficos codificados permanentemente en la Memoria de Sólo Lectura (ROM) de la impresora.

built-in pointing device- Dispositivo de señalamiento integrante. Dispositivo de señalamiento empotrado en la caja de la computadora en posición fija.

bulk storage (mass storage)- Almacenamiento masivo. Medios magnéticos que pueden almacenar grandes cantidades de datos.

bullet- Caracter gráfico usado para marcar elementos de una lista.

Bulletin Board System (BBS)- Ver BBS.

bulletproof- A prueba de fallas.

bump- Memoria anexa.

bundled software- Programas incluídos en la compra de un sistema de computación.

burn- Quemar. Término coloquial que significa escribir (grabar) en un CD-ROM todo el contenido que sea necesario reunir para un propósito específico. Posteriormente se puede duplicar o hacer réplicas de lo anterior.

burn-in- Operar un sistema de computación recién ensamblado para verificar si no presenta fallas.

burn rate- En inversión de empresas y desarrollo de nuevas compañías, es la razón proporcional a la cual una nueva compañía gasta su capital mientras espera a tener ganancias.

burst- Cierta cantidad de datos enviados o recibidos en una operación intermitente.

burst EDO RAM- Versión a alta velocidad del EDO RAM.

burst mode- Modo acelerado. Modo de transmisión de datos que transmite a mayor velocidad que la normal.

bus- Vía de transmisión. Medio para intercambiar información dentro de una computadora o una red.

bus architecture- El diseño de una vía de transmisión (bus).

bus master- Programa, ya sea en un microprocesador o en un controlador de entrada/salida (I/O), que dirige el tráfico en la vía de transmisión (bus) de la computadora o en trayectorias de entrada/salida.

bus mouse- Ratón de vía de transmisión (bus).

bus network- Red de vía de transmisión (bus).

Business Software Alliance (BSA)- Alianza de Programas de Negocios. Consorcio de publicadores de programas.

button- Botón. Opción dentro de un cuadro de diálogo.

button bar- Barra de botones o barra de herramientas.

byte- Octeto. Conjunto de 8 bits que representa un caracter.

bytecode- Código de byte. Formato compilado para programas Java. Código de objeto de computadora procesado por un programa, usualmente conocido como máquina virtual.

bytecode compiler- Compilador de código de objeto.

C

C- Lenguaje de programación de alto nivel inventado por D. Ritchie. Lenguaje dedicado principalmente al desarrollo de sistemas.

C++ (add 1 to C)- C++ significa aumente 1 a C, y se trata de un lenguaje de programación de alto nivel desarrollado por Bjarne Stroustrup en los Laboratorios Bell de AT&T.

ca- Código de país para Canadá.

CA (Certificate Authority)- Autoridad para certificar. Autoridad en una red que expide y administra credenciales de seguridad y llaves públicas para la codificación de mensajes.

cable modem- Módem de cable.

cache- Caché. Zona de almacenamiento temporal. Mecanismo de almacenamiento especial de alta velocidad, que puede ser tanto una sección reservada de memoria principal o un dispositivo de almacenamiento independiente de alta velocidad.

cache controller- Controlador de caché.

cache memory- Memoria de caché. Memoria de Acceso Aleatorio (RAM) a la que un microprocesador de computadora puede tener acceso más rápidamente que a una RAM regular.

cache store- Porción de memoria hecha de Memoria de Acceso Aleatorio Estática, de Alta Velocidad (SRAM) en lugar de la Memoria de Acceso Aleatorio Dinámica (DRAM) más lenta y de menor costo, usada para memoria principal.

CAD (Computer-Aided Design)- Diseño Auxiliado por Computadora.

CAD/CAM (Computer-Assisted Design/Computer-Assisted Manufacturing)- Diseño Asistido por Computadora/Fabricación Asistida por Computadora. Uso de la computación como auxiliar en la creación de diseños, o en la manufactura.

CADD (Computer-Aided Design and Drafting)- Bosquejo y Diseño Auxiliados por Computadora. El uso de un sistema de computadora para diseño industrial y dibujo técnico.

caddy- Estuche de plástico en el que se coloca un CD-ROM antes de colocarlo en la unidad de lectura.

CAE (Computer Aided Education)- Educación Asistida por Computadora. Uso de las computadoras como complemento de labores académicas y como auxiliares didácticos.

CAI (Computer-Assisted Instruction)- Instrucción Asistida por Computadora. El uso de programas para realizar labores de enseñanza.

calibration- Calibración. Ajuste de valores base.

call- Instrucción que tranfiere la ejecución del programa a una subrutina.

callback- Método de verificación de identidad del usuario.

call center- Centro donde se manejan grandes cantidades de llamadas automatizadas.

Call for Votes (CFV)- Llamada a Votos. Procedimiento de votación para la creación de nuevos grupos de discusión.

callout- Elementos de texto que nombran partes de una ilustración, señalando la ilustración con una línea o flecha.

CAM (Channel Access Method)- Método de Acceso a Canal. Protocolo de como se transmiten datos en la parte inferior de dos capas del modelo de Interconexión de Sistema Abierto (OSI).

CAM (Computer-Aided Manufacturing)- Manufactura Auxiliada por Computadora. Uso de la computación como auxiliar en la manufactura.

Cam (homecam, Webcam)- Cámara de video, conectada directamente a una computadora, cuyas imágenes (actual o la última) pueden solicitarse a un sitio de Web.

camera-ready copy- Copia lista para cámara. Ilustración lista para ser fotografiada por una compañía impresora, para su reproducción.

campus-wide information system (CWIS)- Sistema de información que proporciona datos generales sobre una universidad.

cancel- Cancelar.

cancelbot- Programa o robot (bot) que envía un mensaje a uno o más grupos de discusión Usenet para cancelar cierto tipo de mensaje.

Cancel button (Esc.)- Botón de Cancelación. Opción en un cuadro de diálogo para cancelar un comando. Equivalente a Esc.

canonical- De acuerdo con las reglas. Este término se usa también para distinguir si una interfaz de programación sigue una norma en particular o si se aleja de ella.

canonical name- El nombre oficial de un huésped de la Internet (no su alias).

cap height- Altura de las letras mayúsculas (medida en puntos).

CAPI (Common Application Programming Interface)- Interfaz internacional estándar que las aplicaciones pueden usar para comunicarse directamente con un equipo de Red Digital de Servicios Integrados (ISDN).

caps (capital letters)- Letras mayúsculas.

Caps Lock key- Tecla de Letras Mayúsculas. Tecla que actúa como la tecla Shift, que sirve para tener acceso a letras mayúsculas.

caption- Frase que identifica una figura.

capture- Tomar, capturar, registrar, copiar.

carbon copy (CC)- En correo electrónico, copia de una nota enviada a un destinatario que no es el principal.

card- Tarjeta. Ficha.

card punch- Perforadora de tarjetas.

card reader- Lector de tarjetas.

CardBus- La vía de transmisión (bus) PCMCIA en versión de 32 bits.

cardinal number- Número cardinal (opuesto a ordinal).

caret- El símbolo (^).

carriage return- Retorno de carro. Tecla que se pulsa al dar por terminada la entrada de información en una línea.

carrier signal- Señal transportadora. Pulso electromagnético transmitido y modulado para transportar información analógica o digital.

carrier detect signal- Señal de detección de pulso.

Carrier Sense Multiple Access/ Collision Detect (CSMA/CD.)- Protocolo para acceso de transmisión de pulso (carrier) en redes Ethernet.

cartridge- Cartucho.

cartridge drive- Unidad de cartucho de cinta.

cartridge font- Cartucho de caracteres tipográficos.

cascading menu- Menú en cascada. Submenú que se abre al hacer la selección de otro menú.

Cascading Style Sheet (CSS)- Norma del Consorcio World Wide Web (W3C) para páginas Web.

cascading windows- Ventanas en cascada. Dos o más ventanas que se solapan entre sí, manteniendo visibles sus barras de título.

CASE (Computer-Aided Software Engineering)- Ingeniería de Software Auxiliada por Computadora. Uso de computadoras en la creación de programas.

case (chassis)- Caja de computadora. Estructura física; armazón que contiene a los componentes electrónicos de una computadora.

case-insensitive- No sensible a (no distingue) la diferencia entre letras mayúsculas o minúsculas.

case-sensitive- Sensible a (distingue) la diferencia entre letras mayúsculas y minúsculas.

cassette- Casete. Caja de material plástico que contiene una cinta magnética para el registro y la reproducción de sonido o de imágenes.

cassette drive- Unidad de cassette.

Castanet- Programas desarrollados por la Compañía Marimba Inc., para usar tecnología por canales (push technology) en la World Wide Web.

CAT 1 – (Categoría según el Instituto Americano de Normas Nacionales (ANSI) y la Asociación de Industrias Electrónicas (EIA)) Tipo de alambre de cobre doble trenzado usado en cables telefónicos.

CAT 2 – (Categoría según ANSI y EIA) Cable usado principalmente en el sistema de cableado de IBM para redes conectadas entre sí en forma de anillo (token ring).

CAT 3 – (Categoría según ANSI y EIA) Cable de voz y datos para servicio 10BASE-T Ethernet.

CAT 5 – (Categoría según ANSI y EIA) Cable para sistemas Ethernet gigabit.

catalog- Catálogo. Directorio de información acerca de archivos de base de datos.

catatonic- Que no responde.

catch- Comando de programación de Java que señala una operación con la posibilidad de fallo.

Cathode Ray Tube (CRT)- Tubo de Rayos Catódicos. Tecnología usada en pantallas de la mayoría de los televisores o computadoras.

CAV (Constant Angular Velocity)- Velocidad Angular Constante. Velocidad que permite que discos rotatorios giren a una velocidad constante, sin importar el área de disco que está siendo accesada.

CBASIC (BASIC Compiler)- Compilador BASIC.

CBT (Computer-Based Training)- Entrenamiento Basado en Computadora.

CC (Courtesy Copy, ó carbon copy)- Copia de cortesía o de carbón. Copia de un mensaje por correo electrónico a una o más direcciones.

CCD (Charge-Coupled Device)- Dispositivo Optico Acoplado Por Carga. Instrumento cuyos semiconductores están conectados de manera tal que la salida (output) de uno sirva como la entrada (input) del siguiente. Las cámaras digitales, videocamaras y escaners ópticos usan arreglos (arrays) de CCD.

CCITT (Comité Consultatif International Téléphonique et Télégraphique)- Comité Consultivo Internacional de Telefonía y Telegrafía. Comité predecesor de la Unión Internacional de Telecomunicaciones (International Telecommunication Union, ITU)

CCP (Certified Computer Programmer)- Programador de Computación Certificado.

CCYY- Formato con dos dígitos que indican el siglo (CC) y dos dígitos que indican el año (YY).

CD (Compact Disc)- Disco Compacto. Ver Compact Disc.

CD-DA (Compact Disc-Digital Audio)- Transmisión, Recepción o Reproducción del Sonido Digital de Disco Compacto.

CDF (Channel Definition Format)- Formato de Definición de Canal. Formato de archivo de Microsoft que permite crear un archivo que defina un canal de Web, que es un sitio de Web preseleccionado o grupo de sitios de Web relacionados.

CDFS- Sistema de archivos CD-ROM con Windows 95, 98 y OS/2.

CD-I (Compact Disc- Interactive)- Disco Compacto Interactivo. Disco óptico, como un disco compacto de audio, para el almacenamiento de información de multimedia.

CDP (Certified Data Processor)- Procesador de Datos Certificado.

CD-R (Compact Disc-Recordable)- Disco Compacto Grabable.

CD-ROM (Compact Disc-Read Only Memory)- Disco Compacto de Memoria de Sólo Lectura.

CD-ROM changer- Cambiador de CD-ROM.

CD-ROM drive (CD-ROM player)- Unidad de CD-ROM.

CD-ROM interface- Interfaz de CD-ROM.

CD-ROM/SD (CD-ROM/Super Density)- CD-ROM de Alta Densidad.

CD-ROM/XA (CD-ROM Extended Architecture)- Arquitectura Extendida (XA) de Disco Compacto de Memoria de Sólo Lectura (CD-ROM).

CD-RW (Compact Disc-Rewritable)- Disco Compacto Regrabable. Tipo de disco compacto que puede ser grabado, borrado y usado ilimitadamente.

Celeron- Nombre de marca de una línea de microprocesadores de Intel introducidos en Junio de 1998.

cell- Celda. Unidad de información de una base de datos u hoja de cálculo.

cell address- Dirección de celda.

cell animation- Animación por celda. Técnica de animación.

cell cursor (pointer)- Cursor de celda.

cell format- Formato de celdas. La forma en la cual un programa dispone el contenido de celdas.

cell pointer (cursor)- Señalador de celda.

cell protection- Protección de celdas. Protección contra posible alteración de celdas.

center- Centrar (un texto, figuras).

central memory- Memoria central. La memoria principal de una computadora.

Central Processing Unit (CPU)- Unidad Central de Procesamiento. El cerebro de una computadora. Lugar donde se llevan a cabo la mayor parte de los cálculos de una computadora.

Centre Universitaire d'Informatique (CUI)- Centro Universitario de Informática de la Universidad de Ginebra, Suiza.

Centronics interface- Interfaz Centronics. Interfaz estándar para la conexión de impresoras y otros dispositivos en paralelo. El puerto en paralelo original de las computadoras compatibles con las IBM PC.

Centronics port- Puerto Centronics. Puerto en paralelo. Interfaz en paralelo para conectar un dispositivo externo, como una impresora.

century byte- Octeto de siglo. Porción de datos que indican el siglo.

CERN (Conseil European pour la Recherche Nucleaire)- Consejo Europeo para la Investigación Nuclear. Centro de investigación física con base en Ginebra, Suiza.

CERT (Computer Emergency Response Team)- Equipo de Respuesta a Emergencias.en Computación. Su nombre oficial es CERT Coordination Center (Centro de Coordinación CERT), y es el equipo oficial de emergencia de la Internet. Fue creado y puesto en marcha en noviembre de 1988 por la Agencia de Proyectos Avanzados de Investigación de la Defensa (Defense Advanced Research Projects Agency (DARPA)), que era parte del Departamento de Defensa de los Estados Unidos, a raíz de un incidente de worm (gusano) en la Internet.

certainty factor- Factor de certeza.

certificate (digital certificate)- Certificado/Certificado Digital. Adjunto a un mensaje electrónico que se usa con fines de seguridad. El uso más común de un certificado digital es el de verificar la identidad de un usuario.

Certificate Authority (CA)- Autoridad para Certificar. Autoridad en una red que expide y maneja credenciales de seguridad y llaves públicas para codificación de mensajes.

Certification- Certificación.

certified- Certificado. Acreditado.

Certified Computer Programmer (CCP)- Programador de Computación Certificado.

Certified Data Processor (CDP)- Procesador de Datos Certificado.

CFV (Call for Votes)- Ver Call for Votes.

CGA (Color Graphics Adapter)- Adaptador de Gráficas a Color.

CGI (Common Gateway Interface)- Interfaz de Paso Común. Forma estándar para que un servidor de Web pase una solicitud de usuario de Web a un programa de aplicación para recibir datos y reexpedirlos al usuario.

CGM (Computer Graphics Metafile) Formato de Archivo Gráfico de Computadora. Ver Computer Graphics Metafile.

chain letter- Carta en cadena. Mensaje que se envía a un destinatario y se reexpide a la mayor cantidad de destinatarios posible.

chain printing- Impresión en cadena. Impresión de archivos por separado como una unidad.

chain printer- Impresora de cadena.

chaining- Encadenamiento.

Challenge-Handshake Authentication Protocol (CHAP)- Tipo de autenticación en el cual el agente (servidor de red) envía al programa del cliente una llave para codificar el nombre de usuario y la contraseña.

channel- Canal. Enlace de comunicación entre dos computadoras o dispositivos.

channel access- Acceso a canal.

Channel Definition Format (CDF)- Ver CDF.

CHAP (Challenge-Handshake Authentication Protocol)- Ver Challenge-Handshake Authentication Protocol.

character- Caracter. Símbolo que se puede imprimir, que tiene significado fonético y pictográfico y que usualmente forma parte de una palabra, describe un número o expresa puntuación gramatical.

character key- Tecla de caracter.

character mode (text mode)- Ver text mode.

character set- Juego de caracteres. Toda la serie de caracteres que maneja una computadora.

character string- Secuencia de caracteres.

characters per inch (cpi)- Caracteres por pulgada. Número de caracteres tipográficos en cada pulgada de línea impresa.

characters per second (cps)- Caracteres por segundo.

Charge-Coupled Device (CCD)- Dispositivo Optico Acoplado por Carga. Circuito integrado sensible a la luz que almacena y muestra los datos de una imagen de manera tal que cada pixel (elemento de fotografía) se convierte en una carga eléctrica con una intensidad relacionada a un color en el espectro de color.

chart (graph)- Gráfica.

chat- Charlar. Conversar. Intercambiar líneas de diálogo en tiempo real con otros usuarios de computadora.

chat room- Sala de charla. Sala virtual donde se lleva a cabo una sesión de charla.

chatterbot- Programa que intenta simular la conversación o charla de un ser humano.

check- Verificación.

check box- Cuadro de inspección. En interfaces gráficas de usuario, cuadro que se pulsa para activar o desactivar una opción.

checksum- Suma de verificación. Técnica de verificación de errores en transmisión de datos.

Chicago- Nombre código de Windows 95 durante su desarrollo.

child- Subcategoría. Hijo (ver parent).

child directory- Directorio dentro de otro directorio.

child process- En Unix, subrutina que se ejecuta bajo el control de un programa controlador (parent process).

chip- Cápsula de silicio. Pequeña pieza de material semiconductor (usualmente silicio), que contiene un circuito integrado y puede albergar a millones de componentes electrónicos (transistores).

chipset- Grupo de microchips diseñados para trabajar como una unidad al realizar una o más funciones relacionadas.

chmod- Comando Unix. Sirve para alterar permisos de archivos.

choose- Seleccionar.

CICA (Center for Innovative Computer Applications)- Centro para Innovadoras Aplicaciones de Computadora.

CICS (Customer Information Control System)- Sistema de Control de Información al Cliente. Programa de procesamiento de transacciones en línea (OLTP) de la Compañía IBM.

CIDR (Classless Inter-Domain Routing)- Forma de asignar y especificar las direcciones de la Internet que se usan en enrutador de inter-dominio (inter-domain router) con más flexibilidad que con las clases de dirección del Sistema de Protocolo de la Internet (IP) original.

cinnamon bun- (Caló) El símbolo arroba: @.

ciphertext- Texto en código.

circuit board (printed circuit board)- Tarjeta impresa de circuitos.

circuit switching network- Tipo de red en la cual se obtiene una ruta física dedicada a una sola conexión entre dos puntos terminales (end-points) en la red, por la duración de la conexión.

circularity- Círculo vicioso. Problema que surje cuando una computadora no puede terminar una tarea, y se resuelve hasta que la termina.

circumflex- Signo circunflejo: ^ .

CIS (Computer Information System)- Sistema de Información de Computación.

CISC (Complex Instruction Set Computer)- Computador con Serie de Instrucciones Complejas.

class- Clase. En programación orientada a objetos, una definición de patrón (template) de los métodos y variables en un tipo particular de objeto.

Class 1- Clase 1. Norma establecida para modems de facsímil que describe la forma en la cual se ha modificado el juego de comandos Hayes para enviar facsímiles. Los modems de facsímil de la clase 1 relega a la parte de software la labor de digitalizar imágenes y preparar el facsímil para ser transmitido.

Class 2- Clase 2. Norma establecida para modems de facsímil que describe la forma en la cual se ha modificado el juego de comandos Hayes para enviar facsímiles. Los modems de facsímil de la clase 2 controlan las tareas de preparación de facsímil que los modems de facsímil de la clase 1 relegan a la parte de software.

Class A- Clase A. Regulación aprobada por la Comisión Federal de Comunicaciones (agencia gubernamental de los Estados Unidos (FTC)) para las computadoras de uso comercial e industrial.

Class B- Clase B. Regulación aprobada por la Comisión Federal de Comunicaciones (agencia gubernamental de los Estados Unidos (FTC)) para las computadoras de uso casero.

Class C2- Clase C2. Rango de seguridad establecido por el Centro Nacional de Seguridad en Computación de los Estados Unidos (NCSC) otorgado a productos que pasan las pruebas de Criterio de Evaluación de Sistemas de Computación Confiables (TCSEC) del Departamento de Defensa (DoD).

Class A certification- Certificación de Clase A.

Class A network- Red de Clase A.

Class B certification- Certificación de Clase B.

Class B network- Red de Clase B.

Class C network- Red de Clase C. Red en Internet hasta con 256 distintas direcciones asignadas.

class library- Bibioteca de clases. Serie de clases disponibles a programadores de lenguaje orientado a objetos.

clear- Borrar. Retirar datos.

cleartext- Texto claro. Mensaje no transmitido en clave (en criptografía).

Clear to Send/Ready to Send (CTS/RTS) (hardware handshaking)- Método de control de flujo entre un módem y la computadora donde se encuentra instalado.

click- Pulsar o seleccionar.

clickable image- Imagen en donde se pulsa.

client- Cliente. La computadora o proceso al que un servidor proporciona servicios.

client application- Aplicación cliente.

client area- Area cliente. Parte de una ventana en donde se realiza la edición.

client/server- Cliente/servidor. Relación entre dos programas de computación en la cual un programa, el cliente, hace una petición de servicio a otro programa, el servidor, quien satisface la petición.

clip- Cortar la porción de una gráfica que no se encuentra dentro de un límite definido, en gráficas de computación.

clip art- Creaciones artísticas de dominio público.

Clipboard- Portapapeles. En Windows o Macintosh, zona de almacenamiento temporal en memoria donde el material cortado o copiado de un documento se guarda hasta pegarlo en algún otro lugar.

clip-on pointing device- Dispositivo apuntador sujetable. Dispositivo con funciones parecidas a las de un ratón que se sujeta a la parte lateral o frontal de una computadora portátil.

Clipper Chip- Tecnología de codificación respaldada por el gobierno de los Estados Unidos.

clipping- Recorte. Parte de un texto o imagen que puede moverse de una aplicación a otra arrastrándolo con el ratón.

Clock (CLK)- Reloj interno. Circuito electrónico que genera impulsos separados uniformemente a velocidades de millones de hercios. La mayoría de las computadoras poseen un reloj que lleva registro de la hora del día.

clock cycle- Ciclo de reloj. En una computadora, tiempo entre dos pulsos adyacentes del oscilador que marca el tiempo del procesador de la computadora.

clock doubled- Que opera lo doble de rápido que el reloj de sistema.

clock quadrupled- Que opera lo cuádruple de rápido que el reloj de sistema.

clock speed- Velocidad de reloj. Número de pulsos por segundo generados por un oscilador que marca el tiempo para el procesador.

clock tick (cycle)- Ver cycle.

clock tripled- Que opera tres veces más rápido que el reloj de sistema.

clone- Clon. Copia exacta de otra computadora o programa.

clone tool- Herramienta para clonar.

close- Cerrar.

close box- Cuadro de cierre. Cuadro en una barra de título que sirve para cerrar una ventana (interfaz gráfica de usuario).

cloud- Nube. En telecomunicaciones, la parte impredecible de cualquier red a través de la cual pasan datos entre dos puntos terminales.

cluster- Dos o más sectores de un disco.

CLV (Constant Linear Velocity)- Velocidad Lineal Constante. Técnica que acelera o retraza la rotación del disco para que ésta sea constante donde el disco sea leído.

CMOS (Complementary Metal-Oxide Semiconductor)- Semiconductor de Oxido de Metal Complementario. Circuito integrado en transistores MOS. Consume poca energía y combina la enorme densidad de integración de los transistores PMOS y la alta velocidad de los transistores NMOS. Ver Complementary Metal-Oxide Semiconductor.

CMOS RAM- Memoria de Acceso Aleatorio de Semiconductor de Oxido de Metal Complementario. Memoria de bajo consumo de energía.

CMS (Conversational Monitor System)- Sistema de Monitor Conversacional.

CMYK (Cyan, Magenta, Yellow and Black)- Color azulado (cyan), color magenta (rojo violáceo) (magenta), color amarillo (yellow) y color negro (black), que corresponden a los cuatro colores de tintas de impresión.

CMYK color model- Modelo de color CMYK.

coaster- (Caló) Disco compacto gratuito como medio de publicidad.

coated paper- Papel recubierto. Papel de impresión especial.

coaxial cable- Cable coaxial.

COBOL- (Common Business Oriented Language)- Lenguaje Orientado al Comercio Común. Lenguaje de programación de alto nivel, creado en 1959, que utiliza el inglés común y se usa para actividades comerciales.

cobot (collaborative robot)- Robot diseñado para servir como guía o asistente a seres humanos en labores específicas.

CODASYL (Conference On Data-Systems Languages)- Organización fundada en 1957 por el Departamento de Defensa de los Estados Unidos. Su misión consistía en desarrollar lenguajes de programación de computación. CODASYL fue el creador del lenguaje COBOL y en ocasiones CODASYL se usa para referirse a COBOL.

code- Codificar. // Código.

code of conduct- Código de conducta.

code page- Página de códigos.

code signing- Anexar una firma digital a un código.

codec (compression/decompression or coder-decoder)- Programa de compresión y descompresión. Circuito electrónico codificador y decodificador.

coding- Codificación.

coercivity- Coercitividad.

cold boot (cold start)- Encender en frío. Encender una computadora por medio del interruptor de energía del sistema. // Encendido en frío.

cold link- Enlace en frío. Copiar información de un documento a otro sin que ésta sea actualizada automáticamente.

collaboratory- Que colaboran en la experimentación científica.

collate- Cotejar. Comparar. Organizar las páginas de una impresión.

collating sequence- Secuencia de comparación. El orden alfabético de todos los caracteres en una computadora.

collector- Colector. Una de las tres capas de un transistor bipolar.

collision- Colisión. Choque. En una red Ethernet, es el resultado de dos dispositivos intentando transmitir datos en la misma red Ethernet al mismo instante.

color- Color. La calidad de tipografía de una impresión.

color channel- Canal de color.

color depth- Profundidade de color. El número de colores que se pueden desplegar a la vez.

color foil- Plateado.

Color Graphics Adapter (CGA)- Adaptador de Gráficas de Color. Adaptador original de gráficas de color que fué reemplazado sucesivamente por EGA, VGA, SVGA, XGA.

color map- Filtro de programa de fotografía que ajusta el color de la imagen.

color inkjet printer- Impresora de chorro de tinta a color.

color laser printer- Impresora de láser a color.

color monitor- Monitor a color.

color scanner- Escáner (digitalizador óptico) a color.

color separation- Separación de color. La separación de una gráfica de varios colores en varias capas de color, una para cada color de tinta.

column- Columna. En una pantalla en modo de caracter (character mode), una columna es una línea vertical de caracteres que se extiende de la parte superior a la inferior de la pantalla. El tamaño de un texto en pantalla usualmente se mide en hileras (rows) y columnas. // En hojas de cálculo, hilera vertical de celdas (cells). Las columnas de hojas de cálculo se identifican usualmente por letras. // En sistemas de manejo de bases de datos, columna es otro nombre para campo. // En documentos, área vertical reservada para texto. La mayoría de los periódicos, por ejemplo, contienen cuatro o más columnas por página.

column move- Movimiento de columnas. Mover información a la derecha o a la izquierda de su localización original dentro de un archivo.

column graph- Gráfica de columna. Gráfica con columnas verticales.

column indicator- Indicador de columna.

com- En Internet, elemento que se asigna a la dirección de correo electrónico o sitio de Web de una compañía o negocio.

COM- En MS-DOS, el nombre de los puertos en serie de los que dispone la computadora. Esta puede tener hasta cuatro puertos COM, que se conocen como COM1, COM2, COM3, y COM4.

combine- Combinar. Comando de programas de dibujo que fusiona dos objetos separados en uno solo.

COMDEX (Computer Dealers Exhibition/Exposition)- Exposición de Fabricantes de Computadoras y Publicadores de Programas.

Comité Consultatif International Téléphonique et Télégraphique (CCITT)- Ahora conocido como ITU-T (para Sector de Estandarización de Telecomunicaciones de la Unión Internacional de Telecomunicaciones) es el cuerpo internacional primario, localizado en Ginebra, Suiza; encargado de fomentar normas cooperativas para equipo y sistemas de telecomunicación.

Comma-separated values file- Archivo de valores separados por comas. En computadoras, archivo que contiene los valores en una tabla como una serie de líneas de texto ASCII organizadas de manera tal, que cada valor de columna está separado del valor de la columna siguiente por una coma y cada hilera inicia una nueva línea.

command- Orden. Mando. Comando. Orden específica del usuario al sistema operativo de la computadora, o a una aplicación, para realizar un servicio.

command button- Botón de comando.

COMMAND.COM- Archivo que contiene el intérprete de comando en MS-DOS.

command-driven program- Programa manejado por comandos. Sistema o programa de aplicación que requiere de instrucciones de comando tecleadas con la sintaxis exacta (en lugar de menús, en una interfaz gráfica moderna).

command key- Tecla de comando.

command-line argument- Argumento de línea-comando. Opción a un comando.

command line interface- Interfaz de línea-comando. Interfaz de usuario a un sistema operativo de computadora o a una aplicación, en la cual el usuario responde a una sugerencia visual tecleando un comando en una línea específica, recibe una respuesta del sistema y luego teclea otro comando, y así sucesivamente.

command-line operating system- Sistema operativo de línea-comando. Sistema operativo manejado por comandos.

command processor- Procesador de comandos.

command shell- Interfaz de procesador de comando. El procesador de comando es el programa que ejecuta comandos del sistema operativo.

comment- Comentario. Información en un programa de computación que la computadora ignora en el procesamiento.

commercial software- Programas comerciales.

Common Gateway Interface (CGI)- Interfaz de Enlace Común. Forma estándar por la cual un servidor de Web pasa una petición de usuario de Web a un programa de aplicación, recibe datos en respuesta y los reexpide al usuario.

Common Object Request Broker Architecture (CORBA)- Arquitectura y especificación para crear, distribuir y manejar objetos de programa distribuidos en una red.

Common User Access (CUA)- Acceso de Usuario Común. Serie de normas fomentadas por la Compañía IBM para estandarizar la manera en que los programas de computación se comunican con el usuario.

communications parameters- Parámetros de comunicación.

communications program- Programa de comunicaciones. Programa por el cual una computadora se convierte en una terminal para transmitir y recibir datos a través del sistema telefónico.

communications protocol- Protocolo de comunicaciones.

comp (composite)- Simulación de la organización de un texto mostrando el escrito con su apariencia final.

Compact Disc (Compact Disk) (CD)- Disco óptico compacto desarrollado por la compañía holandesa Philips.

Compact Disc-Interactive (CD-I)- Disco compacto interactivo

Compaq- Compaq Computer Corporation es una compañía fabricante de computadoras compatibles con el PC de IBM. Tiene oficinas generales en Houston, Texas.

comparison operator (relational operator)- Operador de comparación. Símbolo para especificar la relación entre dos valores numéricos.

compatibility- Compatibilidad.

compatible- Compatible.

compile- Compilar. Procesar instrucciones escritas en un lenguaje de programación particular y convertirlas a lenguaje máquina o código usado por un procesador de computadora.

compiled- Compilado.

compiled program- Programa compilado.

compiler language- Lenguaje compilador. Lenguaje simbólico usado en programación.

compound device- Dispositivo compuesto.

compound document- Documento compuesto. En tecnología de información, colección organizada de interfaces de usuario que forman un entorno único, perceptivo, integrado.

compress- Comprimir. Reducir en tamaño de datos para ahorrar espacio o tiempo de transmisión.

compressed disk- Disco comprimido.

compressed file- Archivo comprimido.

compressed SLIP (CSLIP)- Versión optimizada del Protocolo de Interfaz/Internet de Línea Serial (SLIP).

compression- Compresión. Reducción en tamaño de datos para ahorrar espacio o tiempo de transmisión.

compression algorithm- Algoritmo de compresión.

CompuServe- Compañía pionera de servicio de Internet, con sede en Columbus, Ohio.

compute- Calcular. Contar. Computar.

computational linguistics- Lingüística computacional.

computer- Computadora. Computador. Ordenador (del francés Ordinateur). Dispositivo que acepta información (datos digitales) y la manipula para obtener algún resultado, basado en un programa o secuencia de instrucciones sobre como procesar datos.

Computer-Aided/Assisted Design (CAD)- Diseño Asistido por Computadora. El uso de una computadora para dibujar y modelar diseños.

Computer-Aided Design and Drafting (CADD)- Diseño y Dibujo Asistidos por Computadora. El uso de computadoras para crear diseños industriales y dibujo técnico.

Computer Aided Engineering (CAE)- Ingeniería Asistida por Computadora. Amplio término usado por la Industria de Automatizacion Electrónica de Diseño (EDA) para el uso de computadoras en el diseño, análisis y fabricación de productos y procesos.

computer architecture- Arquitectura de computadoras.

Computer-Assisted Instruction (CAI)- Instrucción asistida por computadora. Ver CAI.

Computer-Assisted Manufacturing (CAM)- Manufactura Asistida por Computadora. El uso de computadoras para manejar procesos de manufactura.

Computer-Based Training (CBT)- Entrenamiento Basado en Computadoras.

Computer Dealers Exhibition (COMDEX)- Ver COMDEX.

Computer Emergency Response Team (CERT)- Ver CERT.

computer ethics- Ética de computación.

computer eyeglasses- Anteojos de computador. Lentes para ojos que se utilizan para bloquear los rayos ultravioleta que emiten las pantallas de computadora.

Computer Graphics Metafile (CGM)- Formato de Archivo Gráfico de Computadora. Formato de archivo diseñado por varias organizaciones de normas, y ratificado formalmente por ANSI.

Computer Information System (CIS)- Sistema de Información de Computación.

Computer-Mediated Communication (CMC)- Comunicación por Medio de Computadoras.

computer science (CS)- Ciencias de la computación.

computer security- Seguridad en computación. Seguridad contra intrusión en computación.

Computer-Supported Cooperative Work (CSCW)- Trabajo Cooperativo Apoyado por Computación. Programación que facilita la colaboración en tiempo real entre miembros de grupos de trabajo distribuidos geográficamente.

computer system- Sistema de computación. Computadora completa y en operación, con los programas y dispositivos periféricos necesarios para lograr su funcionamiento.

computer virus- Virus de computadora. Programa de computadora que causa daño a otros programas o a discos.

computing- Computación. Informática.

CON (console)- Consola de computadora (tablero y monitor).

concatenation- Encadenamiento. Concatenación. La acción de tomar dos o más cosas localizadas en lugares separados, y colocarlas una a lado de la otra, para ser tratadas como un solo elemento. En programación y procesamiento de datos, en ocasiones dos o más secuencias de caracteres se encadenan con el propósito de ahorrar espacio o para ser tratadas como un solo elemento.

concordance file- Archivo de concordancia. Archivo con las palabras que se desea incluir en un índice de programa de procesamiento de palabra.

concurrent processing- Procesamiento concurrente (que se efectúa con simultaneidad).

concurrent program- Programa concurrente (simultáneo).

concurrent programming language- Lenguaje de programación concurrente (que se puede ejecutar con simultaneidad).

conditional- Condicional. Acción que ocurre únicamente si se cumple con una condición específica. Las expresiones condicionales son de los componentes más importantes en lenguajes de programación, ya que permiten a un programa el actuar en forma diferente cada vez que se ejecuta, dependiendo de la entrada (input).

conditional call- Llamada condicional.

conditional jump- Salto condicional.

Conference On Data-Systems Languages (CODASYL)- Ver CODASYL.

conferencing- En conferencia.

CONFIG.SYS- En MS-DOS, archivo de texto ASCII que contiene comandos de configuración.

configure- Configurar. Instalar un programa o sistema de computación para una aplicación en particular.

configuration- Configuración.

configuration file- Archivo de configuración.

configuration management- Manejo de configuración. El registro y actualización de información que describe los sistemas de computación y redes de una empresa, incluyendo todos los componentes de software y hardware.

confirmation message- Mensaje de confirmación. Mensaje en pantalla confirmando una acción.

connect- Conectar. Realizar con éxito todos los arreglos necesarios para que dos o más usuarios o programas puedan comunicarse a larga distancia.

connect speed- Velocidad de conexión.

connection hijacking- Secuestro de conexión. Acción mediante la cual un intruso malicioso (cracker) toma control de una sesión de Protocolo de la Internet.

connection-oriented protocol- Protocolo orientado a conexión. Procedimiento por medio del cual dos computadoras de red establecen conexión física que continúa hasta que han intercambiado datos.

connectionless- Sin conexión. Que no requiere conexión electrónica directa para intercambiar datos.

connectionless protocol- Protocolo que no requiere conexión.

console- Consola. El teclado y la pantalla de una computadora.

constant- Constante. Que no varía dentro de un proceso.

Constant Angular Velocity (CAV)- Ver CAV.

Constant Linear Velocity (CLV)- Ver CLV

constrain- Restringir. En programas de dibujo, el dejar de pulsar ciertas teclas restringe los trazos de ciertas figuras.

contact head- Cabeza de contacto. En discos duros, cabeza que hace contacto con el disco, en lugar de pasar por encima.

container- Recipiente. Programa de aplicación o subsistema en el cual se corre un bloque de construcción de programa conocido como componente.

contention- Competencia por recursos. En redes, situación donde dos o más nodos intentan transmitir un mensaje a través del mismo cable, al mismo tiempo.

contents addressable memory- Memoria asociativa.

context-sensitive help- Ayuda sensible de contexto. Asistencia al usuario relacionada con el tema a tratar en el programa.

context switching- Cambio de contexto. Cambio de un programa a otro sin salir de ninguno de ellos.

contiguous- Contiguo. Inmediato. Colocado a lado o después de.

continuous paper- Papel continuo. Larga tira ininterrumpida de papel (en impresoras con alimentación continua de papel).

contrast- Contraste. Grado de distinción entre pixeles obscuros y claros.

control- Control. Objeto en una ventana o cuadro de diálogo. Push-buttons, scroll bars, radio buttons y pull-down menus son algunos ejemplos.

control box- Cuadro de control.

control bus- Vía de transmisión (bus) de control.

Control+Break- Comando que cancela la ejecución de un programa o comando.

control card- Tarjeta de control.

control code- Código de control. Código para el control de componentes físicos (hardware).

control character- Caracter de control.

Control key (Ctrl / Cntl key)- Tecla de control.

control menu- Menú de control. En Microsoft Windows, menú en todas las ventanas y cuadros de diálogo que contiene opciones para manejar la ventana activa.

control panel- Panel de control.

control panel device (CDEV)- Dispositivo de panel de control. Tipo de utilidad especial de Macintosh que permite ajustar parámetros de sistema básicos.

control structure- Estructura de control.

control unit- Unidad de control. Parte de la Unidad Central de Procesamiento (CPU) que recibe instrucciones de programa y manda señales para ejecutarlas.

controller- Controlador. Dispositivo que controla la transferencia de datos de una computadora a un dispositivo periférico, y viceversa. Las unidades de disco, pantallas, teclados, e impresoras requieren de controladores.

controller card- Tarjeta de controlador.

convenience copier- Copiadora de conveniencia. Máquina no destinada primordialmente a copiar (máquina de fax, impresora) que saca copias en pequeñas cantidades y sin las opciones de copiado de una máquina copiadora regular.

conventional memory- Memoria convencional. Memoria DOS. Esquema de memoria usado en las computadoras personales IBM y las compatibles.

conventional programming- Programación convencional.

convergence- Convergencia. En tecnología de información, la combinación de computadoras personales, la telecomunicación y televisión en una experiencia de usuario accesible para todos.

conversion program- Programa de conversión. Programa que transforma el formato de archivo en el cual se tienen datos almacenados.

conversion utility- Utilidad de conversión.

converter- Convertidor.

cookie- Archivo de texto galleta. Mensaje enviado a un explorador de Web (browser), por un servidor de Web, para identificar al usuario. El explorador almacena el mensaje en un archivo de texto llamado cookie (galleta). El mensaje después es enviado de regreso al servidor cada vez que el explorador solicita una página al servidor.

cooperative multitasking- Multitarea cooperativa. Forma por la cual se corre más de un programa a la vez en un sistema operativo.

cooperative network- Red cooperativa.

coprocessor- Coprocesador. Unidad de procesamiento especial que auxilia a la Unidad Central de Procesamiento (CPU) a realizar cierto tipo de operaciones.

copy- Copiar. Reproducir.

copyleft- Idea y estipulación específica, al distribuir programas, anunciando que el usuario puede copiarlos libremente, examinarlos, modificar el código fuente, y redistribuirlos (gratis o con cargo), con la condición de que los programas redistribuidos cuenten con la estipulación copyleft. El término fue concebido por Richard Stallman y la Fundación de Programas Gratuitos (Free Software Foundation).

copy protection- Protección contra copias. Instrucciones ocultas dentro de un programa diseñadas para prevenir cualquier copia no autorizada del software.

copyright- Derechos de propiedad intelectual (derechos de autor).

CORBA (Common Object Request Broker Architecture)- Ver Common Object Request Broker Architecture.

core- Núcleo. Memoria principal de computadoras pioneras.

core dump- Descarga de memoria. La impresión o copiado del contenido de la Memoria de Acceso Aleatorio (RAM) a un medio más permanente (como un disco duro), en determinado momento.

Corel Corporation- Publicador de programas, con oficinas generales en Ottawa, Ontario.

core-logic chip set- Serie de circuitos integrados que permite a la Unidad Central de Procesamiento (CPU) el trabajar con dispositivos externos.

corona wire- Alambre de carga electrostática. Alambre que pasa carga electrostática al papel en impresoras láser. Ya no es usado en impresoras modernas.

correspondence points- Puntos de correspondencia.

corrupted file- Archivo corrompido. Archivo que contiene datos en desorden e irrecuperables.

COS- Función coseno en lenguajes de programación.

cosine- Coseno.

cost per page- Costo por página. El costo estimado de la impresión de una página, dependiendo de la impresora que se use.

coulomb- Culombio. Unidad de cantidad de electricidad.

counter- Contador. En la Web, programa que cuenta y muesta la cantidad de gente que ha visitado una página de Lenguaje de Formateo de Hipertexto (HyperText Markup Language – HTML), usualmente una página de inicio (home page).

Courier- Tipo de caracteres tipográficos con ancho constante (no proporcional) comúnmente usado en impresoras láser. Se asemeja al tipo de letra de una máquina de escribir.

courseware- Curso de software. Término que combina las palabras course (curso) con software. Material educativo en estuche para maestros o entrenadores o que realiza las funciones de tutor para estudiantes.

courtesy copy (CC)- Copia de cortesía. Copia de un mensaje por correo electrónico que se envía a una o más direcciones.

cpi (characters per inch)- Caracteres por pulgada. Número de caracteres tipográficos que encajan en cada pulgada de línea impresa.

CP/M (Control Program for Microprocessors/Microcomputers)- Programa de control para microprocesadores. Creado en 1974 por el consejero de Intel, Gary Kildall.

CP/M-86- Nueva versión del sistema operativo CP/M. Funciona en computadoras que poseen como microprocesador el 8086 de INTEL de 16 bits. Fue desarrollado por "Digital Research Corporation", creada por Gary Kildall.

cps (characters per second)- Caracteres por segundo. (Se les llama también : BPS (Bytes Per Second)).

CPU (Central Processing Unit)- Unidad Central de Procesamiento. Ver Central Processing Unit.

CPU fan- Ventilador de la Unidad Central de Procesamiento (CPU).

CPU register- Registro de la Unidad Central de Procesamiento (CPU).

CR (Carriage Return)- Cógido de caracter que ordena a la impresora o terminal el regresar al principio de la línea.

cracker- Intruso. Aficionado a la computación que se introduce sin autorización a sistemas de computación, ya sea para cometer delitos, o simplemente para demostrar sus habilidades.

crash- Falla repentina de un computador debido a un error del programa o problema con algún componente físico (hardware).

crawler- Reptil. Programa que visita sitios de Web, lee sus páginas y otra información para crear entradas para índices de motor de búsqueda (search engine).

CRC (Cyclic Redundancy Checking)- Inspección de redundancia cíclica. Método de inspección de errores en datos transmitidos en una ruta de comunicaciones.

creator type- Código de entrada. Código de cuatro letras, en Macintosh, que identifica el programa usado, para crear un documento.

creeping featurism- Características que escalan. Tendencia al desarrollo e integración de características innecesarias en programación de software.

crippled version (working model)- Versión gratuita. Versión de un programa de computación incompleto, sin costo al público, con fines publicitarios (ver crippleware).

crippleware- Programas de computación gratuitos. Programas de computación incompletos, gratuitos, con fines publicitarios.

critical path method (CPM)- Método de ruta crítica. Técnica para la planeación y regulación de ejecución de tareas en las cuales se identifique una ruta crítica.

CRLF (Carriage Return Line Feed)- Alimentación de Línea de Retorno de Carro. Códigos ASCII que ordenan a la terminal o impresora el regresar al principio de la línea y avanzar a la línea siguiente.

CRM (Customer Relationship Management) – Manejo de Relaciones con el Cliente. Programas para el seguimiento de incidentes de servicio a clientes, incluyendo problemas de operación, quejas, etc.

cropping- Reducción del espacio no usado o irrelevante alrededor de una gráfica o imagen

cross-hatching- Sombreado con lineas diagonales cruzadas.

cross platform- Plataforma cruzada. Compatibilidad entre distintas plataformas o sistemas operativos.

cross-platform standard- Norma de plataforma cruzada. Norma que establece los requerimientos para asegurar compatibilidad entre distintas plataformas o sistemas.

cross-post- Poner un mensaje en dos o más grupos relacionados de noticias de la Internet

cross program- Programa cruzado. Programa de una computadora, ejecutado por otra.

cross-reference- Referencia en cruz. Referencia bidireccional entre dos partes de un documento creado en un programa de autoría de documentos.

crosstalk- Interferencia. Ruido o interferencia de una señal de telecomunicaciones, ocasionado por campos eléctricos o magnéticos, que afecta a la señal de un circuito adyacente.

CRT (Cathode Ray Tube)- Tubo de rayos catódicos. Tecnología usada en pantallas de la mayoría de los televisores y computadoras.

CRT terminal- Terminal de Pantalla de Rayos Catódicos.

crunch mode- (Caló) Situación en la cual, debido a falta de planeación gerencial, se requiere trabajar horas extras para cumplir con una fecha de entrega.

cryptoanalysis- Análisis de un documento o mensaje codificado.

cryptography- Criptografía. Método de codificación de un documento o mensaje para evitar su lectura por personas ajenas.

cryptolope- Recipiente codificado para un mensaje transmitido por una red de computadoras.

C Shell (csh)- Intérprete de comandos en UNIX, alternativo al intérprete Bourne original. Utiliza el caracter # para indicar la disponibilidad a recibir comandos de usuario.

CSLIP (Compressed SLIP)- Ver Compressed SLIP.

CSMA/CD (Carrier Sense Multiple Access with Collision Detection)- Método usado en Redes de Area Local (LAN) por Ethernet, AppleTalk y otros protocolos de red para controlar el acceso de una computadora al canal de comunicación.

CSO (Computing Service Office) name server- Servidor de nombre de Oficina de Servicios de Computación. Directorio por Internet de los empleados de una empresa.

CSS (Cascading Style Sheet)- Hoja de Estilo en Cascada. Característica del Lenguaje de Formateo de Hipertexto (HTML) que ofrece mayor control, tanto a los creadores de sitios de Web, como a los usuarios, sobre la presentación de las páginas Web.

CSS1- Norma para la Hoja en Estilo Cascada (Cascading Style Sheet).

Ctrl (Control Key)- Tecla de control.

Ctrl-Alt-Del- Secuencia de tres teclas en Windows que permite terminar la ejecución de uno o más programas, o cerrar el sistema operativo, al presionarlas por segunda vez.

CTS+RTS (hardware handshaking)- Método de control de flujo entre el módem y la computadora.

CUA (Common User Access)- Acceso de Usuario Común. Normas para interfaces de usuario desarrolladas por IBM.

cubic spline- Curva cúbica. Ver spline.

curly braces (braces)- Los caracteres: { }.

current- Corriente. Electricidad transmitida a lo largo de un conductor.

current cell (active cell)- Celda activa. Celda donde se encuentra el puntero de celda.

current cell indicator- Indicador de celda activa.

current directory (default directory)- Ver default directory.

current drive (default drive)- Ver default drive.

cursor- Cursor. Señal parpadeante que indica donde queda impreso el caracter que se desea usar.

cursor-movement keys- Teclas de movimiento del cursor.

CU-SeeMe- Producto para videoconferencias por Internet a bajo costo.

cusp node- Nodo cúspide. Nodo que forma una cúspide en la línea.

customize- Construir o alterar, de acuerdo a especificaciones individuales de cliente.

cut- Borrar. Eliminar de un documento.

cut and paste (block move)- Cortar y pegar. Cortar un bloque de texto e insertarlo en otro sitio.

cut-sheet feeder- Alimentador de papel cortado. Alimentación de hojas separadas de papel, a una impresora.

cut-sheet paper- Papel en hojas separadas (cortadas).

CVS (Concurrent Versions System)- Sistema de Versiones Concurrentes. Programa que permite que un desarrollador de código guarde y recupere diferentes versiones de desarrollo de código fuente.

cyan- Uno de los colores de tinta de impresión estándar (azul verdoso).

cyber- Ciber. Prefijo usado para describir nuevas cosas que surgen a consecuencia de la propagación de las computadoras.

cybercafe- Cibercafetería. Cafetería donde se ofrece acceso a la Internet.

cybernetics- Cibernética. Ciencia que estudia los mecanismos automáticos de comunicación y de control de los seres vivos y de las máquinas.

cyberphobia- Ciberfobia. Miedo irracional a las computadoras.

cyberpunk- Género de ciencia ficción que describe a forasteros armados con capacidades tecnológicas propias, que pueden apartarse de las tendencias de uso de tecnología de instituciones tradicionales y usar la tecnología para controlar a la sociedad.

cyberspace- Espacio cibernético. Terreno no físico, creado por sistemas de computación. La interconexión de seres humanos a través de computadoras y telecomunicación, sin importar la geografía física.

cycle (clock tick)- Ciclo. La uni dad de tiempo más pequeña reconocida por un dispositivo.

cyclic redundancy checking (CRC)- Ver CRC

cylinder- Cilindro. Una sola localización de pista en todos los platos magnéticos redondos que constituyen un disco duro.

cypherpunk- Término que combina las ideas de espíritu de individualismo en el ciberespacio, con el uso de texto en código, para preservar la privacidad.

Cyrillic Cirílico (alfabeto ruso).

Cyrix- Línea de microprocesadores de bajo costo.

D

DA (Desk Accessory)- Accesorio de Escritorio. Serie de programas de utilidad para tareas de oficina.cotidianas.

DAC (Digital-to-Analog Converter)- Convertidor de Digital a Analógico.

D/A converter (Digital-To-Analog converter)- Convertidor de Digital a Analógico.

daemon- Programa residente de memoria que permanece en segundo plano, en espera de un evento que active una acción en particular.

Dagger- Daga. Obelisco. Cruz. El caracter que en ocasiones se utiliza para hacer anotaciones al pie de la página.

daisy chain- Cadena de margarita. Configuración de componentes físicos (hardware), en la cual los dispositivos se conectan uno al otro en serie.

daisy chaining- Encadenamiento de margarita. Enlace de varios dispositivos encadenados que usan un mismo puerto.

daisywheel printer- Impresora de margarita.

DARPA (Defense Advanced Research Projects Agency)- Agencia de Proyectos de Investigación Avanzados de la Defensa. Departamento independiente de investigación del Departamento de la Defensa de los Estados Unidos, que entre sus logros se encuentra el de ser patrocinador de un proyecto que con el tiempo conduciría a la creación de la Internet.

dash- Raya. Signo de puntuación parecido al guión, pero más largo.

DASD (Direct Access Storage Device)- Dispositivo de Almacenamiento de Acceso Directo. Término general que designa dispositivos de almacenamiento de disco magnético que históricamente han sido utilizados en entornos de computadoras de gran capacidad (mainframe) o de minicomputadoras (computadoras de mediana capacidad).

DAT (Digital Audio Tape)- Cinta Digital de Audio. Tecnología estándar para la grabación digital de audio en cinta de calidad a nivel profesional.

data- Datos.

data aging- Método para examinar la capacidad de un sistema para modificar valores de fecha a fechas futuras.

data bank- Banco de datos.

database- Base de datos. Colección de datos organizados en tablas para ser fácilmente accesados, manejados y actualizados.

database design- Diseño de base de datos.

database management- Administración, manejo de base de datos.

database management program- Programa de manejo de base de datos.

Database Management System (DBMS)- Sistema de Manejo de Base de Datos. Programa que permite que dos o más usuarios de computadora puedan crear y accesar datos de una base de datos.

database structure- Estructura de base de datos.

data bits- Cifras binarias (bits) de datos.

data bus- Vía de transmisión (bus) de datos.

data communication- Comunicación de datos.

Data Communications Equipment (DCE)- Equipo de Comunicaciones de Datos.

data compression- Compresión de datos. Almacenamiento de datos usando un algoritmo o protocolo (que codifica patrones o repeticiones) para reducir el espacio de almacenamiento.

data-compression protocol- Protocolo de compresión de datos.

data deletion- Eliminación de datos.

data dependency- Dependencia de datos.

data dictionary- Diccionario de datos.

data-encoding scheme- Esquema de codificación de datos.

data encrypting key- Clave para la criptografía de datos.

Data Encryption Standard (DES)- Norma de Criptografía de Datos.

data-entry form- Forma de entrada de datos.

data field- Campo de datos.

data file- Archivo de datos.

data flow diagram- Diagrama de flujo de datos.

data fork- En Macintosh, componente de archivo que contiene datos almacenados en el archivo.

datagram- Datagrama. Paquete de datos. Ver packet.

data insertion- Inserción de datos.

data integrity- Integridad de datos. La característica de que la información sea correcta e incorrupta (libre de errores humanos, errores de transmisión o de procesamiento o por contaminación de virus).

Data Interchange Format (DIF) file- Archivo de Formato de Intercambio de Datos.

data link layer- Capa de enlace de datos. Capa responsable de proporcionar transferencia de datos confiable a través de un enlace físico (o ruta de comunicaciones) dentro de la red.

data manipulation- Manipulación de datos. La realización de cambios a archivos de datos.

Data Manipulation Language (DML)- Lenguaje de Manipulación de Datos. Serie de instrucciones que se utilizan para almacenar, recuperar, modificar y borrar datos de una base de datos.

data mart- Mercado de datos. Base de datos o colección de bases de datos, diseñadas para asistir a empresarios en la toma de decisiones estratégicas sobre sus negocios.

data mask (field template)- Modelo de campo. Definición de campo que especifica el tipo de datos que se pueden incluir en el campo de datos.

data mining- Tipo de aplicaciones de base de datos que buscan patrones escondidos en un grupo de datos.

data modem- Módem de datos.

data modification- Modificación de datos.

data privacy- Privacidad de datos. Caracter confidencial de datos. Acceso limitado a un archivo.

data processing- Procesamiento de datos.

Data Processing Management Association (DPMA)- Asociación de Manejo de Procesamiento de Datos.

data record- Registro de datos.

data redundancy- Redundancia de datos. La repetición de datos en dos o más registros de datos.

data set- Serie de datos.

data storage media- Medios de almacenamiento de datos.

data stream- Flujo de datos.

data structures- Estructuras de datos.

Data Terminal Equipment (DTE)- Equipo de Terminal de Datos. Interfaz RS-232C que utiliza una computadora para intercambiar datos con un módem u otro dispositivo en serie, en transmisión de datos de computadora.

data transfer rate- Velocidad de transferencia de datos.

data type- Tipo de datos. Valores de números usados en programación.

data types- Tipos de datos. Juego de datos de valores con características predefinidas en un lenguaje de programación.

data warehouse- Almacén de datos. Lugar de almacenamiento central para todas o casi todas las partes de datos que los diversos sistemas comerciales de una empresa reúnen.

daughterboard (daughtercard)- Placa hija. Tarjeta de circuitos que se conecta a otra tarjeta de circuitos y extiende los componentes del circuito eléctrico.

dB (decibel)- Decibel. Decibelio. Unidad de medida para representar la intensidad de los sonidos.

dBase- Popular sistema de manejo de bases de datos producido por Ashton Tate Corporation.

dBm- Colección de programas que permite almacenar, modificar y extraer información de una base de datos.

DBMS (Database Management System)- Sistema de Manejo de Bases de Datos. Sistema de organización de bases de datos.

DCE (Data Communications Equipment)- Equipo de Comunicaciones de Datos.

DCE speed- Velocidad de Equipo de Comunicaciones de Datos.

DCOM (Distributed Component Object Model)- Extensión de un Puerto de Comunicaciones en Serie (COM).

DDE (Dynamic Data Exchange)- Intercambio Dinámico de Datos.

DDS (Digital Data Storage)- Almacenamiento Digital de Datos.

dead link- Enlace muerto. Dirección de Lenguaje de Formateo de Hipertexto (HTML) que ya no es válida.

deadlock- Bloqueo. Situación en la cual cada uno de dos procesos esperan que el otro haga algo, por lo que se mantienen estáticos.

dead start- Puesta en marcha en frío. Poner en funcionamiento.

deblurring- Afinador de imagen.

debug- Depurar. Encontrar y remover errores (bugs) de un programa o diseño.

debugger- Depurador. Programa que sirve para revisar, corregir y actualizar los programas de cualquier aplicación.

debugging- Proceso de localizar y componer o eludir errores (bugs) en código de programa de computadora o en la ingeniería de un dispositivo de hardware.

DEC (Digital Equipment Corporation)- Compañía fabricante de equipos de computadora. Tiene oficinas generales en Massachusetts.

decibel (dB)- Decibel. Decibelio. Unidad de medida que representa la intensidad de los sonidos.

Decimal- Decimal. Sistema de numeración que tiene como base el número 10.

decimal number- Número decimal.

decimal tab- Tabulador decimal.

Decision Support System (DSS)- Sistema de Apoyo de Decisión. Aplicación de programa de computadora que analiza datos de negocios y los presenta de manera tal, que los usuarios puedan tomar decisiones con mayor facilidad.

declaration- Declaración. Instrucción que une un valor con una constante.

declarative language- Lenguaje declarativo. Lenguaje de programación en el cual el programador no tiene que especificar el procedimiento exacto para que la computadora lleve a cabo una tarea.

declarative markup language- Lenguaje declarativo de marcado. Sistema de códigos para marcar el formato de una unidad de texto.

declare- Declarar. Especificar los atributos de una variable.

decode- Decodificar.

decoder- Decodificador.

decompress- Descomprimir. Expandir un archivo de compresión a su forma original.

decrement- Decrecimiento. // Decrecer.

decryption- Decodificación.

dedicated- Dedicado (a). Reservado para un uso en especial.

dedicated file server- Servidor de archivo dedicado. Una sola computadora en una red reservada para satisfacer las necesidades de la red.

dedicated line- Línea dedicada. Línea telefónica reservada para comunicación de datos.

dedicated system- Sistema dedicado.

deep link- Enlace de hipertexto a una página en un sitio de Web.

de facto standard- De hecho estándar. Formato, lenguaje o protocolo que se ha convertido en una norma, no por haber sido aprobada por una organización de normas, sino por su amplio uso y reconocimiento por la industria, como norma.

default- Por default. En ausencia de. Valor u opción que un dispositivo o programa elige automáticamente si no se especifica un substituto.

default button- Botón por default. Ver default.

default directory (current directory)- Directorio por default. Directorio seleccionado automáticamente (en ausencia de algún otro).

default drive- Unidad por default. Unidad de disco que usa la computadora, al no indicársele ninguna otra.

default editor- Editor por default. Ver default.

default extension- Extensión por default. Ver default.

default font- Caracteres tipográficos por default. Caracteres que una impresora utiliza, de no indicársele otros.

default home page- Página principal por default. Ver default.

default logic (defeasible logic)- Lógica por default. Lógica en ausencia de alternativas.

default numeric format- Formato numérico por default. Ver default.

default printer- Impresora por default. Ver default.

default value- Valor de un programa por default. Ver default.

defeasible logic (default logic)- Lógica por default. Sistema formal de razonamiento en el cual algunas reglas o hechos tienen prioridad sobre otros.

Defense Advanced Research Projects Agency (DARPA)- Ver DARPA.

deform- Deformar. Manipular digitalmente en pantalla.

defragmentation- Defragmentación. Proceso de localizar los fragmentos no-contiguos de datos en los que un archivo pudiera estar dividido, como se almacena en un disco duro, y reacomodar los fragmentos en menor cantidad de ellos.

degauss- Desmagnetizar. Remover cualquier campo magnético indeseable.

degree measure- Medida en grados.

Del (Delete key)- Tecla que se usa para borrar caracteres, archivos, etc.

delete- Borrar. Eliminar caracteres, archivos, etc.

Delete key (Del)- Tecla para borrar. Ver Del.

delimiter- Delimitador. Caracter que identifica el principio o el fin de una secuencia de caracteres (secuencia contigua de caracteres), en programación de computadoras.

Delphi- Sistema Rápido de Desarrollo de Aplicación (RAD), creado por Borland International, Inc..

demand paging- Páginas según demanda. Tipo de reemplazo de páginas o segmentos de datos en memoria, en el cual las páginas de datos no se copian del disco a Memoria de Acceso Aleatorio (RAM), sino hasta que se necesiten.

demarcation point- Ver POD.

demilitarized zone (DMZ)- Zona desmilitarizada (término inicialmente de uso militar). Pequeña red insertada como "zona neutral" entre una red privada de empresa y la red pública exterior.

demo- Demostración. Presentación de multimedia no-interactiva, o programa de computadora con funcionalidad limitada, para fines de promoción.

demodulation- Demodulación. La separación de los constantes pulsos electromagnéticos transmitidos y modulados para transportar información, de las señales variables de datos.

demon (daemon)- Programa residente en memoria que permanece en segundo plano en espera de un evento que active una acción en particular.

demount- Desmontar. Remover un disco de su unidad.

denial of service- Negación de servicio. Ver denial-of-service (DoS) attack.

denial-of-service (DoS) attack- Ataque de negación de servicio. Tipo de ataque contra una red, inundándolo de tráfico sin utilidad, resultando en que al usuario o a una organización se le priva de los servicios de un recurso con el que normalmente cuentan: servicios de red y toda clase de conexiones.

density- Densidad. Grado de compresión de la información en un medio de almacenamiento (cinta o disco).

departmental laser printer- Impresora departamental de láser. Impresora de láser diseñada para su uso colectivo en un departamento.

deprecated- Depreciados. Atributos o funcionalidad tolerables, pero no recomendables, pues ya han sido sustituidos por nuevos atributos o funcionalidad.

calculated field (derived field)- Campo calculado, derivado. Campo cuyo valor se deriva de alguna fórmula que involucra otros campos, en sistemas de manejo de bases de datos.

DES (Data/Digital Encryption Standard)- Norma de Conversión a Lenguaje Críptico Digital/De Datos. Popular método de criptografía, de clave simétrica, desarrollado en 1975 y estandarizado por ANSI en 1981.

descender- Descendente. En tipografía, la parte de una letra minúscula que pasa por debajo de la línea base.

descending sort- Clasificación descendiente. Clasificación que sigue un curso descendiente: 9, 8, 7, 6 ...

deselect- Anular una selección previa.

desk accessory (DA)- Accesorio de escritorio. En Apple Macintosh, utilidad (programa pequeño que no necesita ningún otro dispositivo para funcionar) diseñada para llevar a cabo una tarea sencilla.

deskew- Eliminar el efecto del comando sesgar (skew).

desktop- Escritorio. Area visible de una computadora donde se muestran los tipos de objetos que se pueden encontrar en un escritorio real: documentos, directorio, teléfono, fuentes de referencia, herramientas de escritura (o hasta de dibujo), folders de proyectos. Un escritorio puede estar dentro de una ventana o puede ocupar toda una pantalla. Se puede contar con diversos tipos de escritorio (para diferentes proyectos o entornos de trabajo) y cambiar de uno a otro.

Desktop, Active (Active Desktop)- Escritorio Activo. Característica de Windows que permite usar una página de Web como escritorio (desktop).

desktop case- Caja de computadora.

desktop computer- Computadora de escritorio. Computadora personal diseñada para descansar sobre un escritorio de oficina convencional.

desktop environment- Entorno de escritorio.

Desktop Management Interface (DMI)- Interfaz de Manejo de Escritorios. Estructura de soporte básica de la industria para manejar y llevar registro de componentes de hardware y software en un sistema de computadoras personales, desde una localidad central.

Desktop Management Task Force (DMTF)- Fuerza de Trabajo de Manejo de Escritorios. Consorcio de fabricantes de equipo de computación, creadores de la Interfaz de Manejo de Escritorios (DMI).

desktop pattern- Patrón de escritorio. Patrón gráfico o papel tapiz (wallpaper).

desktop publishing (DTP)- Publicación de Escritorio. El uso de computadoras personales o estaciones de trabajo para producir documentos impresos de alta calidad.

desktop publishing software- Programas de Publicación de Escritorio.

desktop scanner- Escáner de sobremesa.

desktop video- Video de escritorio.

destination (target)- Destino. Archivo o dispositivo de almacenamiento a donde se mueve información proveniente de otro archivo o dispositivo de almacenamiento llamado fuente (source).

destination document- Documento destino. Documento en donde se inserta un objeto (OLE).

destination file- Archivo destino. Ver destination.

development system- Sistema de desarrollo.

development suite- Paquete de utilidades para crear programas de una manera sencilla y rápida.

device- Dispositivo.Cualquier máquina o componente diseñado para servir un propósito. Generalmente se conecta a una computadora, aunque una computadora también puede considerarse un dispositivo.

device contention- Contención o pugna entre dispositivos.

device driver- Controlador de dispositivo. Programa que controla un tipo particular de dispositivo conectado a la computadora.

device ID- Identificación de dispositivo.

device name- Nombre de dispositivo. Nombre de dispositivo que consiste en una abreviatura de tres letras.

device node- Nodo de dispositivo.

DHCP (Dynamic Host Configuration Protocol)- Protocolo Dinámico de Configuración de Huésped. Protocolo para asignar automáticamente y en forma variable direcciones de Protocolo de la Internet (IP) a dispositivos en una red.

DHTML (Dynamic HTML)- Lenguaje de Formateo de Hipertexto Dinámico. Contenido de Web que cambia cada vez que se ve.

diagnostic program- Programa de diagnóstico. Programa de utilidad que verifica el buen funcionamiento del software y hardware.

diagnostic routine- Rutina de diagnóstico.

dialer program- Programa marcador (de números de teléfono). Programa que marca y establece conexión con un proveedor de servicio de la Internet.

dialog- Diálogo. Cuadro de diálogo.

dialog box (dialog)- Cuadro de diálogo.

dial-up access- Acceso al marcar. Conexión a otra computadora o red por medio de una computadora equipada con módem.

dial-up connection- Conexión al marcar (a través de línea telefónica). Ver dial-up access.

dial-up IP- Protocolo de la Internet (IP) de marcado. Protocolo para el acceso a la Internet por línea telefónica.

dial-up modem- Módem de marcado (de acceso telefónico).

dial-up networking- Red de marcado. Red de computadoras con comunicación a través de líneas telefónicas.

DIB (Dual Independent Bus)- Vía de Transmisión Dual Independiente. Reciente arquitectura de vía de transmisión (bus), de microprocesadores Pentium Pro de Intel y Pentium II.

DIF (Data Interchange Format)- Formato de Intercambio de Datos.

DIF (Differential Incremental Backup)- Respaldo Diferencial de Incremento. El respaldo de todos los archivos de datos que hayan sido modificados desde el último respaldo de incremento o respaldo de archivo (archival backup).

Diffie-Hellman public key encryption algorithm- Algoritmo para convertir a lenguaje críptico de clave pública Diffie Hellman.

diffuse- Difuminar.

digest- Resumen. Copia de cada mensaje enviado a una lista de correo, en determinado período de tiempo.

digicash (digital cash)- Dinero en efectivo digital. Sistema de compra de créditos en efectivo en pequeñas cantidades, almacenados en la computadora, para luego gastarlos al hacer compras electrónicas en la Internet.

digit- Cifra. Dígito.

digital- Digital.

Digital Audio Tape (DAT)- Ver DAT.

digital camera- Cámara digital.

digital cash- Ver digicash.

digital certificate- Certificado digital. Ver certificado.

digital computer- Computadora digital.

digital controls- Controles digitales.

digital data- Datos digitales.

Digital Data Storage (DDS)- Almacenamiento de Datos Digitales.

digital image processing- Procesamiento digital de imágenes.

digital modem- Módem digital.

digital monitor- Monitor digital.

digital photography- Fotografía digital.

digital press- Prensa digital. Imprenta que puede imprimir directamente de un archivo de computadora.

digital signal processing (DSP)- Procesamiento digital de señales.

digital signal processor (DSP)- Procesador digital de señales.

digital signature- Firma digital. Firma electrónica que puede ser usada para autentificar la identidad del remitente de un mensaje, o el que firma un documento, y posiblemente para asegurar que el contenido original de un mensaje o documento no se altere.

Digital Subscriber Line (DSL)- Línea de Subscriptor Digital. Tecnología para enviar información de banda ancha a hogares o negocios pequeños, a través de líneas telefónicas de cobre comunes.

digital telephony- Telefonía digital.

Digital-to-Analog converter (D/A converter)- Convertidor de Digital a Analógico.

digital transmission- Transmisión digital.

Digital Versatile Disc/Digital Video Disc (DVD)- Disco Digital Universal / Disco de Video Digital. Tipo de CD-ROM reciente, que contiene un mínimo de 4.7 gigaoctetos.

Digital Video Disc-Random Access Memory (DVD-RAM)- Disco de Video Digital-Memoria de Acceso Aleatorio. Nuevo tipo de disco compacto regrabable, con mucha mayor capacidad de almacenamiento de datos que los sistemas de disco compacto regrabable (CD-RW) actuales.

Digital Video Disc-Read Only Memory (DVD-ROM)- Disco de Video Digital-Memoria de Sólo Lectura. Nuevo tipo de disco compacto de Sólo Lectura que contiene un mínimo de 4.7 gigaoctetos.

digitize- Digitalizar. Traducir a forma digital.

digitized music- Música digitalizada.

digitizer- Digitalizador.

digitizer table- Tablero digitalizador.

digitizing tablet- Bloc digitalizador. Dispositivo de entrada que consiste de un bloc electrónico y de un cursor o pluma (pen) para convertir gráficas a datos digitales.

digizine- Revista digital. Revista que circula en forma digital o electrónica en un medio electrónico, como un CD-ROM.

DIMM (Dual Inline Memory Module)- Módulo de Memoria En-línea Dual. Pequeña tarjeta de circuitos que contiene cápsulas de silicio de memoria.

dimmed- Obscurecido.

dingbats- Caracteres decorativos, tales como estrellas, manos señalando, tijeras o flores.

diode- Diodo. Componente electrónico de dos electrodos que permite el flujo eléctrico en una sola dirección.

DIP (Dual In-line Package)- Paquete En Línea Dual. Tipo de cápsula de silicio con una cubierta rectangular, con dos hileras de patillas conectoras a cada lado.

DIP switch- Conmutador DIP. Pequeño botón en la parte trasera de impresoras, y en tarjetas de expansión. // Serie de pequeños conmutadores instalados en tarjetas de circuitos. Los conmutadores DIP permiten configurar una tarjeta de circuitos para un tipo de computadora o aplicación en particular.

dir- Comando de ciertos sistemas operativos que permite ver los archivos de un directorio determinado.

DirecPC- Servicio que ofrece Hughes Network Systems, que proporciona acceso a la Internet a través de antenas de satélite privadas.

Direct3D- Interfaz de Programación de Aplicación (API) para manipular y exhibir objetos tridimensionales.

Direct Access Storage Device (DASD)- Dispositivo de Almacenamiento de Acceso Directo. Término general para dispositivos de almacenamiento de disco magnético.

direct-connect modem- Módem de conexión directa. Módem que se conecta directamente a la línea telefónica por medio de conectores modulares.

DirectDraw- Norma de interfaz de programas para transferir procesamiento de video de la Unidad Central de Procesamiento (CPU) de una computadora personal al adaptador de video.

direct-map cache- Caché de mapeo directo.

Direct Memory Access (DMA)- Acceso de Memoria Directo. Capacidad de ciertas arquitecturas de vía de transmisión de computadora, que permiten enviar datos directamente desde un dispositivo conectado (como una unidad de disco) a la memoria en la placa base de la computadora.

Direct Memory Access (DMA) controller- Controlador de Acceso de Memoria Directa.

direct thermal printer- Impresora térmica directa. Ver thermal transfer printer.

directory- Directorio. Tipo especial de archivo usado para organizar otros archivos en estructura jerarquizada.

directory markers- Marcadores de directorio: (.) y (..), en DOS.

directory sorting- Clasificación de directorio.

directory title- Título de directorio.

directory tree- Arbol de directorio. Directorios y subdirectorios de un disco, con la estructura de árbol.

DirectX- Serie de Interfaces de Programación de Aplicación (API), desarrolladas por Microsoft, que permiten a los programadores escribir programas con acceso a las características de los componentes físicos (hardware) de una computadora, sin saber con exactitud el hardware que será instalado.

dirty- Sucio. Con señales o ruido ajeno.

disable- Inhabilitar.

disassembler- Desensamblador. Programa que convierte instrucciones de máquina a lenguaje ensamblador.

Disaster Recovery Plan (DRP) (Business Continuity Plan (BCP)) (Business Process Contingency Plan (BPCP))- Plan de Recuperación de Desastre. Plan que describe como debe una empresa manejar desastres potenciales.

disc (disk)- Disco. "Disc" se usa frecuentemente para designar discos ópticos. "Disk" generalmente se refiere a discos magnéticos, aunque no existe una regla específica.

disconnect- Desconectar. Terminar una conexión.

discrete speech- Habla discreta. Forma de hablar; con pausas entre palabras, para facilitar su reconocimiento por una computadora.

discretionary hyphen (soft hyphen)- Guión a discreción. Guión que separa palabras que se escriben al final de una línea.

disk- Disco (ver disc).

disk cache- Caché de disco. Mecanismo que sirve para mejorar el tiempo que toma leer o escribir (grabar) en un disco duro.

disk capacity- Capacidad de almacenamiento de disco.

disk compression utility- Utilidad de compresión de disco (en la mayoría de archivos de una unidad).

disk drive- Unidad de disco.

disk drive controller- Controlador de unidad de disco.

disk memory- Memoria de disco.

disk operating system (DOS)- Sistema operativo de disco. Primer sistema operativo ampliamente instalado en computadoras personales.

disk partition- Partición de disco. Sección de área de almacenamiento de un disco duro.

diskette (floppy disk)- Disquete. Pequeño disco magnético flexible que se usa para almacenar programas u otra información.

diskette drive- Unidad de disquete.

diskless workstation- Estación de trabajo sin unidades de disco.

display- Periférico de video. Mecanismo de salida de superficie y proyección de computadora que muestra texto y frecuentemente imágenes gráficas. // Desplegar información en pantalla (de computadora o terminal).

display adapter- Adaptador de video.

display card- Tarjeta de video.

display font- Caracteres tipográficos de video.

display memory- Memoria de video.

display panel- Panel de despliegue. En equipos de computación que carecen de pantalla, se usa un panel con información sobre el desarrollo de sus funciones.

Display Power Management Signaling (DPMS)- Señalamiento de Manejo de Energía de Video. Sistema en el cual un video adaptador especialmente equipado, envía instrucciones a un monitor compatible para conservar energía.

display screen- Pantalla de video.

distributed- Distribuidos. Programación y datos con los que una computadora trabaja, distribuidos en más de una computadora, usualmente en una red.

distributed bulletin board- Boletín distribuido. Grupos de noticias distribuidos a través de una Red de Area Ancha (WAN).

distributed processing system- Sistema de procesamiento distribuido. Sistema de computadora diseñado para múltiples usuarios.

dithering- La mezcla de puntos de diferentes colores para producir lo que al parecer resulta un nuevo color.

DLL (Dynamic Link Library)- Biblioteca de Uniones Dinámicas. Colección de pequeños programas que pueden ser accesados por un programa mayor.

DMA (Direct Memory Access/Addressing)- Acceso Directo a Memoria. Técnica para transferir datos de la memoria principal, a un dispositivo, sin pasar por la Unidad Central de Procesamiento (CPU).

DMA channel- Canal DMA. Canal de Acceso Directo a Memoria (DMA).

DMA controller- Controlador de Acceso Directo a Memoria (DMA).

DMI (Desktop Management Interface)- Ver Desktop Management Interface.

DMTF (Desktop Management Task Force)- Ver Desktop Management Task Force.

DMZ (Demilitarized Zone)- Ver Demilitarized Zone.

DNS (Domain Name System)- Sistema de Nombre de Dominio. Forma en la que los nombres de dominio de la Internet están localizados y traducidos a direcciones de Protocolo de la Internet.

DNS server- Servidor de Sistema de Nombre de Dominio.

dock- Fijar. Anclar.

dockable toolbar- Barra de herramientas a la que se le puede cambiar de posición.

docking station- Estación de acoplamiento. Accesorios que proporcionan mayor capacidad a una computadora portátil, haciéndola funcionar como computadora personal de sobremesa.

document- Documento. Archivo creado con un procesador de palabra.

document file icon- Icono de archivo de documento.

document format- Formato de documento.

Document Image Processing (DIP)- Procesamiento de Imagen de Documento.

document mode- Modo documento.

document processing- Procesamiento de documento.

Document Type Definition (DTD)- Definición de Tipo de Documento. Definición de un lenguaje de marcado que define los elementos del documento, así como a los comandos de formato usados para identificarlos, en Lenguaje de Norma Generalizada de Marcado (SGML)

documentation- Documentación.

dog food- (Caló) Comida de perro. Término usado por creadores de software y hardware para indicar cuando ellos mismos prueban un producto antes de ofrecerlo a otros, con el fin de desarrollar un punto de vista de consumidor: "Vamos a comer nuestra propia comida de perro".

DOM (Document Object Model)- Modelo de Objeto de Documento. Especificación de interfaz de programación desarrollada por el Consorcio World Wide Web (W3C).

domain- Dominio. Grupo de computadoras y dispositivos en una red, administrados como unidad; con reglas y procedimientos comunes. Dentro de la Internet, los dominios se definen por la dirección de Protocolo de la Internet (IP). Todos los dispositivos que comparten una parte común de la dirección de Protocolo de la Internet, se dice que se encuentran en el mismo dominio. En computación y telecomunicaciones en general, un dominio es una esfera de conocimiento, identificada por un nombre.

domain address- Dirección de dominio.

domain name- Nombre de dominio.

domain name hoarding- Acaparación de nombres de dominio.

domain name poaching- El registro de un nombre de dominio de la Internet para revender los derechos de nombre de dominio a una persona o empresa.

Domain Name System (DNS)- Ver DNS.

dongle- Mecanismo para asegurar que únicamente usuarios autorizados puedan copiar o hacer uso de aplicaciones de software específicas. // Conector de cable para tarjetas de Computadora Personal (PC) portátil (PCMCIA).

doping- Agregar impurezas a materiales semiconductores durante el proceso de fabricación, para incrementar su conductibilidad.

DOS (Disk Operating System)- Ver Disk Operating System.

DOS 640K limit- Límite en el tamaño de programas ejecutados bajo DOS en modo real.

dot- Punto. Caracter usado para separar un nombre de archivo de su extensión. // En mapas de bits, un punto es la parte identificable más pequeña de una imagen.

dot address (dotted quad address)- Dirección de punto. Notación que señala la dirección de Protocolo de la Internet (IP), de cuatro octetos (bytes) ó 32 cifras binarias (bits).

dotcom (.com)- Punto com. Cualquier sitio de Web destinado a un uso comercial.

dot file- Archivo con un nombre precedido por un punto, en Unix.

dot-matrix printer- Impresora matricial. Tipo de impresora que produce caracteres e ilustraciones presionando dispositivos (pins) contra una cinta de tinta para imprimir puntos, no muy espaciados, que dan la forma apropiada.

dot pitch- Medida entre puntos. Tamaño del punto más pequeño de un monitor.

dots per inch (dpi)- Puntos por pulgada. Medida de la densidad de puntos en una pantalla.

double-click- Pulsar dos veces rápidamente. // Doble pulsación rápida.

double density- Doble densidad.

double precision- Doble precisión.

double-sided floppy disk- Disco magnético flexible de dos lados. Disco magnético flexible en el cual se puede almacenar datos por ambos lados.

double speed- Doble velocidad.

double-speed drive (2x drive)- Unidad de doble velocidad.

down- Caído. Fuera de servicio.

download- Bajar. Tranferir un archivo de una computadora a otra.

downloadable font- Caracteres tipográficos transferibles. Caracteres de impresora que, al imprimir, se tranfieren del disco duro de la computadora, a la memoria de la impresora.

downloading- Bajar. Transmisión de un archivo de un sistema de computadora a otro, usualmente de menor capacidad.

downloading utility- Utilidad para bajar. Programa de utilidad que transfiere caracteres tipográficos del disco duro de una computadora o impresora, a la Memoria de Acceso Aleatorio (RAM) de la impresora.

downward compatibility- Compatibilidad hacia atrás. La habilidad de trabajar con equipo y programas más antiguos de lo que fue diseñado para trabajar.

downward-compatible- Compatible hacia atrás.

dpi (dots per inch)- Ver dots per inch.

DPMA (Data Processing Management Association)- Asociación de Manejo de Procesamiento de Datos.

DPMS (Display Power Management Signaling)- Ver Display Power Management Signaling.

draft quality- Calidad tipo borrador.

drag- Arrastrar. Cambiar de posición un objeto señalándolo con el puntero del ratón, y manteniendo pulsado el botón del ratón.

drag-and-drop- Arrastrar y soltar. Arrastrar con el puntero y soltar el botón de un ratón para abrir rápidamente el programa de una aplicación.

drag-and-drop editing- Redacción arrastrando y soltando. Característica de redacción que permite copiar o mover un bloque de texto, arrastrándolo hacia su nueva posición, con el puntero del ratón y manteniendo pulsado el botón.

DRAM (Dynamic Random-Access Memory)- Memoria Dinámica de Acceso Aleatorio. Tipo de memoria, no permanente, usada en la mayoría de las computadoras personales.

draw program- Programa de dibujo.

drawing tools- Herramientas de dibujo.

DR-DOS- Novell DOS. Reemplazo del MS-DOS, creado por Digital Research Inc.

drill down- Método de exploración y análisis de datos, a través de un examen detallado de los datos.

drive- Unidad.

drive activity light- Luz de actividad de unidad. Pequeña luz sobre el panel frontal de una computadora que señala actividad de una unidad.

drive bay- Bahía de unidad. Sitio donde se coloca la unidad de disco.

drive designator- Designador de unidad.

driver- Controlador. Programa que controla un dispositivo.

drop cap- La primera letra de un párrafo, ampliada para bajar dos o más líneas, como se les ve al principio de cierto tipo de literatura (novelas).

drop-down menu (pop-up menu)- Menú plegable. Menú que aparece al hacer una selección en un bar de menú (menu bar).

drop shadow- Sombra que aparece detrás de una imagen, dando la apariencia de que se ha levantado de la hoja.

dropouts- Caracteres que se pierden en la transmisión de datos.

dropout type- Caracteres blancos impresos sobre fondo negro, en tipografía.

drum scanner- Escáner de tambor.

drunk mouse- Ratón errático. Ratón cuyo puntero salta sin dirección, al intentar seleccionar algo.

DSA (Digital Signature Algorithm)- Algoritmo de Firma Digital. Norma federal de los Estados Unidos para firmas digitales que usan clave pública para convertir a lenguaje críptico.

DS/DD- Disco de dos lados, casi obsoleto, que utiliza formato de doble densidad.

DS/HD- Disco de dos lados que utiliza formato de alta densidad (HD).

D-shell connector- Conector D-shell. Conector de monitor que se conecta al adaptador de video.

DSP (Digital Signal Processor/Processing)- Procesamiento/Procesador Digital de Señales.

DSS (Digital Signature Standard)- Norma de Firma Digital. Algoritmo de Firma Digital (DSA), desarrollado por la Agencia de Seguridad Nacional de los Estados Unidos (NSA), para generar firmas digitales para la autenticación de documentos electrónicos.

DSTN (Double-layer SuperTwist Nematic)- Tecnología de Pantalla de Cristal Líquido (LCD), de matriz pasiva, que utiliza dos capas de pantalla para contrarrestar el cambio de color de pantallas con técnica de desviación de los rayos de luz (supertwist nematic).

DSVD (Digital Simultaneous Voice and Data)- Voz y Datos Digitales Simultáneos. Tecnología digital para la transmisión de voz y datos concurrentes (SVD), por línea telefónica sencilla analógica.

DTD (Document Type Definition)- Ver Document Type Definition.

DTE (Data Terminal Equipment)- Ver Data Terminal Equipment.

DTE speed- Velocidad de Equipo de Terminal de Datos.

DTMF (Dual-Tone Multi-Frequency)- Multifrecuencia de Tono Dual. Sistema usado por teléfonos de tono (touch-tone).

DTP (Desktop Publishing)- Publicación de Escritorio. El uso de computadoras personales, o estaciones de trabajo, para producir documentos de alta calidad.

dual-actuator hard disk- Disco duro de estimulador dual.

dual boot- Arranque dual. Sistema de computadora en el cual dos sistemas operativos se encuentran instalados en la misma unidad de disco duro, permitiendo cargar y dar control a cualquiera de los dos sistemas operativos.

dual boot system- Sistema de arranque dual. Ver dual boot.

Dual Independent Bus (DIB)- Ver DIB.

Dual In-Line Memory Module (DIMM)- Ver DIMM.

dual in-line package (DIP)- Ver DIP.

dual-issue processor- Procesador de resultado dual. Unidad Central de Procesamiento (CPU) que puede procesar dos instrucciones simultaneamente.

Dual-Stripe Magneto-Resistive (DSMR) head- Cabeza de Resistencia Magnética de Banda Dual. Diseño de cabeza de lectura/escritura para discos duros, que reduce su sensibilidad a la interferencia del ambiente exterior.

Dual Tone Multi Frequency (DTMF)- Multifrecuencia de Tono Dual. Señal que se genera a la compañía telefónica cuando se presionan las teclas de un teléfono común.

Dual Tone Multi Frequency (DTMF) tones- Tonos de multifrecuencia de tono dual.

dumb terminal- Terminal no inteligente. Monitor de periférico que carece de capacidades de proceso. Una terminal no inteligente es tan sólo un dispositivo de salida que acepta datos de la Unidad Central de Procesamiento (CPU).

dump- Vaciar. Transferir datos de memoria a una impresora, a un disco o a una cinta.

dumpster diving- Búsqueda de tesoros en la basura de otros. Técnica usada para sustraer información (códigos de acceso, contraseñas) que pudiera ser usada para perpetrar un ataque en una red de computadoras.

duplex- Dúplex. Sistema en telecomunicaciones que permite que ambos lados de la comunicación puedan enviar y recibir señales al mismo tiempo.

duplex printing- Impresión dúplex. La impresión de un documento por ambos lados de la hoja.

duplication station- Combinación de escáner/impresora que puede funcionar como copiadora con poca capacidad.

dusty deck- (Caló) Programa de computadora arcaico.

DVD (Digital Video Disc)- Ver Digital Video Disc.

DVD-RAM (Digital Video Disk-Random Access Memory)- Ver Digital Video Disk-Random Access Memory.

DVD-ROM (Digital Video Disk-Read Only Memory)- Ver Digital Video Disk-Read Only Memory.

DVD-ROM drive- Unidad de Disco de Video Digital-Memoria de Sólo Lectura.

DVI (Digital Video Interface)- Interfaz Digital de Video. Especificación creada por el Grupo de Trabajo de Pantalla Digital (DDWG) para alojar monitores analógicos y digitales con un solo conector.

DVI file- Archivo de Interfaz Digital de Video.

Dvorak keyboard- Teclado Dvorak. Arreglo de teclas tipo máquina de escribir diseñado para ser más fácil de aprender y de usar que el teclado QWERTY estándar.

dye sublimation- Sublimación de tinte. Proceso de impresión a color de alta calidad (color brillante y buena definición).

dye-sublimation printer- Impresora con sublimación de tinte. Impresora con proceso de impresión a color de alta calidad.

Dynamic Bandwidth Allocation (DBA)- Asignación Dinámica de Banda Ancha. Método de asignación de banda ancha para que la línea pueda manejar comunicaciones de voz y datos al mismo tiempo.

Dynamic Data Exchange (DDE)- Intercambio Dinámico de Datos. En Windows, OS/2, y otros sistemas operativos, el intercambio dinámico de datos permite comunicar o compartir información entre programas.

Dynamic HTML (DHTML)- Lenguaje de Formateo de Hipertexto Dinámico. Término colectivo para una combinación de nuevas opciones y códigos para identificar elementos del Lenguaje de Formateo de Hipertexto (HTML), que permite crear páginas Web más animadas y más interactivas que versiones anteriores del HTML.

dynamic link- Vínculo dinámico. Método para vincular datos que puedan ser compartidos por dos programas.

dynamic link library (DLL)- Ver DLL.

dynamic memory- Memoria dinámica.

dynamic random access memory (DRAM)- Ver DRAM.

dynamic range- Extensión dinámica. El alcance del sonido más suave al sonido más alto, en un instrumento musical o pieza de equipo electrónico.

E

Easter egg- (Caló) Texto secreto, imagen, o sonido oculto en un sitio de Web, o en un programa de aplicación colocado por los programadores. Comúnmente incluye un texto con los nombres de los programadores.

EBCDIC (Extended Binary Coded Decimal Interchange/Information Code)- Código de Información/Intercambio Decimal Codificado Binario Extendido. Código decimal binario compuesto por 8 bits, que se utiliza para representar caracteres en IBM.

EC (Electronic Commerce)- Comercio Electrónico. La compra y venta de productos y servicios en la Internet, específicamente en la World Wide Web.

eCash- Sistema de efectivo digital. Sistema por el cual se pueden hacer compras en la Internet sin hacer uso de una tarjeta de crédito.

echo- Eco. Ver echoplex.

echoplex- Protocolo de comunicaciones en el cual la estación receptora confirma una recepción regresando el mensaje (haciendo eco) a la estación transmisora.

e-commerce (electronic commerce)- Ver EC.

ECP (Extended Capabilities Port)- Puerto de Capacidades Extendidas. Norma de puerto en paralelo, para Computadoras Personales (PCs), que apoya la comunicación bidireccional entre la computadora personal y dispositivos conectados (tal como una impresora).

edge connector- Conector de borde. Parte de una tarjeta de circuitos impresos que se conecta a una computadora o dispositivo.

edge detect- Detectar bordes. Técnica de procesamiento de imágenes que traza los bordes de objetos.

EDI (Electronic Data Interchange)- Intercambio Electrónico de Datos. Transferencia de datos entre diferentes compañías, usando redes; tal como la Internet.

edit- Editar. Examinar un archivo y hacerle los cambios necesarios.

editor- Editor. Programa de computadora que permite al usuario ver, crear y modificar archivos de texto.

EDLIN – Editor de línea. El equivalente anterior al EDIT (editor en pantalla) actual.

EDO RAM (Extended Data Output Random Access Memory)- Memoria de Acceso Aleatorio de Salida de Datos Extendida. Tipo de cápsula de silicio de memoria de acceso aleatorio, que mejora el tiempo de leer de memoria de microprocesadores más rápidos, tales como el Pentium de Intel.

edu- Indicación de que una dirección de correo electrónico, o sitio de web, está relacionada con la educación.

edutainment- Neologismo que expresa la unión de la educación y el entretenimiento en un trabajo o presentación, como un programa de televisión o un sitio de Web.

EEMS (Enhanced Expanded Memory Specification)- Especificación Mejorada de Memoria Expandida. Versión mejorada de la Especificación de Memoria Expandida, que permite a las especificaciones del

Sistema Operativo de Disco (DOS) usar más de un megaocteto (megabyte) de memoria.

EEPROM (Electrically Erasable Programmable Read-Only Memory)- Memoria de Sólo Lectura Programable Que se Borra Eléctricamente.

EFF (Electronic Frontier Foundation)- Fundación de Frontera Electrónica. Guardián principal de la preservación de las libertades civiles en la Internet.

effector key (modifier key)- Tecla modificadora. Tecla que modifica la función de otras teclas.

efficiency- Eficiencia.

EGA (Enhanced Graphics Adapter)- Adaptador de Gráficas Mejorado. Adaptador de gráficas de video para computadoras personales IBM, ahora ya obsoleto.

EGP (Exterior Gateway Protocol)- Protocolo de Enlace Exterior. Protocolo de intercambio de información de enrutamiento entre dos huéspedes vecinos de enlace, cada uno con su propio dispositivo de enrutamiento en una red de sistemas autónomos.

EIA (Electronics Industries Association)- Asociación de Industrias de la Electrónica. Organizaciones individuales con acuerdos bajo ciertas normas de transmisión de datos, tales como EIA/TIA-232 (anteriormente RS-232).

EIA-232D- Norma para la comunicación de datos (que suple a la antigua norma RS-232).

EIDE (Enhanced Integrated Device Electronics)- Electrónica de Dispositivos Integrados Expandidos. Interfaz electrónica estándar, entre una computadora y sus unidades de almacenamiento de gran capacidad.

EISA (Enhanced Industry-Standard Architecture)- Arquitectura Estándar Industrial Expandida. Arquitectura estándar de vía de transmisión (bus), que amplía la norma de ISA (Arquitectura Estándar de la Industria) a una interfaz de 32 cifras binarias (bits).

EISA-2- Versión mejorada de la EISA.

Electrically Erasable Programmable Read-Only Memory (EEPROM)- Memoria de Sólo Lectura Programable Que se Borra Eléctricamente.

electron- Electrón. Partícula subatómica con carga de electricidad negativa.

electron gun- Emisor de electrones en la parte trasera de un tubo de rayos catódicos.

electronic circuit diagram symbols- Símbolos de diagrama de circuito electrónico.

electronic commerce (EC)- Ver EC.

Electronic Data Interchange (EDI)- Correspondencia Electrónica de Datos. Formato estándar para el intercambio de datos comerciales.

electronic document- Documento electrónico. Documento en pantalla.

Electronic Frontier Foundation (EFF)- Ver EFF.

electronic mail (e-mail)- Correo electrónico. La transmisión de mensajes por redes de comunicación. Los mensajes pueden ser notas o archivos electrónicos almacenados en disco. // Enviar un mensaje o archivo vía correo electrónico.

electronic publishing- Publicación electrónica. Publicación de documentos por computadora.

electronic warfare- El uso de dispositivos electrónicos para dañar sistemas de computación.

electrostatic printer- Impresora electrostática.

element- Elemento.

elephant's ear- (Caló) Oreja de elefante. El signo arroba: @

elevator bar (scroll bar)- Barra de elevación. Barra que aparece hacia un extremo, o en la parte inferior de una ventana, que sirve para controlar la parte de una lista o documento en el marco de la ventana.

elite- Tipo de letra, usualmente máquina de escribir, que imprime 12 caracteres por pulgada.

Emacs- Popular editor de texto usado por programadores, científicos, ingenieros, estudiantes, y administradores de sistemas, principalmente en sistemas basados en Unix.

e-mail- Correo electrónico. Ver electronic mail (e-mail).

e-mail address- Dirección de correo electrónico.

e-mail client- Cliente de correo electrónico. Programa que proporciona servicios de correo electrónico a usuarios de computadora.

e-mail server- Servidor de correo electrónico.

embedded font- Caracteres tipográficos incluídos dentro de un archivo.

embedded formatting command- Comando de formateo adherido. Comando de formateo de texto colocado directamente en el texto a ser formateado.

embedded object- Objeto adherido. Objeto insertado o adherido a un documento destino.

embedded program- Programa adherido. Conjunto de instrucciones con un propósito particular.

embedded system- Sistema adherido. Sistema de computación que funciona dentro de una máquina para regular ciertas de sus funciones.

em dash- Raya eme. Raya larga (con la longitud equivalente a la anchura de una letra M mayúscula) usada para introducir observaciones, con funciones como las de un paréntesis.

emitter- Emisor. Una de las tres capas de un transistor bipolar.

EMM (Expanded Memory Manager)- Administrador de Memoria Expandida. Programa de utilidad que maneja la memoria expandida de una computadora IBM PC compatible.

emoticon (smiley)- Símbolo usado en correo electrónico representando un rostro con diferentes estados de ánimo.

EMS (Expanded Memory Specification)- Especificación de Memoria Expandida.

emulator- Emulador. Dispositivo de hardware, o programa que pretende ser otro dispositivo en particular, u otro programa con el que otros componentes esperan interactuar.

emulation- Emulación.

emulator- Emulador.

en dash- Raya ene. Raya con la mitad de longitud de la raya eme (em dash).

Encapsulated PostScript (EPS)- PostScript encapsulado. Formato de archivo de gráficas usado por el Lenguaje de Programación de Impresión de Alta Calidad (PostScript).

encapsulation- Inclusión de una cosa dentro de otra, de manera tal, que la cosa incluída no sea aparente.

encode- Codificar. Traducir información a un lenguaje que pueda ser comprendido por la computadora.

encryption- La acción de convertir a lenguaje críptico (lenguaje en código o clave).

end- Fin. Final. Palabra en clave que marca el final de la estructura de un programa en diferentes lenguajes.

End key- Teclas que envían al cursor a donde termina la línea, o al final del documento (Ctrl + End).

End Of File (EOF)- Fín de un Archivo.

End-Of-File mark- Marca de Fín de un A rchivo. Caracter especial o secuencia de caracteres que marcan el fín de un archivo.

End Of Line (EOL)- Fín de una Línea.

End Of Line (EOL) mark- Marca de Fín de una Línea.

end user- Usuario final. El usuario final o último de un sistema de computación. Individuo que usa el producto después de haber sido desarrollado completamente y puesto en el mercado.

End User License Agreement (EULA)- Acuerdo de Licencia de Usuario Final. Tipo de licencia usada para la mayoría de los programas.

endnote- Nota al pie de un documento.

Energy Star- Programa de la Agencia de Protección Ambiental de los Estados Unidos (EPA) que tiene como objetivo el reducir el consumo de energía eléctrica de las computadoras personales.

engine- Motor. Programa que da servicio a otras aplicaciones.

enhanced ATA (enhanced IDE (EIDE))- Versión mejorada del ATA. Ver ATA.

enhanced CD- Disco Compacto (CD) mejorado. Norma para discos compactos de audio.

Enhanced Expanded Memory Specification (EEMS)- Ver EEMS.

Enhanced Graphics Adapter (EGA)- Ver EGA.

Enhanced Graphics Display- Monitor de Gráficas Mejorado. Monitor digital a color que funciona con un adaptador de video EGA.

Enhanced IDE (EIDE)- IDE mejorada. Versión más reciente de la norma de interfaz de dispositivo de almacenamiento de gran capacidad, desarrollada por Western Digital Corporation.

enhanced keyboard- Teclado mejorado. Teclado de 101 ó 102 teclas, que reemplaza al teclado para Computadoras Personales /De Tecnología Avanzada (PC/AT). Ver extended keyboard.

Enhanced Parallel Port (EPP)- Puerto en Paralelo Mejorado. Norma de puerto en paralelo para computadoras personales, que promueve comunicación bidireccional entre la computadora personal y dispositivos conectados de no-impresión. Ver EPP.

Enhanced Serial Port (ESP)- Puerto en Serie Mejorado. Puerto en serie que usa Memoria de Acceso Aleatorio (RAM) dedicada, para mover datos con rapidez.

Enhanced Small Device Interface (ESDI)- Interfaz Mejorada de Dispositivo Pequeño. Norma de interfaz para conectar unidades de disco a computadoras personales, desarrollada por un consorcio líder de fabricantes de computadoras personales.

ENIAC (Electronic Numerical Integrator And Calculator)- Calculador e Integrador Numérico Electrónico. Computadora pionera, construida en 1964.

Enter/Return key- Tecla de entrada/retorno.

entity- Entidad. Código que representa un caracter que no es ASCII.

entity-relationship diagram- Diagrama de relación de entidad. Técnica de modelado de datos que crea una representación gráfica de las entidades y las relaciones entre entidades, dentro de un sistema de información.

entry line- Línea de entrada.

entry point- Punto de entrada.

enumerator- Enumerador. Componente del sistema operativo que identifica todos los dispositivos de hardware de cierto tipo.

envelope- Envoltura. La línea imaginaria que rodea a un objeto, en programas de dibujo.

environment- Entorno. El estado de una computadora, usualmente determinado por el tipo de programas que corre, y sus características de hardware y software básicas.

EOF (End Of File)- Ver End Of File.

EOL (End Of Line)- Ver End Of Line.

e-pistle- (Caló) Correo electrónico.

EPP (Enhanced Parallel Port)- Puerto en Paralelo Mejorado. Método de señales para la comunicación en paralelo bidireccional entre una computadora y dispositivos periféricos, que ofrezcan el potencial para velocidades de transferencia de datos mucho más altas que los métodos de señales en paralelo originales. Ver Enhanced Parallel Port.

EPP/ECP (Enhanced Parallel Port/Enhanced Capability Port)- Puerto en Paralelo Mejorado/Puerto de Capacidad Mejorada. Ver EPP.

EPROM (Erasable Programmable Read-Only Memory)- Memoria de Sólo Lectura Programable y Borrable.

EPS (Encapsulated PostScript)- Ver Encapsulated PostScript.

Epson- Compañía japonesa fabricante de impresoras y periféricos.

EQ (Equal)- Igual a.

equalize- Ecualizar. Filtro para corregir deficiencias de contraste y brillo en programas de pintura.

erasable optical disk drive- Unidad de disco óptico borrable. Medio de almacenamiento de lectura/escritura que utiliza láser, y luz reflejada, para almacenar y buscar datos en un disco óptico.

Erasable Programmable Read-Only Memory (EPROM)- Memoria de Sólo Lectura Programable y Borrable.

erase- Borrar. Comando que borra archivos de disco en DOS, OS/2, y otros sistemas operativos.

eraser- Borrador. Herramienta en programas de pintura y fotopintura.

ERD (Entity Relationship Diagram)- Diagrama de Relación de Entidad. Técnica de modelado de datos que crea una representación gráfica de las entidades, y las relaciones entre entidades, dentro de un sistema de información.

ergonomic keyboard- Teclado ergonómico. Teclado diseñado para ser usado con facilidad y comodidad.

ergonomic- Ergonómico. Diseñado para ser de fácil uso.

ergonomics- Ergonomía. Uso de la investigación en el diseño de sistemas, programas, o dispositivos que resulten fáciles de usar, en contextos específicos.

error correction protocol- Protocolo de corrección de error.

error handling- Manejo de errores. La forma en que un programa está diseñado para resolver errores.

error message- Mensaje de error. Mensaje de error en pantalla, en programas de aplicación.

error trapping- Intercepción de errores. Intercepción y respuesta a errores, en programas de aplicación.

Esc (Escape)- Escape. Tecla de cancelación de una operación, en la mayoría de las aplicaciones.

escape code (escape sequence)- Código de escape. Serie de caracteres que se usan para cambiar ciertas características de una computadora y/o periféricos.

escape (Esc) key- Tecla de escape. Tecla de cancelación de una operación (en la mayoría de las aplicaciones).

escape sequence (escape code)- Secuencia de escape. Ver escape code.

ESDI (Enhanced System Device Interface/Enhanced Small Device Interface)- Interfaz Mejorada de Dispositivo de Sistema/ Interfaz Mejorada de Dispositivo Pequeño. Ver Enhanced Small Device Interface.

ESP (Enhanced Serial Port)- Ver Enhanced Serial Port.

e-tailing- Menudeo electrónico. El uso de la Internet para vender productos al menudeo.

Ethernet- Red Ethernet. Red de computadoras de área local sin un nodo de control.

e-trading site- Sitio electrónico de compra-venta. Corretaje en línea, sin la intervención de un corredor.

Eudora- Popular aplicación que corre en computadoras personales, o estaciones de trabajo, y permite enviar, recibir y organizar correo electrónico. Fue desarrollada por QUALCOMM, Inc.

EULA (End User License Agreement)- Ver End User License Agreement.

European Laboratory for Particle Physics (CERN)- Laboratorio de investigación, con base en Ginebra, Suiza, y fundada por varios países, es reconocido por su labor pionera en el desarrollo de la World Wide Web de la Internet.

even parity- Paridad par. Modo de verificación de paridad, en el cual cada serie de cifras binarias (bits) transmitidas debe tener un número par de serie de cifras binarias.

event- Evento. Acción detectada por un programa; tal como la entrada del teclado, la pulsación de un ratón, o mensajes de algún dispositivo.

event-driven environment- Entorno dirigido por eventos. Entorno diseñado para responder a eventos.

event-driven language- Lenguaje dirigido por eventos. Lenguaje diseñado para responder a eventos.

event-driven programming- Programación dirigida por eventos. Programación que responde a eventos, tales como la entrada del teclado, la pulsación de un ratón, o mensajes de algún dispositivo.

event handler- Manejador de eventos.

Excel- Programa de hoja de cálculo desarrollado por Microsoft.en 1985

exception- Condición. Con frecuencia, error que ocasiona que el programa o microprocesador se extienda a una rutina diferente.

EXE- En MS-DOS, extensión de nombre de archivo que indica que el archivo es un programa ejecutable.

executable- Ejecutable. Ver execute.

executable file- Archivo ejecutable. Archivo en un formato que la computadora puede ejecutar directamente.

executable program- Programa ejecutable.

execute (run)- Ejecutar. Llevar a cabo. Hacer correr.

exit- Salir.

expandability- Capacidad de un sistema de computadora de acomodar más memoria, unidades de disco adicionales, o adaptadores.

expanded memory- Memoria expandida.

expanded memory board- Tarjeta de memoria expandida.

Expanded Memory Specification (EMS)- Especificación de Memoria Expandida.

expanded type- Tipo expandido. Tipo de letra expandida para tener menor cantidad de caracteres por pulgada.

expansion board- Tarjeta de expansión. Ver adapter.

expansion bus- Vía de transmisión expandida. Serie de cables y protocolos que permiten la expansión de una computadora, insertando tarjetas de circuitos impresos (expansion boards).

expansion card (adapter, expansion board). Tarjeta de expansión. Ver adapter.

expansion slot- Ranura de expansión. Ranura en una computadora donde puede insertarse una tarjeta de circuitos para añadirle nuevas capacidades a la computadora.

expert system- Sistema experto. Programa de computadora que tiene la habilidad de resolución de problemas, en base a una extensa base de datos almacenados.

expired password- Contraseña expirada. Clave que pasa de su período de validez, establecido por el administrador de sistema.

exponential function- Función exponencial.

export- Exportar. Convertir un archivo a otro formato diferente al formato original del programa de aplicación.

expression- Expresión. Cualquier combinación legal de símbolos que represente un valor.

Extended Binary-Coded Decimal Interchange Code (EBCDIC)- Código de Intercambio Decimal Codificado Binario Extendido. Código de IBM para representar caracteres como números.

Extended Capabilities Port (ECP)- Ver ECP.

eXtended Graphics Array (XGA)- Arreglo de Gráficas Extendidas. Norma de gráficas de alta resolución, introducida por IBM en 1990.

Extended Industry Standard Architecture (EISA)- Ver EISA.

extended keyboard (enhanced keyboard)- Teclado extendido. Teclado para computadoras Macintosh que contiene hasta 15 teclas de función, arriba de las teclas alfanuméricas, y un teclado numérico. Ver enhanced keyboard.

extended-level synthesizer- Sintetizador de nivel extendido.

extended memory- Memoria extendida. Memoria que tiene más de 1 megaocteto de memoria principal, apoyada por el Sistema Operativo de Disco (DOS).

extended memory manager- Administrador de memoria extendida.

eXtended Memory Specification (XMS)- Especificación de Memoria Extendida. Procedimiento desarrollado en conjunto, por AST Research, Intel Corporation, Lotus Development y Microsoft Corporation, para usar memoria extendida y área de memoria elevada de Sistema Operativo de Disco (DOS); un bloque de 64K, justo arriba de 1 megaocteto.

extended VGA- Arreglo de Gráficas de Video (VGA) mejorado.

extensible- Extendible. Programa, lenguaje de programación o protocolo, diseñado para que usuarios o diseñadores futuros puedan extender sus capacidades.

Extensible Markup Language (XML)- Lenguaje de Formateo Extendible. Especificación desarrollada por el Consorcio de la World Wide Web (W3C).

extension- Extensión. Característica adicional a un lenguaje o sistema de programación estándar. // En entornos de Macintosh, programa que extiende las capacidades del sistema. // En DOS, u otros sistemas operativos, una o varias letras al final del nombre de archivo. Las extensiones de nombre de archivo usualmente van después de un punto (dot) e indican el tipo de información almacenada en el archivo.

Exterior Gateway Protocol (EGP)- Ver EGP.

external cache- Caché externo. Memoria caché en la placa base (motherboard).

external command (XCMD)- Comando externo. En sistemas DOS, cualquier comando que no resida en el archivo COMMAND.COM.

external data bus- Vía de transmisión de datos externa. Canales de comunicación que facilitan la comunicación entre la Unidad Central de Procesamiento (CPU) y componentes en la placa base (motherboard).

external hard disk- Disco duro externo.

external modem- Módem externo.

external storage- (auxiliary storage) (secondary storage)- Almacenamiento exterior. Ver auxiliary storage.

external table- Tabla de datos (base de datos) externa.

extra-high density floppy disk- Disquete de extra alta densidad. Disco magnético flexible de extra alta densidad.

extranet- Red privada que utiliza el protocolo de la Internet y el sistema de telecomunicación pública, para compartir, con seguridad, parte de la información u operaciones de un negocio, con proveedores, vendedores, socios, clientes, u otros negocios.

Extremely Low Frequency (ELF) Frecuencia Extremadamente Baja. Campo electromagnético con una frecuencia mucho más baja que las frecuencias de señales usadas en comunicaciones.

extremely low-frequency (ELF) emission- Emisión de Frecuencia Extremadamente Baja.

extrude- Hacer resaltar o sobresalir . Efecto en programas de dibujo que crea una sombra tridimensional.

eye candy- Dulce a la vista. Término usado en tecnología de información, para elementos visuales sumamente atrayentes a la vista, en monitores de computadora.

eyedropper- Gotero. Herramienta de selección de pintura, en programas de pintura y fotopintura.

EZ drive- Unidad EZ. Unidad de disco de cartucho de cinta removible.

e-zine (ezine) (E-zine) (e-Zine) (Zine) (electronic magazine)- Versión electrónica (Internet) de una revista impresa.

F

F2F (face to face)- Abreviatura en correo electrónico que significa: "cara a cara"; o sea, "junta" (reunión de negocios en vivo).

fabless- Sin facilidades de fabricación a gran escala. Compañía que no fabrica sus propias obleas de silicón y se concentra en el diseño y desarrollo de cápsulas de silicio (chips) de semiconductor.

facsimile machine (fax machine)- Facsímile. Dispositivo que puede enviar o recibir texto o imágenes por línea telefónica.

Fair Information Practices (FIP)- Prácticas de Información Imparciales.

fall back- Disminuir la velocidad de transferencia de datos. Disminuir la velocidad de transferencia de datos para establecer comunicación a través de una línea con interferencia.

fall forward- Aumentar la velocidad de transferencia de datos.

fanfold paper (continuous paper)- Alimentación continua de papel. Método de alimentación continua de papel a una impresora, por medio de hojas con perforaciones entre sí.

FAQ (Frequently Asked Questions)- Preguntas planteadas con frecuencia. Documento que responde preguntas sobre algún tema técnico.

FastCGI- Interfaz de Enlace Común (CGI) de aceleración. Interfaz de programación que puede acelerar aplicaciones de Web, que utilizan la Interfaz de Enlace Común (CGI).

Fast Ethernet- Ethernet acelerada. Norma de transmisión de Red de Area Local (LAN), que proporciona una velocidad de datos de 100 megabits por segundo (100BASE).

Fast Page Mode (FPM) RAM- Memoria de Acceso Aleatorio (RAM) de Modo de Página Acelerado (FPM). Tipo de Memoria de Acceso Aleatorio (RAM) Dinámica (DRAM), que permite acceso más rápido a datos en la misma hilera o página.

FAT (File Allocation Table)- Tabla de Distribución de Archivos. Tabla que un sistema operativo utiliza para localizar archivos en un disco.

fat client- Cliente grueso. En una arquitectura de cliente/servidor, un cliente que realiza el grueso de las operaciones de procesamiento de datos.

fatware- Programas ineficaces. Programas con demasiadas características, o diseñados ineficientemente.

fatal error- Error fatal. Error fatal en un programa.

fault tolerant- Tolerante a error. Sistema de computación, o componente, diseñado de manera tal, de que en caso de que el componente falle, otro componente, o procedimiento alterno, pueda tomar su lugar inmediatamente, sin ocasionar pérdida de servicio.

favorite- Favorito. En Microsoft Internet Explorer, un hiperenlace almacenado, al cual se planea regresar posteriormente.

favorites- Preferidas. Registro de las direcciones de la World Wide Web preferidas.

fax- Facsímil. Facsímile. Ver facsimile machine.

fax modem- Módem de facsímil. Dispositivo que se puede conectar a una computadora personal para permitir la transmisión y recepción de documentos electrónicos.

fax on demand- Facsímil a petición. Servicio de información en el cual se pueden solicitar facsímiles, por medio de una llamada telefónica.

fax program- Programa de facsímil. Aplicación que permite usar un módem de facsímil.

fax server- Servidor de facsímil.

FCC (Federal Communications Commission)- Comisión Federal de Comunicaciones (de los Estados Unidos). Comisión que, entre otros deberes, cuenta con la responsabilidad de clasificar computadoras personales, y otro equipo, con Clase A ó Clase B. Las clasificaciones indican la radiación que una computadora personal emite.

FDD (Floppy Disk Drive)- Unidad de disquete (disco magnético flexible).

FDDI (Fiber Distributed Data Interface)- Interfaz de Datos Distribuidos por Fibra. Serie de protocolos ANSI para el envío de datos digitales por cable de fibra óptica.

FDHD (Floppy Drive High Density)- Alta Densidad de Unidad de Disquete. Unidad de disco para discos flexibles de 3 ½ pulgadas, de doble o de alta densidad.

FDM (Frequency Division Multiplexing)- Multiplexado de División de Frecuencia. Técnica de multiplexado que utiliza diferentes frecuencias para combinar múltiples flujos de datos, para su transmisión en un medio de comunicaciones.

feathering- En publicación de escritorio, proceso para suavizar los bordes de una imagen en primer plano, para armonizar con la imagen de fondo, resultando en un menor contraste.

feature- Característica. Propiedad notable de un dispositivo o aplicación de software.

FED (Field Emission Display)- Pantalla de Emisión de Campo. Nuevo tipo de pantalla de panel plano en la cual los emisores de electrones son controlados individualmente por cátodos fríos, para generar luz a colores.

federated database- Base de datos de información y descubrimientos científicos.

feedback- Retroalimentación. Uso de la información del estado actual de un sistema para determinar el siguiente paso a seguir.

female connector- Conector femenino. Parte de un cable que se conecta a un puerto o interfaz, para conectar un dispositivo a otro. El conector femenino contiene orificios en donde se inserta el conector masculino.

fencepost error- Error de programación de uno de más, o uno de menos de lo correcto.

FET (Field-Effect Transistor)- Transistor de Efecto de Campo. Tipo de transistor comúnmente usado en la amplificación de una señal débil (por ejemplo, para amplificar señales inalámbricas).

fetch- Lectura de instrucción. La primera de dos etapas en el procesamiento de computación. // Comando usado en Lenguaje de Consulta Estructurado (SQL) adherido, para retirar hileras en secuencia.

Fiber Distributed Data Interface (FDDI)- Ver FDDI.

fiber-optic cable- Cable de fibra óptica.

fiber optics- Fibra óptica. Tecnología que utiliza hilos (fibras) de vidrio o plástico para transmitir datos.

FidoNet- Sistema de intercambio de correo electrónico, grupo de discusión y otros archivos, entre usuarios de más de 30,000 servicios de tablero de boletín. Se inició en 1984.

field- Campo.

field-effect transistor (FET)- Transistor de efecto de campo. Ver FET.

field emission display (FED)- Ver FED.

field name- Nombre de campo.

FIFO (First-In, First Out)- Proceso, en valoración de almacenes o un una cola de espera, por medio del cual la primera información almacenada es la primera en ser procesada.

file- Archivo. Programa o documento almacenado en la unidad de disco.

file allocation table (FAT)- Ver FAT.

file attribute- Atributo de archivo. En Sistema Operativo de Disco (DOS), varias propiedades del archivo que indican si el archivo es de sólo lectura, si necesita tener respaldo y si es visible u oculto.

file compression- Compresión de archivos.

file compression utility- Utilidad de compresión de archivos.

file conversion utility- Utilidad de conversión de archivos.

file defragmentation- Defragmentación de archivos. Ver defragmentación.

file extension- Extensión de archivo. Ver extensión.

file format- Formato de archivo.

file fragmentation- Fragmentación de archivos. Archivos en un disco, divididos en trozos esparcidos alrededor del disco.

file infector- Infestor de archivo. Virus de computadora que se adhiere a archivos de programa y se esparce a otros archivos de programa.

file locking- Seguro de archivo. Medio por el cual se logra hacer inaccesible un archivo.

file management program- Programa de manejo de archivos.

file management system- Sistema de manejo de archivos.

File Manager- Administrador de Archivos.

file name- Nombre de archivo.

file recovery- Recuperación de archivos.

file server- Servidor de archivo.

file sharing- Compartir archivos. El compartir pública o privadamente espacio o datos de computación, en una red con varios niveles de privilegio de acceso.

File Transfer Protocol (FTP)- Protocolo de Transferencia de Archivos. Protocolo estándar de la Internet, que ofrece la forma más simple de intercambiar archivos entre computadoras, en la Internet.

file transfer utility- Utilidad de transferencia de archivos. Programa de utilidad que transfiere archivos entre computadoras de diferente tipo.

fill- Llenar. En aplicaciones de gráficas, pintar el interior de un objeto. // En aplicaciones de hoja de cálculo, copiar el contenido de una celda, a una o más celdas contiguas (podría ser toda una hilera o columna, o varias hileras o columnas).

film recorder- Grabador de película. Dispositivo para grabar imágenes de computadora en película, en una cámara.

filter- Filtro. Programa que transforma datos de entrada, a datos tranformados de salida.

filter command- Comando de filtro.

Finder- Sistema de administración de archivos y administración de escritorio, para computadoras Apple

Macintosh.

fine-grained security- Seguridad de grano fino. Modelo de seguridad para controlar el nivel de acceso de un programa a la computadora.

FinePrint- Impresión Fina. Tecnología para mejorar resolución.

finger- Dedo. Utilidad de la Internet que proporciona información acerca de algún usuario con dirección de correo electrónico.

firewall- Barrera contra intrusión. Serie de programas relacionados, localizados en un servidor de enlace de red, que protegen los recursos de una red privada de usuarios de otras redes.

FireWire- Versión de Apple Computer de una vía de transmisión en serie (serial bus) IEEE 1394 estándar, de alto rendimiento, para conectar dispositivos a una computadora personal.

firmware- Programas almacenados en circuitos integrados.

first-generation computer- Computadora de la primera generación. Tecnología de computación digital electrónica, en sus inicios (de los años cuarentas, a los años cincuentas).

first- generation programming language- Lenguaje de programación de la primera generación.

First Normal Form (1NF)- Primera Forma Normal. En base de datos relacionales, el proceso de organizar datos para minimizar redundancia. Normalización usualmente involucra la división de bases de datos en dos o más tablas, y el definir relaciones entre las tablas. En 1NF, cada campo en una tabla contiene diferente información.

fixed disk (hard disk)- Disco fijo (disco duro).

fixed-frequency monitor- Monitor de frecuencia fija. Monitor analógico que recibe señales de entrada a una sola frecuencia.

fixed-length field- Campo de longitud fija. En sistemas de bases de datos, campo que tiene una longitud fija.

fixed numeric format- Formato numérico fijo.

fixed-pitch type- Tipo de paso fijo. Tipo de letra con todos los caracteres del mismo ancho.

fixed-point number- Número con punto fijo.

F key (Function key)- Tecla de función.

flag- Bandera. Marca de hardware o software que señala una condición, o estado particular. Marca especial que indica un segmento de datos inusual.

flame- Mensaje ofensivo. En correo electrónico, o grupo de discusión en línea, mensaje ofensivo. // Enviar un mensaje ofensivo.

flame bait- Señuelo enardecido. Nota en un foro de discusión de sitio de Web, en un tablero de boletín en línea, en un grupo de discusión en línea Usenet, u otro foro público, con la intención de motivar respuestas picantes, características de discusiones enardecidas y de público activo.

flame war- Guerra de fuego. En grupos de discusión, o foros públicos, debates que se distinguen por su dramatismo y poca información.

flash BIOS- Sistema Básico de Entrada/Salida (BIOS), que ha sido grabado en una cápsula de silicio (chip) de un tipo especial de Memoria de Sólo Lectura Programable Que Se Borra Eléctricamente (EEPROM), que puede ser actualizado, si es necesario.

flash EPROM (Erasable Programmable Read-Only Memory)- Memoria de Sólo Lectura Programable Que Se Borra en una sola acción (flash).

Flash Erasable Programmable Read-Only Memory (EPROM)- Memoria de Sólo Lectura Programable Que se Borra en una sola acción (flash). Ver flash EPROM.

flash memory (flash Ram)- Tipo de memoria no-volátil, con energía constante, que puede ser borrada y reprogramada en unidades de memoria llamados bloques. Variación de la flash EPROM. Se le denomina "flash" porque el microchip está organizado de tal manera que las celdas de una sección de memoria se borran en una sola acción (flash).

flat- Plano. Sin estructura elaborada.

flat address space- Espacio de dirección plano. Espacio de dirección que consiste en direcciones de memoria simples que principian en 0 y aumentan a la máxima dirección.

flatbed scanner- Escáner de superficie plana.

flat file- Archivo plano. Archivo que contiene registros que carecen de una interrelación estructurada.

flat-file database- Base de datos de archivo plano.

flat- file database management program- Programa de manejo de bases de datos de archivo plano.

flat file system- Sistema de archivo plano. Sistema de archivos en el cual cada archivo en el sistema debe tener un nombre distinto.

flat-panel display- Pantalla de panel plano.

flat tension-mask monitor- Monitor de máscara de tensión plana. Monitor con pantalla completamente plana y, en consecuencia, sin distorsión alguna.

flavor- (Caló) Una variedad o tipo.

fleuron- Ornamento tipográfico.

flicker- Parpadeo. Fenómeno por el cual una pantalla parece parpadear.

flight simulator- Simulador de vuelo.

flip-flop- Báscula. Componente básico de los registros de la CPU. // Tipo de circuito que está interconectado con circuitos similares para formar enlaces lógicos en circuitos integrados digitales, tales como cápsulas de memoria y microprocesadores.

flip horizontal- Comando que crea una imagen de "espejo" de un objeto.

flip vertical- Comando que crea una imagen de "reflejo" de un objeto.

floating graphic- Gráfica flotante.

floating illustrations- Ilustraciones flotantes.

floating-point number- Número de punto flotante.

floating-point unit (FPU) (numeric coprocessor)- Unidad de punto flotante. Coprocesador numérico.

Microprocesador, o los circuitos especiales de un microprocesador más general, que manipulan números más rápidamente que el microprocesador básico.

flooding- Inundar. En una red, el reexpedir una unidad de datos (packet) por el enrutador (router) de cada nodo, a cada otro nodo conectado al enrutador, excepto el nodo por el cual la unidad de datos llegó. Es una forma rápida de distribuir actualizaciones de información de enrutamiento a cada nodo en una red amplia.

FLOP (Floating-Point Operations Per Second)- Operaciones de Punto Flotante Por Segundo. Operaciones de codificación de números reales por segundo, dentro de los límites de precisión finita de una computadora.

floppy disk (diskette)- Disquete. Disco magnético flexible.

floppy disk controller- Controlador de disquete.

floppy disk drive- Unidad de disquete.

floppy tape drive- (Caló) Unidad de cinta de disquete. Unidad de cinta conectada a un controlador de unidad de disquete.

floptical drive- Unidad ópticomagnética. Tecnología de unidad de disco que utiliza una combinación de técnicas magnéticas y ópticas para lograr mayor capacidad de almacenamiento, de la de disquetes normales, sin sacrificar velocidades de acceso.

flow- Fluir. En publicación de escritorio, el insertar un texto a un documento, de manera tal que envuelva (o fluya) alrededor de cualquier objeto en la página.

flow chart- Diagrama de flujo. Organigrama. Ordinograma.

flow control- Control de flujo.

flush- Limpiar o vaciar. // Alineado a lo largo de un margen. // Copiar datos de una zona de almacenamiento temporal, como una Memoria de Acceso Aleatorio (RAM), a un medio de almacenamiento más permanente, como un disco.

flush left- Alineado al margen izquierdo.

flush right- Alineado al margen derecho.

fly-out menu- Menú secundario. Menú secundario que aparece a un lado, al hacer una selección en el menú primario.

FM synthesis (Frequency Modulation synthesis)- Síntesis de Modulación de Frecuencia. Método para simular instrumentos musicales.

focus- Foco. La activación de una ventana que está preparada para recibir entradas por medio del teclado.

folder- Carpeta. Objeto que puede contener varios documentos, como el entorno de Windows y Macintosh, en interfaces gráficas de usuario. En DOS y UNIX, a las carpetas (folders) se les llama directorios.

font- Caracteres tipográficos. Un diseño para una serie de caracteres.

font cartridge- Cartucho de tipos.

font downloader- Programa de transferencia de tipos. Programa de utilidad que sirve para transferir (bajar) caracteres tipográficos. Ver downloading utility.

font family- Serie de caracteres tipográficos con el mismo tipo de letra.

foo- Substituto de palabra o frase. // Término usado por programadores como un substituto universal para algo real, cuando se discuten ideas o se presentan ejemplos.

foot- Pie. La parte inferior de una página.

footer- Una o más líneas de texto, que aparecen en la parte inferior de cada página de un documento.

footnote- Referencia o nota al final de una página.

footprint- Huella. El espacio que ocupa una computadora, un monitor, una impresora, etc., en un escritorio o repisa.

for- Tipo de bucle en Algol, BASIC, Pascal y C.

forced page break (hard page break)- Salto de página forzado. Salto de página insertado por el usuario.

foreground- Primer plano. Caracteres e imágenes que aparecen en la pantalla.

foreground application- Aplicación de primer plano. La aplicación activa en un sistema operativo multitarea.

foreground process- Proceso de primer plano. En sistemas de multiproceso, en ocasiones, al proceso que en el momento recibe datos del teclado u otro dispositivo de entrada, se le denomina proceso de primer plano.

forgery- Falsificación. Mensaje escrito por alguien que se hace pasar por el autor.

form- Formulario. Forma en pantalla en la cual se solicita información del usuario.

formal parameter- Parámetro formal.

format- Formato. Organización preestablecida de datos. // Formatear. Agregar la información necesaria a un documento o archivo, para que el dispositivo de salida tenga conocimiento sobre como presentar la salida, para su impresión o aparición en pantalla.

formatting- Formateo.

form factor- Factor de forma. Tamaño y forma físicos de un dispositivo.

form feed- Alimentación de forma. Las impresoras que utilizan papel continuo, normalmente cuentan con un botón de alimentación de forma que hace avanzar el papel hasta el principio de la página siguiente.

form-feed paper- Papel de alimentación de forma. Alimentación continua de páginas.

form- Forma. Documento formateado que contiene campos en blanco que los usuarios pueden llenar con datos.

formula- Fórmula. Ecuación o expresión, en aplicaciones de hoja de cálculo, que define como una celda se relaciona con otras celdas.

formula bar- Barra de fómulas.

FOR/NEXT loop- Estructura de control de bucle. Estructura de control de bucle, en programación, que lleva a cabo un procedimiento, un número específico de veces.

FORTH- Lenguaje de programación de alto nivel, que se asemeja al Basic, pero resulta más ágil en la ejecución de programas. Fue creado en 1970 por el astrónomo Charles H. Moore, como auxilio en el control de equipo dentro del Observatorio Nacional de Radio Kitt Peak.

FORTRAN (Formula Translator/Translation)- Traductor de Fórmula /Traducción de Fórmula. Lenguaje avanzado de programación para cálculos numéricos. Antecesor del BASIC.

forum- Foro. Grupo de discusión en línea.

fourth-generation computer- Computadora de cuarta generación. Computadora digital electrónica, creada usando tecnología a muy gran escala.

fourth-generation programming language- Lenguaje de programación de cuarta generación.

FPM (Fast Page Mode) RAM- Modo de Página Rápida de Memoria de Acceso Aleatorio. Tipo de Memoria de Acceso Aleatorio Dinámica (DRAM), que permite un acceso más rápido a datos en la misma hilera o página.

FPS (Frames Per Second)- Imágenes Por Segundo. Medida de toda la información utilizada para almacenar y desplegar video en movimiento.

FPU (Floating-Point Unit)- Unidad de Punto Flotante. Cápsula de silicio (chip) diseñada para realizar cálculos de punto flotante.

fractal- Forma geométrica irregular.

fractional T1- T1, o línea de teléfono digital T-3. Línea introducida por el Sistema Bell en los Estados Unidos, en los años sesenta, que con éxito apoyaba la transmisión de voz digitalizada.

FRAD (Frame Relay Access Device/Frame Relay Assembler/Dissembler)- Caja que encapsula paquetes de datos que salen y desencapsula paquetes de datos que entran.

fragmentation- Fragmentación. En algunos sistemas de archivo de sistema operativo, un archivo de datos mayor que se almacena en varios trozos o fragmentos, en lugar de en una secuencia contigua, sencilla de cifras binarias, dentro de un medio de almacenamiento.

fragment identifier- Identificador de fragmento.

frame- Marco. En gráficas y aplicaciones de publicación de escritorio (desktop publishing), área rectangular en la cual puede aparecer texto o gráficas. // Paquete de información. En comunicaciones, datos transmitidos entre puntos de red como una unidad; con direccionamiento e información de control de protocolo necesarios. // Imagen. En video, una sola imagen, en una secuencia de imágenes. // Sección. En Lenguaje de Formateo de Hipertexto, la división del área de despliegue del explorador, en secciones separadas, cada una de las cuales es en realidad una página de Web distinta.

frame buffer- Marco de area temporal de almacenamiento de datos. La porción de memoria reservada para sostener la imagen completa de mapa de bits que es enviada al monitor.

frame grabber- Captador de marco. Dispositivo que toma imágenes de entradas de video y las digitaliza.

frame, HTML – Marco, en Lenguaje de Formateo de Hipertexto. La división del área de despliegue del explorador (browser), en secciones por separado, cada una de las cuales es en realidad un página Web diferente.

frame rate- Número de imágenes proyectadas por segundo. Número de imágenes proyectadas o desplegadas por segundo, en películas cinematográficas, televisión y en videos por computadora.

frame relay- Servicio de telecomunicaciones diseñado para la transmisión de datos eficiente, en costos, para tráfico intermitente entre Redes de Area Local (LANs) y entre puntos terminales (end-points) en una Red de Area Amplia (WAN).

frames per second (fps)- Imágenes por segundo. Medida de la cantidad de información que se usa para almacenar y desplegar video en movimiento.

framing error- Error de encuadre. En una transmisión asíncrona, un caracter con un número equivocado de cifras binarias.

FreeBSD- BSD gratuito. Versión popular de UNIX, gratuita, que funciona en microprocesadores de Intel.

freenet- Sistema de Tablero de Boletín (BBS) basado en una comunidad.

free software- Programas de computadora gratuitos.

Free Software Foundation (FSF)- Fundación de Programas de Computación Gratuitos. Organización no lucrativa que promueve la distribución de programas de computadora.

freestanding pointing device- Dispositivo de señalamiento independiente. Dispositivo de señalamiento, como un ratón, conectado a la computadora a través de un puerto en serie.

freeware (free software)- Programas de computadora gratuitos. Programas de computadora, con derechos de autor, distribuidos gratuitamente.

freeze (crash)- Fallar repentinamente, debido a un error de programación, o a un componente físico de la computadora (hardware).

Frequency Division Multiplexing (FDM)- Multiplexado de División de Frecuencia. Técnica de multiplexado que utiliza diferentes frecuencias para combinar múltiples flujos de datos, para la transmisión en un medio de comunicaciones.

Frequency Modulation (FM)- Modulación de Frecuencia. Método de grabación de datos, a una onda de Corriente Alterna (AC), variando la frecuencia instantánea de la onda.

Frequently Asked Questions (FAQ)- Ver FAQ.

friction feed- Alimentación por presión. Método de alimentación de papel, a través de una impresora.

fried- Fundido. Con un corto circuito.

friendly name- Nombre familiar. Nombre de recurso o usuario abreviado o simplificado para facilitar su memorización.

front end- Interfaz de usuario (en aplicaciones de software). La parte de un programa que interactúa directamente con el usuario.

front side bus- Vía de transmisión delantera. En un juego de microchips de procesador Intel de computadora personal, que incluye una Vía de Transmisión Independiente Dual (DIB), la vía de transmisión delantera es la ruta de datos, e interfaz física entre el procesador y la memoria principal (RAM).

FS (For Sale) Abreviatura de correo electrónico de: "For Sale", que significa: "En Venta".

FTP (File Transfer Protocol)- Protocolo de Transferencia de Archivos. El protocolo usado en la Internet para el envío de archivos.

FTP client- Cliente de Protocolo de Transferencia de Archivos (FTP). Programa que ayuda al usuario a bajar o a subir archivos desde un sitio de Protocolo de Transferencia de Archivos.

FTP server- Servidor de Protocolo de Transferencia de Archivos (FTP). Programa de servidor que permite a usuarios externos subir o bajar archivos de determinado directorio o grupo de directorios.

FTP site- Sitio de Protocolo de Transferencia de Archivos (FTP).

full backup- Respaldo completo. Respaldo en disco duro de cada archivo, en todo el disco duro.

full bleed- Sangría completa. Texto o gráficas que se extienden de uno al otro extremo de la página.

full-duplex- Duplex completo. Medio de comunicación por medio del cual se pueden transmitir datos en las dos direcciones de una conexión entre dos puntos, en forma simultánea e independiente.

full-height drive- Unidad de altura completa. Unidad de disco que mide lo doble de altura que una unidad de altura media.

full-height drive bay- Bahía de unidad de altura completa.

full justification- Alineación completa. La alineación de un texto a lo largo de ambos márgenes.

full-motion video- Video en pleno movimiento.

full- motion video adapter- Adaptador de video en pleno movimiento.

full-page display- Despliegue de página completa. Monitor que puede desplegar una página de texto completa.

full-text search- Búsqueda por todo el texto.

fully formed character printer- Impresora que imprime un caracter a la vez.

Function (routine) (subroutine) (procedure)- Función. Rutina. Subrutina. Procedimiento. Sección de un programa que realiza una tarea específica. // Comando. El comando borrar (delete function) sirve para eliminar una palabra.

function key- Tecla de función.

fuzzy logic- Lógica indistinta. Tipo de lógica que reconoce valores más allá de verdadero y falso (1 y 0). Maneja distintos grados de verdad y falsedad.

FWIW (For What It's Worth)- Abreviatura de correo electrónico que significa "Por lo que Vale".

G3- PowerPC G3. Nombre comercial que la Compañía Apple utilizó para el microprocesador 750 de 32 bits, que se usó en computadoras iMac y PowerMac de fines de los 90s.

G4- PowerPC G4. Versión mejorada del procesador G3 con Velocity Engine que procesa datos en segmentos de 128 bits en lugar de los segmentos menores de 32 o 64-bits usados en procesadores mas antiguos.

G5- PowerPC G5. Procesador con arquitectura de 64 bits desarrollado conjuntamente por IBM y Apple. Tiene conjunto de instrucciones diseñado para código de 32 y 64 bits y puede ejecutar nativamente aplicaciones existentes de 32 bits.

G.Lite (Universal ADSL)- Nombre informal para lo que ahora se considera como una forma estándar de instalar servicio de Línea de Subscriptor Digital Asimétrica (ADSL).

gain (amplification factor)- Aumento. La extensión a la que un amplificador análogo aumenta la fuerza de una señal.

game port- Interfaz de juego. Interfaz de computadora a la que se le puede conectar dispositivos de juego.

gamma testing- Someter a pruebas gamma. Pruebas a las que se someten los programas, antes de ser lanzados al mercado.

gamut- La gama de colores que un monitor puede desplegar.

Gantt chart- Diagrama de Gantt. Diagrama de barras horizontales, desarrollado en 1917, por Henry L. Gantt; ingeniero y científico social Norteamericano, como una herramienta de control de producción.

garbage- Basura. Cualquier cosa en pantalla que no puede verse o leerse.

garbage characters- Caracteres basura. Caracteres ilegibles de módems o impresoras, ocasionados por problemas de comunicación, como ruido en la línea.

garbage collection Recolección de basura. Eliminación de objetos que un programa ya no usa y tan sólo ocupan espacio en memoria.

gas plasma display- Pantalla de gas plasma.

gateway- Enlace entre redes de computadoras.

GB (GIGABYTE)- Gigaocteto. Mil millones de bytes.

Gbps- Un billón de cifras binarias (bits) por segundo.

GC (Garbage Collection)- Ver garbage collection.

GDI (Graphical Device Interface)- Interfaz de Dispositivo Gráfico. Norma de Windows para representar objetos gráficos y transmitirlos a dispositivos de salida, como monitores e impresoras.

GDI printer- Impresora de Interfaz de Dispositivo Gráfico.

geek (computer geek)- Individuo que desarrolla tal pasión por las computadoras, que excluye intereses humanos normales.

general failure- Falla general. Incapacidad de poder terminar una operación, debido a una falla por causas desconocidas.

General Protection Fault (GPF)- Falta General de Protección. Condición de una computadora que causa que una aplicación de Windows falle repentinamente.

general-purpose computer- Computadora de varios usos. Computadora a la que no se limita a determinados propósitos, sino que está diseñada para trabajar con varias aplicaciones.

geometry- Geometría. La organización física de la superficie de un disco duro.

geostationary satellite- Satélite geoestacionario. Satélite que se mueve en órbita alrededor de la Tierra, directamente sobre el ecuador, a aproximadamente 22, 000 millas, permaneciendo en una posición fija en relación a la superficie de la Tierra.

germanium- Germanio. Metal parecido al silicio, que se usa en los dispositivos semiconductores.

ghost- Fantasma. Producto de Symantec que puede copiar todo el contenido de un disco duro en el disco duro de otra computadora, automáticamente formateando y creando particiones del disco destino. // En la Charla de Transmisión por Internet (Internet Relay Chat), un fantasma es una sesión de usuario vacante que el servidor considera que todavía permanece activa.

GIF (Graphics Interchange Format)- Formato de Intercambio de Gráficas.

GIF89a- Archivo de gráficas, formateado de acuerdo al Formato de Intercambio de Gráficas (GIF), versión 89a (julio de 1989).

GIF animation- Animación de Formato de Intercambio de Gráficas (GIF). Archivo de gráficas que contiene imágenes almacenadas, usando el Formato de Archivo de Gráficas.

giga- Prefijo que indica un billón imperial: 10^9 (no un billón métrico internacional: 10^{12}).

gigabit- Un billón de cifras binarias (bits), en comunicaciones de datos (ver giga).

gigabit Ethernet- Tecnología de transmisión, basada en el formato de marco de Ethernet y el protocolo usado en Redes de Area Local (LANs), que proporciona una velocidad de datos de un billón de cifras binarias por segundo (un gigabit).

gigabyte (GB)- Gigaocteto. Mil millones de octetos.

gigahertz (GHz)- Gigahercio (Gigahertzio). Unidad de Corriente Alterna (AC), o de frecuencia de onda electromagnética, que equivale a mil millones de hercios (hertzios).

GIGO (Garbage In, Garbage Out)- Basura Que Entra, Basura Que Sale. Famoso axioma de computación que significa que si se introducen datos inválidos a un sistema, la salida resultante también será inválida.

GIMP- Programa de aplicación de ilustración y edición de imágenes de origen abierto (open source), para sistemas operativos Linux y Unix.

glitch- Falla. Problema en algún componente físico de la computadora. En ocasiones ''glitch'' se usa como sinónimo de ''bug'': error o defecto de software o hardware que causa que un programa falle.

global backup- Respaldo global. Respaldo en disco duro de cada archivo en todo el disco duro.

global kill file- Archivo asesino global. Archivo que contiene nombres, palabras, frases, o direcciones de red, que se han identificado como señales de mensajes indeseables, en un programa Usenet.

global variable- Variable global. Variable reconocida en todo un programa.

glossary- Glosario. En un programa de procesamiento de palabra, característica usada para almacenar frases y texto usados con frecuencia, para ser insertados en documentos cuando resulte necesario.

glue logic- Circuitos lógicos de unión. Circuitos lógicos necesarios para interconectar una parte de una computadora con otra.

glyph- Cualquier caracter imprimible.

GNOME (GNU Network Object Model Environment)- Sistema de escritorio, similar a Windows, que funciona en UNIX y en sistemas similares a UNIX.

GNU (Gnu's Not UNIX)- Sistema de programas compatibles con UNIX, desarrollados por la Fundación de Programas de Computadora Gratuitos (FSF). La filosofía de GNU es la de crear programas que contengan características de ''no propiedad''; o sea que puedan bajarse (download), modificarse y no limitar su redistribución. El proyecto GNU fue iniciado en 1983, por Richard Stallman, en el Instituto Massachusetts de Tecnología.

GNU Project- Proyecto GNU. Ver GNU.

gooey (GUI (Graphical User Interface))- Interfaz Gráfica de Usuario. Interfaz de programa que hace uso de las capacidades gráficas de la computadora (íconos), para hacer que un programa sea de más fácil uso.

Gopher- Aplicación de la Internet en la cual archivos de texto organizados jerárquicamente podían obtenerse de servidores en todo el mundo. Gopher fue desrrollado en la Universidad de Minnesota y funcionó de 1992 a 1996. Gopher constituyó un paso hacia el Protocolo de Transferencia de Hipertexto de la World Wide Web (HTTP), que lo reemplazó en poco tiempo.

gotcha- (Caló) Trampa. Característica que conduce a errores.

gov (government office or agency)- Agencia u oficina de gobierno. Indicación de que una dirección de correo electrónico, o sitio Web, está relacionado con el gobierno.

GPF (General Protection Fault)- Fallo de Protección General. Condición de una computadora que ocasiona que falle una aplicación de Windows.

GPL (General Public License)- Licencia al Público en General. Licencia de Programas de Origen Abierto (OSS), desarrollada por la Fundación de Programas de Computadora Gratuitos (FSF), para promover la distribución de programas gratuitos de alta calidad.

GPRS (General Packet Radio Service)- Servicio General de Radio Paquetes. Formato estándar para comunicaciones inalámbricas que corre a velocidades de hasta 115 kilobits por segundo.

GPS (Global Positioning System)- Sistema de Posicionamiento Global. Sistema mundial de navegación de satélites de Órbita Mediana de la Tierra (MEO), formado por 24 satélites que se mueven en órbita alrededor de la Tierra, y sus receptores correspondientes en la Tierra.

grabber hand (grabber cursor)- Mano de arrastre. (Cursor de arrastre). Cursor que permite tomar objetos en la pantalla y moverlos o manipularlos. Se representa frecuentemente con la imagen de una mano.

grab handle- Asidero. Cuando se selecciona un objeto gráfico, se circula el objeto con pequeñas cajas. Cada caja es un asidero. Al arrastrar los asideros, se puede cambiar la forma y tamaño del objeto.

granularity- Granulosidad. El tamaño, escala, nivel de detalle, o profundidad de penetración relativos, que caracterizan a un objeto o actividad.

graph (chart)- Gráfica.

Graphical Device Interface (GDI)- Interfaz de Dispositivo Gráfico. Formato estándar de Windows para representar objetos gráficos y transmitirlos a dispositivos de salida, como monitores e impresoras.

Graphical Device Interface (GDI) printer- Impresora de Interfaz de Dispositivo Gráfico.

Graphical User Interface (GUI)- Interfaz gráfica de usuario. Ver gooey.

graphics- Gráficas. Cualquier programa, o dispositivo de computadora, que permite a un computador el desplegar y manipular imágenes.

graphics accelerator (video accelerator)- Acelerador de gráficas. (Acelerador de video). Tipo de adaptador de video que contiene su propio procesador para mejorar niveles de funcionamiento.

graphics adapter- Adaptador de gráficas. Tarjeta que se conecta a una computadora personal para proporcionarle capacidades de despliegue visual.

graphics board- Tarjeta de gráficas. Ver graphics adapter.

graphics card- Tarjeta de gráficas. Ver graphics adapter.

graphics character- Caracter de gráficas. Caracter que representa una forma.

graphics coprocessor- Coprocesador de gráficas. Microprocesador diseñado especialmente para manejar cómputos de gráficas.

graphics file format- Formato de archivo de gráficas.

Graphics Interchange Format (GIF)- Formato de Intercambio de Gráficas. Uno de los dos formatos de archivo para imágenes gráficas más comunes en la World Wide Web (el otro es JPEG o JPG).

graphics mode- Modo de gráficas. Muchos adaptadores de video tienen varios modos distintos de resolución. En el modo de gráficas, la pantalla es tratada como un arreglo de pixeles.

graphics scanner- Escáner de gráficas.

graphics spreadsheet- Hoja de cálculo de gráficas.

graphics tablet- Bloc de gráficas.

Grave accent (back quote)- Acento grave: (`)

grave site- Sitio abandonado. Sitio de Web abandonado, pero aún con acceso a usuarios de la Internet.

grayed- En tono gris. Opción de menú que aparece en tono gris claro, indicando que no está disponible para ser seleccionada.

grayscale- Escala de tonalidades en gris.

grayscale monitor- Monitor en escala gris. Tipo especial de monitor monocromo capaz de mostrar diferentes matices de gris.

grayscale scanner- Escáner en escala gris.

gray scaling- El uso de varias tonalidades de gris para representar una imagen.

greeking- Despliegue en pantalla de una página simulada, con líneas o barras en lugar de texto. Se usa cuando el texto es muy pequeño para desplegarlo apropiadamente.

green PC- Sistema de computación que consume poca energía eléctrica.

Green Book- Norma de Philips y Sony para Disco Compacto-Interactivo (CD-I) (Compact Disc-Interactive) de multimedia.

grep- Comando de UNIX que lee archivos de texto y produce resultados.

grid- Cuadrícula (en programas de dibujo o pintura).

grid system- Sistema de cuadrícula.

grounding- Conectar a tierra. // Conexión a tierra.

groupware- Programas de grupo. Programas que aumentan la cooperación y productividad conjunta de pequeños grupos de compañeros de trabajo, localizados en lugares remotos unos de los otros.

GT (Greater Than)- Mayor que. Operador lógico que se utiliza en la mayoría de lenguajes.

guest- Huésped. En una Red de Area Local (LAN), un privilegio de acceso que permite accesar otra computadora en la red, sin la necesidad de proporcionar una contraseña.

GUI (Graphical User Interface)- Interfaz Gráfica de Usuario. Ver gooey.

GUID (Global Unique Identifier)- Identificador Unico Global. Término usado por Microsoft para un número que su programación genera, para crear una identidad única, para una entidad tal como un documento Word.

guideline- Línea guía. En programas de dibujo o de organización de texto, línea no imprimible que ayuda a alinear el texto, u otros objetos.

gutter- Espacio entre columnas. En publicación de escritorio, el espacio entre columnas, en un documento de varias columnas.

GX font- Caracteres tipográficos GX (en Macintosh).

gzip- Programa de compresión Unix, creado por la Fundación de Programas Gratuitos (FSF).

Gyricon (e-paper)- Papel electrónico. Tipo de papel electrónico desarrollado por el Centro de Investigación de Palo Alto (PARC) de Xerox.

H.323- Norma aprobada por la Unión Internacional de Telecomunicaciones (ITU), en 1996, para promover compatibilidad en transmisiones de videoconferencia, en redes de Protocolo de la Internet (IP).

hack- Solución a un problema de una manera no sofisticada y usualmente no permanente. // Re-arreglo ingenioso de los recursos de una red, o de un sistema, resultando en una mejoría del funcionamiento del sistema. // Modificar un programa, al cambiar el código, frecuentemente de manera no autorizada.

hacker- Experto en computación. Experto en la computación, comúnmente malicioso, cuyo pasatiempo es el de programar computadoras a que produzcan su máximo rendimiento. // Pirata. Un experto en computación que en ocasiones irrumpe en computadores, sin autorización, y con fines maliciosos.

hacker ethic- Etica de experto en computación.

half adder- Semisumador. Circuito lógico que agrega dos números binarios de un dígito produciendo una salida de dos dígitos.

half duplex- Semiduplex. Que puede ser transmitido en ambas direcciones, en un portador de señales, pero no al mismo tiempo.

half-height drive- Unidad de media altura (aprox. 1.6 pulgadas de alto).

half-height drive bay- Bahía de unidad de media altura.

halftone- Semitono. Imagen de tono continuo, como una fotografía, que se ha convertido en una imagen en blanco y negro.

hand-held scanner- Escáner de mano.

handler- Manipulador. Manejador. Programa de utilidad que realiza una labor.

handles- Manipuladores. En aplicaciones de gráficas, los cuadros negros pequeños que rodean a un objeto. Estos cuadros se utilizan para arrastrar, aumentar de tamaño, o escala, al objeto.

handshaking- Estrecharse las manos. El intercambio de señales que se lleva a cabo entre dos computadoras, para negociar la capacidad máxima común de transmisión de datos. // En comunicación telefónica, el intercambio de información entre dos módems y el acuerdo que resulta sobre el protocolo a usarse, antes de cada conexión telefónica.

hand tool- Herramienta en forma de mano. Herramienta, en ciertos entornos gráficos, con forma de mano humana.

hang- Colgar. Proceso por el cual un programa inicia una operación, pero no puede completarla. En este caso es necesario reiniciar el proceso de funcionamiento de la computadora.

hanging indent (hanging tab)- Sangría francesa.

Happy Mac- Mac Felíz. Imagen de una Macintosh sonriente, que saluda, cuando al encender la computadora todo marcha bien.

haptics- Ciencia de la aplicación de sensación táctil a la interacción humana con computadoras.

hard- Duro. Término usado para describir algo que es permanente, o existe físicamente. El témino soft (suave), en contraste, se refiere a conceptos, símbolos y otros objetos variables e intangibles.

hard boot- Inicio duro. Reinicio abrupto de un sistema, después de una falla severa, apagando y re-iniciando la alimentación de energía.

hard copy- Copia dura. Impresión en papel, conteniendo información en pantalla de una computadora.

hard disk- Disco duro. Disco magnético, con mayor capacidad de almacenamiento que un disco flexible.

hard disk controller- Controlador de disco duro.

hark disk drive- Unidad de disco duro.

hard disk interface- Interfaz de disco duro.

hard hyphen- Guión forzado. Guión que se agrega introduciendo una raya (dash).

hard page- Salto de página forzado.

hard page break (forced page break)- Salto de página forzado.

hard return- Salto de línea forzado.

hardware- Componentes físicos (tornillos, cables, armadura, unidades de disco, discos, pantalla, teclado, impresora, tarjetas, circuitos integrados...) de una computadora.

hard-wired- Construído en los circuitos electrónicos de la computadora. Instrucciones de programa en la Memoria de Sólo Lectura (ROM) de la computadora.

Harvard architecture- Arquitectura de Harvard. Tipo de computadora que cuenta con almacenamiento de datos, y programa por separado.

hash (hashing, hash function)- Cálculo de clave. La transformación de una cadena de caracteres en un valor o clave de menor longitud.

hash mark (hash sign)- (Caló) El símbolo #.

hash table- Tabla de cálculo de clave. Tabla de cálculo de clave, en bases de datos.

hashing- Cálculo de clave. Ver hash.

hat (circumflex)- Circunflejo. El símbolo ^ .

Hayes command set- Juego de comandos Hayes. Serie de instrucciones estandarizadas, usadas para controlar módems.

Hayes compatibility- Compatibilidad con Hayes. Productos compatibles con los productos Hayes. Hayes Microcomputer Products, Inc. es una compañía pionera fabricante de modems.

HCI (Human-Computer Interaction)- Interacción Humano-Computadora. El estudio del modo en que las personas interactúan con las computadoras, y hasta qué punto las computadoras están o no desarrolladas para una interacción exitosa con seres humanos.

HD (High Density)- Alta Densidad.

HDD (Hard Disk Drive)- Unidad de Disco Duro.

HDTV (High Definition Television)- Televisión de Alta Definición. Nuevo tipo de televisión que ofrece mucha mejor resolución que la televisión actual, basada en la norma del Comité Nacional de Normas de Televisión (NTSC).

Head- Cabeza. Mecanismo que escribe (graba) o lee datos de una cinta o disco magnéticos.

head actuator- Estimulador de cabeza. Mecanismo que mueve la cabeza de lectura y escritura de un disco duro.

head arm (access arm) Brazo de cabeza electora de disco.

head crash- Falla seria de la unidad de disco.

head-mounted display (HMD)- Receptor de cabeza usado para sistemas de realidad virtual.

header (running head)- Encabezado. En procesamiento de palabra, una o más líneas que aparecen en la parte superior de cada página de un documento. // En Ciencias de la Computación, unidad de información que precede a un objeto de datos.

heap- En programación, área de memoria temporal reservada para datos creados cuando se ejecuta el programa.

heat sink- Enfriador. Componente que reduce la temperatura de un dispositivo electrónico, al disipar el calor en el aire circundante.

heavy client- Cliente complejo. Programa de cliente complejo, en una red de cliente/servidor.

hello-world program- Programa de hola-mundo. Programas diseñados para verificar los lenguajes de programación, y dispositivos de salida, que se encuentren funcionando.

help- Ayuda. Asistencia que se proporciona al usuario, al ejecutar un programa de computadora.

Helvetica- Helvética. Tipo de letra sans serif de Linotype.

Hertz (Hz)- Hertz. Hertzio. Hercio. Unidad de frecuencia equivalente a un período por segundo.

heterogeneous network- Red heterogénea. Red que incluye computadoras, y otros dispositivos, de diferentes fabricantes.

heuristic- Método de solución de problemas, por medio de aproximaciones sucesivas.

Hewlett-Packard- Compañía fabricante de equipo electrónico y de computación, con oficinas generales en Palo Alto, California.

Hewlett-Packard Graphics Language (HPGL)- Lenguaje de Gráficas de Hewlett-Packard. Lenguaje de gráficas de vector. Tipo de lenguaje orientado a objetos, que representa imágenes a través del uso de fórmulas geométricas.

Hewlett-Packard Printer Control Language (HPPCL)- Lenguaje de Control de Impresora de Hewlett-Packard.

hex (hexadecimal)- Hexadecimal. Sistema de numeración que tiene como base el número 16.

hexadecimal number- Número hexadecimal.

HFS (Hierarchical File System)- Sistema de Archivo Jerarquizado (por jerarquías).

hidden character- Caracter oculto. Caracter formateado de manera tal, que se hace invisible al imprimirse.

hidden codes- Códigos ocultos.

hidden file- Archivo oculto.

hierarchical- Jerarquizado (por jerarquías).

hierarchical file system- Sistema de archivos jerarquizado (por jerarquías).

Hierarchical File System (HFS)- Sistema de Archivo Jerarquizado (por jerarquías).

hierarchical menu- Menú jerarquizado (por jerarquías).

hierarchy- Jerarquía.

high bit- Cifra binaria mayor. Cifra binaria más significativa.

High Definition Television (HDTV)- Televisión de Alta Definición. Tecnología de pantalla de televisión que proporciona calidad de imagen similar a la imagen de cine de 35 mm., con calidad de sonido similar a la de los discos compactos actuales.

high density (quad density)- Alta densidad.

high- density disk (floppy disk)- Disco de alta densidad (disco magnético flexible).

High-Density Multimedia CD (HDMMCD)- Disco Compacto de Multimedia de Alta Densidad.

high end- Producto estrella. Producto con la mayor variedad de características, y de alto costo, dentro de la gama de productos que ofrece una empresa.

high-level format- Formato de alto nivel.

high-level language- Lenguaje de alto nivel. Lenguaje de alto nivel, más cercano al lenguaje humano que al de máquina.

high-level programming language- Lenguaje de programación de alto nivel.

highlight- Destacar. Marcar un elemento, cambiando tonalidad, para indicar que se está seleccionando.

highlighting- Selección de texto. Ver highlight.

high memory- Alta memoria. Los primeros 64 kilo-octetos (K) de memoria expandida, en sistemas DOS.

High Memory Area (HMA)- Area de Alta Memoria. Ver high memory.

high resolution- Alta resolución.

high-rez- (Caló) Alta resolución.

high-speed modem- Módem de alta velocidad.

HIMEM.SYS- Unidad de memoria ex pandida (XMS) incluída en DOS, Windows 3.1, Windows para Grupos de Trabajo y Windows 95.

hinting- Detallar. En tipografía digital, el proceso de reducir el grosor de un tipo de letra, para que al imprimir caracteres pequeños, éstos no resulten borrosos o con poco detalle.

histogram- Histograma. Gráfica de barras.

history- Historia. Lista detallada de los sitios de Web que la computadora ha visitado, en un navegador (browser) de Web, la cual permanece en la memoria de la computadora, por un número predeterminado de días.

history folder- Folder de historia. Ver history.

history list- Lista de historia. Ver history.

hit- Visita a página de Web. Petición de acceso al archivo, en el registro de acceso de un servidor de Web.

HMA (High Memory Area)- Area de Alta Memoria. Ver high memory.

hoax- Engaño. Información falsa, que circula.

hole- Agujero. Lugar vacío, dentro de un semiconductor tipo P, que se deja al faltar un electrón.

Hollerith code- Código Hollerith.

home computer- Computadora doméstica. Computadora de limitada capacidad de información y almacenamiento, popular en los años ochentas.

home directory- Directorio principal. Directorio de usuario, para almacenar archivos, en Unix.

Home key- Tecla de cursor. Tecla, en teclados de Computadoras Personales (PCs), y Macintosh, que controla el movimiento del cursor.

home page- Página principal. Página destinada a servir como presentación de una serie de documentos relacionados.

hook- Gancho. Lugar e interfaz que proporcionan un código empaquetado que permite al programador el insertar programación, de acuerdo a especificaciones del cliente.

hop- Conexión intermedia, en una cadena de conexiones que unen a dos dispositivos de red.

horizontal scroll bar- Barra de desplazamiento horizontal.

host- Anfitrión. Sistema de computadora accesado por un usuario en una localidad remota. // Huésped. Computadora conectada a una red de Protocolo de Control de Transmisión/Protocolo de la Internet (TCP/IP), incluyendo Internet. // Proporcionar la infraestructura para un servicio de computación.

host computer- Computadora huésped. En la Internet, cualquier computadora que pueda funcionar como el principio y punto final de transferencia de datos.

HotBot- Motor de búsqueda (search engine) de la World Wide Web, desarrollado conjuntamente por las empresas Inktomi y HotWired, Inc.

HotDog- Programa auxiliar en la preparación de documentos para la World Wide Web, utilizando el Lenguaje de Formateo de Hipertexto (HTML).

HotJava- Serie de productos desarrollados por Sun Microsystems, que utilizan tecnología Java.

hot key- Tecla de recurso. Secuencia de claves definidas por el usuario, que ejecutan un comando u ocasionan que el sistema operativo cambie a otro programa.

hot link- Enlace en caliente. Copia de información de un documento a otro, actualizándola automáticamente.

hot list- Lista de información de interés.

hot-pluggable- Que puede conectarse o desconectarse, mientras la computadora se encuentre en funcionamiento.

hot spot- Zona de selección. Zona de un puntero, que al hacer contacto con un objeto, lo selecciona.

hot-swappable- Reemplazable en funcionamiento. Dispositivo que puede ser reemplazado, mientras la computadora se encuentra en funcionamiento.

hourglass icon- Icono de reloj de arena, en Microsoft Windows.

housekeeping- Mantenimiento de una computadora.

HP- Hewlett-Packard. Compañía líder en la fabricación de computadoras. Ver Hewlett Packard.

HPGL (Hewlett-Packard Graphics Language)- Lenguaje de Gráficas Hewlett-Packard.

HPPCL (Hewlett-Packard Printer Control Language)- Lenguaje de Control de Impresoras Hewlett-

Packard.

HSB (Hue, Saturation, Brightness) color model- Modelo de color HSB (Matiz, Saturación, Brillo). Modelo de color definido por tres variables: Matiz, Saturación y Brillo.

HTML (HyperText Markup Language)- Lenguaje de Formateo de Hipertexto. Serie de símbolos o códigos de formateo, insertados en un archivo, para ser desplegados en una página de navegador (browser) de la World Wide Web.

HTML editor- Editor de Lenguaje de Formateo de Hipertexto.

HTTP (HyperText Transfer Protocol)- Protocolo de Transferencia de Hipertexto. Protocolo básico, usado por la World Wide Web.

HTTPS (Hypertext Transfer Protocol over Secure Socket Layer)- Protocolo de Web, desarrollado por Netscape, y construído en un navegador que codifica y decodifica solicitudes de página de usuario, al igual que las páginas que regresa el servidor de Web. Es usado para transacciones seguras, codificadas a 64, 128 bits, en la Internet.

hub- Conector. Artefacto que se usa para crear una red en pequeña escala, dentro de una Red de Area Local (LAN), conectando entre sí a varias computadoras o dispositivos.

hue- Matiz (color).

Huffman compression (Huffman encoding)- Compresión Huffman. Algoritmo para la compresión, sin pérdida de datos, de archivos basados en la frecuencia de ocurrencia de un símbolo, en el archivo que está siendo comprimido.

human-computer interaction (HCI)- Ver HCI.

Hung- Colgada. Computadora que ha experimentado un fallo de sistema y no procesa datos.

hung system- Sistema colgado.

hunt and peck- (Caló) Teclear con un dedo, letra por letra, mirando el teclado.

hyperdocument- Hiperdocumento.

hyperlink- Hiperenlace. Elemento, en un documento electrónico, que conecta con otro lugar, en el mismo documento, o con un documento distinto accesible.

hypermedia- Hipermedia. Extensión de hipertexto que contiene gráficas de enlace, sonido y elementos de video, además de elementos de texto.

hypertext- Hipertexto. Tipo especial de sistema de base de datos, inventado por Ted Nelson en los años sesenta, en el cual objetos (texto, imágenes, música, programas, etc.) pueden ser ligados unos con los otros en forma creativa.

HyperText Markup Language (HTML)- Lenguaje de Formateo de Hipertexto. Ver HTML.

HyperText Transfer Protocol (HTTP)- Protocolo de Transferencia de Hipertexto.

HyperText Transfer Protocol Daemon (HTTPD)- Programa en espera. Programa en espera de atender solicitudes de entrada del resto de la Web.

hyphen- Guión.

hyphenation- División automática del texto con guiones

hyphen ladder- Escalera de guiones. Repetición de guiones, al final de dos o más líneas consecutivas.

Hz (Hertz)- Hertz. Hertzio. Hercio. Unidad de medida de frecuencia de un ciclo por segundo.

I

I 2 (Internet 2)- Grupo de más de 100 universidades en los Estados Unidos, que trabajan en el desarrollo de características avanzadas de la Internet: desarrollo de redes y aplicaciones avanzadas para el aprendizaje e investigación.

IAB (Internet Architecture Board)- Consejo de Arquitectura de la Internet. Grupo consultivo técnico de la Sociedad de la Internet.

IAC (Internet Access Coalition)- Coalición de Acceso de la Internet. Consorcio de empresas involucradas en la Internet, incluyendo a AT&T, Microsoft y MCI.

IANA (Internet Assigned Numbers Authority)- Autoridad de Números Asignados de la Internet. Organización que opera bajo los auspicios del Consejo de Arquitectura de la Internet (IAB), responsable de asignar nuevas direcciones de Protocolo de la Internet (IP) amplio.

IANAL- Abreviatura de correo electrónico de: "I Am Not A Lawyer", que significa: "No soy un abogado".

IAP (Internet Access Provider)- Proveedor de Acceso de la Internet. Compañía que proporciona acceso a la Internet.

IAPX 80486- Microprocesador fabricado por la empresa Intel Corporation.

I-bar (I-beam)- Barra I. Forma del puntero de ratón, en forma de I, que aparece cuando se mueve el puntero en el área de pantalla cuando se puede editar un texto.

I-beam pointer- Puntero de barra I. En aplicaciones Macintosh y Microsoft Windows, el puntero de barra I, que aparece cuando se mueve el puntero en el área de pantalla cuando se puede editar un texto.

IBM (International Business Machines)- Corporación internacional, fundada en 1911, con aportaciones muy importantes al mundo de la computación. Sus oficinas generales se encuentran en Armonk, Nueva York.

IBM Blue Lightning- Microprocesador de 32 bits introducido en 1993.

IBM PC-compatible- Compatible con la Computadora Personal (PC) de IBM. Capaz de correr programas desarrollados para la Computadora Personal de IBM, aceptar tarjetas de computadoras IBM, al igual que sus adaptadores y dispositivos periféricos.

IBM RS/6000- Estación de trabajo de IBM.

IC (Integrated Circuit)- Circuito integrado.

ICCP (Institute for Certification of Computer Professionals)- Instituto para la Certificación de Profesionales en Computación.

ICMP (Internet Control Message Protocol)- Protocolo de Mensaje de Control de la Internet. Extensión del Protocolo de la Internet (IP), que respalda paquetes que contienen mensajes de error, información y control.

icon- Icono. Pequeña imagen que representa un objeto o programa.

icon bar (toolbar)- Barra de íconos.

iconify (minimize)- Empequeñecer. Convertir una ventana a un ícono.

ICQ- Programa de mensajes instantáneos en línea, de fácil manejo, desarrollado por Mirabilis LTD.

IDE (Integrated Drive Electronics / Integrated Device Electronics)- Electrónica de Unidades Integradas / Electrónica de Dispositivos Integrados.

IDEA (International Data Encryption Algorithm)- Algoritmo Internacional de Codificación de Datos. Algoritmo de codificación, desarrollado en ETH, en Zurich, Suiza.

identification card- Tarjeta de identificación. Tarjeta perforada de identificación.

identifier- Identificador. Nombre. Término usualmente usado para designar nombres variables.

identity theft- Robo de identidad. Robo de información personal, con el propósito de hacer uso fraudulento de la misma.

IDL (Interface Definition Language)- Lenguaje de Definición de Interfaz. Término genérico para designar un lenguaje que permite a un programa u objeto, escrito en un lenguaje, comunicarse con otro programa, escrito en un lenguaje desconocido.

IE (Internet Explorer)- Explorador de la Internet. Navegador de la Web, desarrollado por la Compañía Microsoft.

IEC power connector- Conector de energía de la Comisión Internacional Electrotécnica (IEC). Tipo de conector que sirve para conectar el cable de energía de una computadora personal, a la computadora.

IEEE (Institute of Electrical and Electronics Engineers)- Instituto de Ingenieros Electrónicos y Electricistas. La sociedad profesional, técnica, más grande del mundo, compuesta de ingenieros, científicos y estudiantes, conocida principalmente por el desarrollo de normas para la industria de la electrónica y la computación, fue fundada en 1884 como AIEE, y en 1963, AIEE se fusionó con IRE y de ahí nació IEEE.

IEEE 802 standards- Serie de normas de red inalámbrica, desarrolladas por el Instituto de Ingenieros Electrónicos y Electricistas (IEEE).

IEEE 1284- Norma desarrollada por el Instituto de Ingenieros Electrónicos y Electricistas (IEEE), que gobierna el diseño de puertos en paralelo bidireccionales.

IEEE 1394- Norma de electrónica para conectar dispositivos a la computadora personal.

IEEE Computer Society- Sociedad de Computación del Instituto de Ingenieros Electrónicos y Electricistas.

IEPG (Internet Engineering and Planning Group)- Grupo de Ingeniería y Planeación de la Internet.

IETF (Internet Engineering Task Force)- Fuerza de Trabajo de Ingeniería de la Internet. Cuerpo que define protocolos de operación estándar de la Internet, tales como el TCP/IP.

IF/THEN/ELSE- SI/ENTONCES/SI NO. En programación, una estructura lógica que efectúa una prueba para verificar una condición: SI <una condición se cumple> / ENTONCES <algo ocurre> / SI

NO / <algo distinto ocurre>.

IIOP (Internet Inter-ORB Protocol)- Protocolo Inter-ORB de la Internet. Protocolo desarrollado por el Grupo de Manejo de Objetos (OMG) para implementar soluciones CORBA en la World Wide Web.

IIRC- Abreviatura de correo electrónico de: "If I Remember Correctly", que significa: "Si mal no recuerdo".

IIS (Internet Information Server)- Servidor de Información de la Internet.

ill-behaved- Con un diseño ineficiente de comportamiento indeseado.

illegal operation- Operación ilegal. Operación desconocida por el sistema operativo, o el procesador y, por lo tanto, que no puede llevarse a cabo.

illustration software- Programas de ilustración.

ILS (Integrated Learning System)- Sistema de Aprendizaje Integrado. Instrucción asistida por computadora, a centros de enseñanza.

iMac- Computadora Apple, con monitor integrado, diseñada para centros de enseñanza, pequeñas oficinas u hogares.

image compression- Compresión de imágenes. Compresión de archivos de gráficas.

image editing software- Programas de edición de imagen.

image map- Mapa de imagen. Una sola imagen gráfica, que contiene más de una zona que activa una función, cuando es seleccionada (hot spot).

image map utility- Utilidad de mapa de imagen.

image processing- Procesamiento de imágenes.

imagesetter- Adaptador de imágenes.

imaging model- Módelo de creación de imágenes. Método para representar salida en pantalla.

IMAP (Internet Message Access Protocol)- Protocolo de Acceso de Mensajes de la Internet.

IMAP4 (Internet Message Access Protocol Version 4)- Protocolo de Acceso de Mensajes de la Internet, Versión 4.

IMHO- Abreviatura de correo electrónico de: "In My Humble Opinion", que significa: "En mi humilde opinión".

IMO- Abreviatura de correo electrónico de: "IN MY OPINION", que significa: "En mi opinión".

impact printer- Impresora de impacto. Tipo de impresora que funciona golpeando una cabeza o aguja contra una cinta de tinta, para dejar una huella en el papel.

impedance- Impedancia. Resistencia aparente de un circuito al flujo de una corriente alterna.

import- Importar. Usar datos producidos por otra aplicación.

increment- Incremento. Cantidad agregada. // Incrementar. Agregar una cantidad fija.

incremental backup- Copia de respaldo de incremento. Cualquier respaldo en el cual únicamente los datos que han sido modificados o añadidos desde el momento de un respaldo previo, son copiados.

incremental compiler- Compilador de incremento.

incremental update- Actualización de incremento.

indent- Sangrar. Dejar un espacio al inicio de un párrafo.

indentation- Espacio libre a la derecha o a la izquierda de un párrafo.

Indeo- Tecnología de compresión y descompresión de video por computadora, desarrollada por Intel Corporation.

index- Indice. Archivo construído en base al proceso de indexación.

indexed- Indexado.

indexed file- Archivo indexado. Archivo con registros no clasificados.

Indexed Sequential Access Method (ISAM)- Método de Acceso Secuencial Indexado. Método para manejar el acceso de una computadora a registros y archivos almacenados en disco duro.

indexing- Indexación. Método que una unidad de disquete utiliza para localizar la pista donde se encuentra la información requerida.

indicator- Indicador.

Industry Standard Architecture (ISA)- Arquitectura Estándar de la Industria. Arquitectura de vía de transmisión (bus), usada en el PC/XT y PC/AT de IBM, que ha caído en desuso con la introducción de otras arquitecturas, tales como PCI.

infection- Infección. Virus dentro de un sistema de computación, o un disco.

inference engine- Motor de inferencia. Parte de un sistema experto que saca conclusiones por medio de razonamiento lógico.

inferior character- Caracter inferior. Caracter pequeño debajo de la línea base.

INF file- Archivo INF. Archivo que muestra como instalar hardware o software en el programa "Instalar" de Windows.

infinite loop- Bucle infinito.

Infobahn- Autopista. Término en alemán que significa autopista (de la información) sin límite de velocidad.

informatics- Informática. Ciencia de la computación.

information- Información. Datos que han sido arreglados, de acuerdo a un esquema en un contexto determinado, para ser transmitidos, almacenados, o procesados.

information hiding- Ocultar información. Técnica de programación modular en la que la información dentro de un módulo permanece oculta con respecto a otros módulos.

information kiosk- Quiosco de información. Cabina donde se proporciona servicio, por medio de la computación; como una máquina de Cajero Automático (ATM), o un quiosco de información turística.

information overload- Sobrecarga de información.

information service- Servicio de información.

Information Superhighway- Autopista de la Información.

information system- Sistema de información.

Infoseek- Motor de búsqueda (search engine) de la World Wide Web, desarrollado por Infoseek Corporation.

infrared (IR)- Infrarrojo.

infrared (IR) wireless- Infrarrojo inalámbrico. El uso de tecnología inalámbrica en dispositivos, o sistemas que transfieren datos, a través de radiación infrarroja.

infrastructure- Estructura de red basada en las especificaciones 802.11, desarrollada por el Instituto de Ingenieros Electrónicos y Electricistas (IEEE) para Redes de Area Local (LANs) inalámbricas.

inheritance- Herencia. En programación orientada a objetos, la capacidad que tienen los objetos creados recientemente de heredar las propiedades de objetos ya existentes.

INI file- Archivo INI. Archivo que almacena información de inicialización, en Microsoft Windows.

init- Abreviatura de inicializar o inicialización. // En Macintosh, término antiguo para Extensiones de Sistema.

initial base font- Caracteres tipográficos iniciales de base. Caracteres tipográficos usados en programas de procesamiento de palabra, para todos los documentos, a menos de que se especifique algún otro.

initialization- Inicialización. Puesta en marcha de un sistema.

initialization string- Cadena de inicialización.

initialize- Inicializar.

ink-jet printer- Impresora de chorro de tinta. Tipo de impresora que funciona rociando tinta ionizada a una hoja de papel.

inline graphic- Gráfica dentro de la línea. Gráfica que aparece en la misma línea del texto.

inode- Descripción almacenada en computadora de un archivo individual, en un sistema de archivo UNIX.

Inprise Corporation- Compañía de software, anteriormente conocida como Borland International. Tiene oficinas generales en Scotts Valley, California.

input- Entrada. Todo lo que entra a una computadora. // El acto de introducir datos a una computadora.

input device- Dispositivo de entrada.

input/output (I/O)- Entrada/salida.

insert- Insertar. Colocar un objeto entre otros dos objetos.

insertion point- Punto de inserción. Punto marcado por un cursor, o línea delgada parpadeante, que indica donde se teclea y aparece el texto.

insertion sort- Clasificación por inserción. Algoritmo de colocación de elementos en orden ascendente o descendente.

Insert (Ins) key- Tecla de inserción.

insert mode- Modo de inserción.

installation program (setup program)- Programa de instalación.

instantiate- Representar una abstracción por medio de un ejemplo concreto.

instant messaging- Mensajes instantáneos. Tipo de servicio de comunicaciones que permite crear una sala de charla (chat room) privada con otra persona.

Institute for Certification of Computer Professionals (ICCP)- Instituto para la Certificación de Profesionales de la Computación.

Institute of Electrical and Electronic Engineers (IEEE)- Instituto de Ingenieros Electrónicos y Electricistas. Ver IEEE.

Institute of Electrical and Electronic Engineers Computer Society (IEEE Computer Society)- Sociedad de Computación del Instituto de Ingenieros Electrónicos y Electricistas.

instruction- Instrucción. Orden.

instruction cycle- Ciclo de instrucción. El tiempo que toma a la Unidad Central de Procesamiento (CPU) el llevar a cabo una instrucción.

instruction decoder- Decodificador de instrucciones.

instruction length- Longitud de una instrucción.

instruction set- Juego de instrucciones. Serie de instrucciones a ejecutar por la computadora.

int- Uno de los nombres de dominio de alto nivel que pueden ser usados al elegir un nombre de dominio.

INT 13- Rutina de interrupción.

integer- Número entero.

integrated accounting package- Paquete de contabilidad integrado.

integrated circuit (IC)- Circuito integrado.

Integrated Drive Electronics (IDE)- Electrónica de Unidades Integradas. Interfaces para disco duro y disco compacto.

integrated learning system (ILS)- Ver ILS.

integrated program- Programa integrado. Programa que realiza más de una tarea.

Integrated Services Digital Network (ISDN)- Red Digital de Servicios Integrados. Norma internacional de comunicaciones para la transmisión de voz, video y datos, por líneas telefónicas digitales, o cables de teléfono comunes.

Intel- La compañía fabricante de microprocesadores y semiconductores más grande del mundo. Tiene oficinas generales en Santa Clara, California.

intelligent terminal- Terminal inteligente. Terminal (monitor y teclado) que posee poder de procesamiento.

interactive- Interactivo. Que acepta entrada de un ser humano. Sistemas de computación interactivos son programas que permiten que los usuarios introduzcan datos o comandos.

interactive processing- Procesamiento interactivo.

interactive system- Sistema interactivo. Sistema que permite la comunicación ordenador-usuario.

interactive videodisk- Videodisco interactivo.

interblock gap- Brecha entre bloques. Espacio en blanco en una cinta magnética, entre dos bloques adyacentes.

intercap- Letra mayúscula a la mitad de una palabra.

intercharacter spacing- Espacio entre caracteres tipográficos.

interface- Interfaz. Medio por el cual dos sistemas intercambian comunicación.

interface standard- Norma de interfaz. Serie de especificaciones para la conexión de los dos dispositivos de hardware en un disco duro.

Interior Gateway Protocol (IGP)- Protocolo de Enlace Interior. Protocolo para el intercambio de información de enrutamiento entre enlaces (gateways) dentro de una red autónoma.

interlaced- Entrelazado.

interlaced GIF (Graphics Interchange Format)- Formato de Intercambio de Gráficas entrelazado. Imagen de Formato de Intercambio de Gráficas (GIF) en un formato especial, que permite a un programa de gráficas desplegar una versión fuera de foco de la gráfica, hasta gradualmente llegar a su máxima resolución.

interlaced monitor- Monitor entrelazado. Monitor con pantalla de tubo de rayos catódicos, en el cual las líneas se escanean alternadamente, en dos líneas rasterizadas y entrelazadas.

interleave- Organizar datos en forma no-contigua, para mejorar el funcionamiento.

interleaved memory- Memoria principal dividida en dos o más secciones.

internal cache (primary cache) (L1 cache)- Caché interno (caché primario) (caché de Nivel 1). Caché de memoria construído dentro del microprocesador, para rápido acceso.

internal command- Comando interno. Cualquier comando que resida en el archivo COMMAND.COM, en sistemas DOS.

internal data bus- Vía de transmisión de datos interna.

internal font (resident font) (built-in font) (printer font)- Caracteres tipográficos internos. Caracteres tipográficos incorporados a una impresora.

internal hard disk- Disco duro interno.

internal modem- Módem interno.

internal navigation aid- Auxiliar de navegación interna. Los botones de ayuda a usuarios, al navegar a través de documentos relacionados de la World Wide Web.

internal timer- Reloj interno. Reloj, dentro de una computadora, que sincroniza sus operaciones.

International Business Machines (IBM)- Compañía de computación y consultoría, fundada en 1911, se cuenta entre las más grandes del mundo. Tiene oficinas generales en el estado de Nueva York.

International Data Encryption Algorithm (IDEA)- Algoritmo Internacional de Codificación de Datos. Algoritmo de codificación desarrollado en ETH, en Zurich, Suiza.

International Organization for Standardization (ISO)- Organización Internacional de Estandarización.

International Telecommunications Union-Telecommunications Standards Section (ITU-TSS)-] Unión Internacional de Telecomunicaciones–Sección de Normas de Telecomunicación.

International Traffic in Arms Regulations (ITAR)- Reglamentos.del gobierno de los Estados Unidos que prohíben a personas o a empresas norteamericanas, el exportar programas o utilidades de codificación, que no puedan romperse por medio del análisis de codificación.

internet- Internet. Grupo de Redes de Area Local (LANs) conectadas por medio de un protocolo de comunicaciones común.

Internet- Internet. Red mundial que conecta a millones de computadoras. Más de 100 países se encuentran conectados a intercambios de datos, noticias y opiniones.

Internet 2- Ver I 2.

Internet access (service) provider (IAP)- Proveedor de acceso (servicio) de la Internet.

Internet address- Dirección de la Internet.

Internet Architecture Board (IAB)- Ver IAB.

Internet Assigned Numbers Authority (IANA)- Ver IANA.

Internet Control Message Protocol (ICMP)- Ver ICMP.

Internet Engineering and Planning Group (IEPG)- Grupo de Ingeniería y Planeación de la Internet.

IInternet Engineering Task Force (IETF)- Ver IETF

Internet Explorer (Microsoft Internet Explorer)- Ver IE.

Internet Inter-ORB Protocol (IIOP)- Ver IIOP.

Internet Message Access Protocol (IMAP)- Protocolo de Acceso a Mensajes de la Internet. Protocolo para la recuperación de mensajes por correo electrónico.

Internet Protocol (IP)- Protocolo de la Internet. Método o protocolo por medio del cual se envían datos de una computadora a otra, en la Internet.

Internet Relay Chat (IRC)- Charla de Transmisión por la Internet. Sistema de charla desarrollado por Jarkko Oikarinen, en Finlandia, a fines de los años ochentas.

Internet Research Task Force (IRTF)- Fuerza de Trabajo de Investigación de la Internet. Actividad de la Sociedad de la Internet que se enfoca en la tecnología de red.

Internet Service Provider (ISP)- Proveedor de Servicio de la Internet. Compañía que proporciona acceso a la Internet, y a otros servicios relacionados.

Internet Society (ISOC)- Sociedad de la Internet. Organización internacional, no lucrativa, dedicada al mantenimiento y mejoramiento de la Internet.

InterNIC (Internet Network Information Center)- Centro de Información de Red de la Internet. Proyecto conjunto entre AT&T y Network Solutions, Inc. (NSI), respaldado por la Fundación Nacional de Ciencias.

interoperability- Interoperabilidad. La habilidad del software y hardware de diferentes máquinas, de distintos fabricantes, de compartir datos. // La habilidad de un sistema, o producto del trabajo con otros sistemas o productos.

interpreted program (script)- Programa interpretado. Programa cuyas instrucciones son una serie de secuencias lógicas de comandos de sistema operativo, manejados uno a la vez por un intérprete de comando.

interpreted code- Código interpretado. Código de programa que requiere de un intérprete para ejecutar.

interpreter- Intérprete. Programa que ejecuta instrucciones escritas en lenguaje de alto nivel.

interprocess communication (IPC)- Comunicación de interproceso. Capacidad respaldada por algunos sistemas operativos, que pemite que un proceso se comunique con otro proceso.

interrupt- Interrupción. Señal que informa a un programa que ha ocurrido un evento.

interrupt controller- Controlador de interrupción.

interrupt handler- Manejador de interrupción. Programa que ejecuta cuando ocurre una interrupción.

Interrupt Request Line (IRQ)- Línea de Solicitud de Interrupción. Líneas de hardware, por medio de las cuales, dispositivos pueden enviar señales de interrupción al microprocesador.

Interrupt Request Signal (IRS)- Señal de Solicitud de Interrupción.

interrupt service routine- Rutina de servicio de interrupción.

interword spacing- El espacio entre palabras.

intranet- Intranet. Red de computadoras diseñada para satisfacer las necesidades de una compañía, u organización, basada en tecnología de la Internet.

invert- Invertir. Transformar imágenes fotográficas.

inverted index- Indice invertido. Archivo con claves e indicadores, en bases de datos.

inverter- Inversor. Dispositivo que cambia la corrriente de energía; de directa a alterna.

invisible file (hidden file)- Archivo invisible (archivo oculto). Archivo con un atributo especial oculto, que lo hace ser no-visible a usuarios.

I/O (Input/Output)- Entrada/Salida. Cualquier programa, operación, o dispositivo, que transfiere datos, a o de, una computadora y, a o de, un dispositivo periférico.

I/O adapter- Adaptador de Entrada/Salida.

Iomega Corporation- Compañía fabricante de unidades removibles, fundada en 1980, con oficinas generales en Roy, Utah.

IP (Internet Protocol)- Ver Internet Protocol.

IP (Intellectual Property)- Propiedad Intelectual. Patentes, derechos de autor y marcas registradas, para componentes de equipo o programas.

IP address (Internet Protocol address)- Dirección de Protocolo de la Internet.

IPS (Inches Per Second)- Pulgadas por segundo.

IP spoofing- Falsificación de la dirección de Protocolo de la Internet (IP), con el fin de interceptar comunicaciones.

IPC (InterProcess Communication)- Comunicación de Interproceso. Serie de interfaces de programación que permiten a un programador, el crear y manejar procesos de programa individuales que puedan correr concurrentemente en un sistema operativo.

IPng (IP Next Generation) (IPv6) (Internet Protocol Version 6)- Protocolo de la Internet Próxima Generación. (Protocolo de la Internet Versión 6). Ultimo nivel de Protocolo de la Internet (IP), que ahora se incluye como parte del respaldo de Protocolo de la Internet, en varios productos, incluyendo los sistemas operativos de computadoras más importantes.

IP number- Número de Protocolo de la Internet.

IPv6 (IPng)- Ver IPng.

IPX (Internetwork Packet Exchange)- Protocolo de red usado por los sistemas operativos de Novell NetWare.

IRC (Internet Relay Chat)- Ver Internet Relay Chat.

IRL- Abreviatura de correo electrónico de: "In Real Life", que significa: "En la vida real".

IRQ (Interrupt Request)- Solicitud de Interrupción. Ver Interrupt Request line.

IRS (Interrupt Request Signal)- Señal de Solicitud de Interrupción.

IRTF (Internet Research Task Force)- Ver Internet Research Task Force.

IS (Information Systems/Services)- Sistemas/Servicios de Información. En empresas, IS es el departamento responsable del manejo de computadoras, redes y datos. Otras empresas le dan el nombre de Tecnología de la Información (Information Technology (IT)) o Servicios de Información de Manejo (Management Information Services (MIS)) al mismo departamento.

ISA (Industry-Standard Architecture)- Arquitectura Estándar de la Industria. Norma de arquitectura de vía de transmisión (bus) asociada con la placa base (motherboard) de Tecnología Avanzada (AT) de IBM.

ISA slot- Receptáculo en la placa base que acepta periféricos ISA

ISAM (Indexed Sequential Access Method)- Método de Acceso Secuencial Indexado. Método para el manejo de la forma en que una computadora accesa registros y archivos, almacenados en un disco duro.

ISAPI (Internet Server Application Programming Interface)- Interfaz de Programación de Aplicación de Servidor de la Internet. Interfaz de Programación de Aplicación (API) para el Servidor de Información de la Internet (IIS) del servidor de Web.

ISDN (Integrated Services Digital Network)- Ver Integrated Services Digital Network.

ISDN adapter- Adaptador de la Red Digital de Servicios Integrados (ISDN).

ISDN terminal adapter- Adaptador de terminal de la Red Digital de Servicios Integrados (ISDN).

ISO (International Organization for Standardization)- Organización Internacional de Estandarización (ISO no es un acrónimo, el nombre proviene de la palabra griega "iso", que significa "igual"). Organización internacional compuesta de grupos de normas nacionales, de más de 75 países, fundada en 1946. // En correo electrónico, la abreviatura de "In Search Of ", que significa: "En busca de".

ISOC (Internet Society)- Ver Internet Society.

ISO Latin 1 (ISO-8859-1)- Serie de caracteres estándar, desarrollados por la Organización Internacional de Estandarización (ISO).

ISP (Internet Service Provider)- Proveedor de Servicio de la Internet. Compañía que proporciona acceso a la Internet.

ISV (Independent Software Vendor)- Vendedor de Programas Independiente. Compañía que produce programas de computación.

IT (Information Technology)- Tecnología de la Información. Materia extensa que abarca todos los aspectos del manejo y procesamiento de información, especialmente dentro de una organización o compañía de gran magnitud.

italic(s)- Cursiva.

ITAR (International Traffic in Arms Regulations)- Ver International Traffic in Arms Regulations.

iteration- Iteración. Repetición de un comando o instrucción.

I-triple-E (IEEE)- I-triple E. Ver IEEE.

ITU (International Telecommunication Union)- Unión Internacional de Telecomunicaciones. Organización intergubernamental, a través de la cual, organizaciones públicas y privadas desarrollan telecomunicaciones.

ITU-TSS (International Telecommunications Union-Telecommunications Standards Section)- Unión Internacional de Telecomunicaciones–Sección de Normas de Telecomunicación. Organización auspiciada por las Naciones Unidas que establece normas para la tecnología de comunicaciones.

iway (i-way) (information superhighway)- Autopista de la información.

J

jaggies- Líneas escalonadas que aparecen en lugar de líneas inclinadas o curvas.

JAR file (Java Archive)- Archivo de Java. Formato de archivo usado para empaquetar todos los componentes requeridos por un programa de Java, diseñado para ser ejecutado desde otra aplicación.

Java- Lenguaje de programación orientada a objetos, ideado por la Compañía Sun Microsystems.

Java applet- Pequeño programa basado en la Internet, escrito en Java; lenguaje de programación para la Web, que puede ser bajado por cualquier computadora.

Java application- Programa de aplicación Java.

JavaBean- Objeto que se conforma de acuerdo a la especificación desarrollada por Sun Microsystems, que define como interactúan los Objetos Java (JavaBeans).

JavaBeans- Especificación desarrollada por Sun Microsystems que define como interactúan los Objetos Java.

Java chip- Chip Java. Microchip que, cuando se incluye o se agrega a una computadora, acelera el funcionamiento de programas Java, incluyendo los pequeños programas (applets) que algunas veces se incluyen en páginas Web.

Java Database Connectivity (JDBC)- Conectividad de Base de Datos Java. Especificación de Interfaz de Programa de Aplicación (API) para conectar programas escritos en Java, a los datos en bases de datos populares.

Java Development Kit (JDK)- Juego de Desarrollo Java. Juego de Desarrollo de Software (SDK) para producir programas Java.

Java Native Interface (JNI)- Interfaz Nativa Java. Interfaz de programación Java que permite a los que desarrollan el acceso a lenguajes de un sistema huésped, determinar la forma en la que Java se integra con código nativo.

JavaScript- Lenguaje de programación simple, con el cual se puede escribir una lista de comandos que puedan ser ejecutados sin interacción del usuario. Fue desarrollado por Netscape para facilitar a autores de Web el diseño de sitios interactivos.

JavaSoft- Unidad comercial de Sun Microsystems, a cargo de la tecnología Java.

Java Virtual Machine- Máquina Virtual Java. Interpretador Java y entorno para correr pequeños programas (applets) y aplicaciones Java.

Java VM (Java Virtual Machine)- Ver Java Virtual Machine.

Jaz drive- Unidad de disco de cartucho removible (parecido al diskette)

JCL (Job Control Language)- Lenguaje de Control de Trabajos. Lenguaje de órdenes.

JDBC (Java Database Connectivity)- Ver Java Database Connectivity.

JDK (Java Development Kit)- Ver Java Development Kit.

jewel case- Estuche de plástico duro para discos compactos.

Jini- Programas de Sun Microsystems que buscan el simplificar, conectar y compartir dispositivos, tales como impresoras y unidades de disco, en una red.

JIT compiler (Just In Time compiler)- Compilador Justo a Tiempo. Generador de código que convierte el formato compilado para programas Java (Java bytecode) en instrucciones en lenguaje máquina

jitter- Parpadeo en pantalla.

JNI (Java Native Interface)- Ver Java Native Interface.

job- Tarea. Unidad de trabajo realizada por un sistema de computación.

Job Control Language (JCL)- Lenguaje de Control de Tareas. Lenguaje que describe tareas (unidades de trabajo) a los sistema operativos MVS, OS/390 y VSE, que corren en computadoras para varios usuarios (mainframe) IBM S/390.

job queue- Fila de tareas. Serie de tareas (unidades de trabajo) ejecutadas automáticamente, una después de la otra, por una computadora.

join- Unir. Igualar registros en dos tablas, en bases de datos relacionales.

Joint Photographic Experts Group (JPEG)- Ver JPEG.

joule- Unidad estándar de energía en electrónica y aplicaciones científicas en general.

joystick- Palanca de control o de mando.

JPEG (Joint Photographic Experts Group)- Grupo Común de Expertos en Fotografía. Grupo ad-hoc de expertos en fotografía, que crearon una norma de gráficas que usa una suite seleccionable de algoritmos de compresión para reducir el tamaño de archivo. // Formato gráfico (extensión .jpg) con la habilidad de representar hasta 16.7 millones de colores, ideal para imágenes complejas de la vida real. // Técnica de compresión, con pérdida de datos, para imágenes a color.

JScript- Lenguaje de programación (script) de Microsoft diseñado expresamente para su uso en páginas Web.

jukebox- Tocadiscos. Periférico que permite el acceso a un grupo de discos.

Julian date- Fecha juliana. Número de días transcurridos, desde el principio de un ciclo de 7 980 años, empezando el 1° de enero de 4 713, antes de la era cristiana. Fue inventado por Joseph Justus Scaliger, en 1583.

jump- Salto. Bifurcación.

jumper- Conector eléctrico de placa de circuitos. Puente de metal que cierra un circuito eléctrico.

jumper settings- La configuración de conductores movibles en un adaptador.

jump line- Línea de salto. Mensaje indicando la página en la cual el artículo (de periódico o revista) continúa.

jump list- Lista de salto. Página de Web que consiste, en su mayoría, en enlaces a otras páginas Web.

junction- Unión. Parte de un transistor donde se juntan dos tipos opuestos de material semiconductor.

junk e-mail (Spam)– Correo electrónico basura. Correo electrónico, no solicitado, que contiene propaganda comercial. También se le conoce como Spam.

junk fax- Facsímil basura. Propaganda comercial, no solicitada, transmitida por facsímil.

justification- Justificación. Acción de encuadrar un escrito (a la derecha o a la izquierda).

Just In Time compiler (JIT compiler)- Ver JIT compiler.

JVM (Java Virtual Machine)- Ver Java Virtual Machine.

K

k (abreviatura de kilo) – Prefijo que significa mil (10^3)

K (abreviatura de kilobyte) - Múltiplo del byte. Equivale a 1 024 bytes.

K56flex- Tecnología desarrollada por Lucent Technologies y Rockwell International para la transmisión de datos, de hasta 56 kilobits por segundo, por Servicio Telefónico Antiguo Común (POTS).

K6- Nuevo microprocesador de la Compañía Advanced Micro Devices (AMD), fabricante de cápsulas de silicio (chips) para computadoras personales. K6 es el equivalente al producto Pentium de Intel, e incluye el juego de instrucciones MMX.

Kb (kilobit)- Ver kilobit

KB (kilobyte)- Ver kilobyte.

kbps (kilobits per second)- Kilobits por segundo.

kBps (kilobytes per second)- Kilooctetos (kilobytes) por segundo.

KDE (K Desktop Environment)- Entorno de Escritorio K. Entorno de escritorio gráfico, de origen abierto (open source), para estaciones de trabajo UNIX.

Kerberos – Método seguro para autenticar una solicitud de servicio, en una red de computación.

Kermit- Protocolo de comunicaciones y serie de utilidades asociadas de programas, desarrollados en la Universidad de Columbia.

kernel- Núcleo. Módulo central de un sistema operativo.

kerning- El ajuste de espacio entre cierto tipo de caracteres de manera tal que se vean estéticos.

kerr effect- Tendencia de la luz polarizada de cambiar su orientación levemente, cuando es reflejada desde una superficie magnetizada.

key- Clave. Llave. Tecla (del teclado de una computadora).

key assignments- Asignaciones de tecla. Funciones asignadas a ciertas teclas (de un teclado) por un programa de computadora.

keyboard- Teclado.

keyboard buffer- Sección temporal de memoria del teclado.

keyboard layout- Organización de las teclas de un teclado de computadora.

keyboard template- Diagrama de teclado. Diagrama plástico o de papel, que se puede colocar sobre el teclado para indicar el significado de las diferentes teclas de un programa en particular.

keyboarding- Teclear. Introducir datos a través del teclado.

key disk- Disco clave. Disquete codificado.

keying- Tecleando. Introduciendo información a la computadora, por medio del teclado.

keystroke- Pulsación de una tecla de computadora.

keystroke buffer- Sección temporal de memoria de pulsación de teclas.

keyword- Palabra clave. En edición de textos y sistemas de manejo de bases de datos, una palabra clave, es una entrada a un índice que identifica un registro o documento específico. // Palabra reservada que tiene un significado especial, en determinado lenguaje de programación o aplicación.

keyword search- Búsqueda por palabra clave.

kHz (kilohertz)- Kilohertz. Kilohertzio. Kilohercio. Unidad de corriente alterna (AC), o frecuencia de onda electromagnética (EM), igual a 1 000 hertz, o ciclos por segundo.

kill- Detener un proceso en marcha.

kill file (bozo filter)- Archivo aniquilador. Característica respaldada por gran cantidad de clientes de correo electrónico, y lectores de noticias, que les permite obstruir mensajes de ciertas personas.

killer ap- Aplicación aniquiladora. Aplicación de software de tal novedad, utilidad y poder, que virtualmente aniquila a sus rivales en el mercado.

kilo- (k) Prefijo multiplicador por 1,000.

Kilo (K)- Prefijo multiplicador por 1,024.

kilobaud- Kilobaudio. Unidad de medida de frecuencia de transmisión de datos. Equivale a mil bits por segundo, únicamente cuando no se usa en compresión.

Kilobit. Kilocifra. Equivale a 1 024 cifras binarias (bits).

Kilobyte (K)- Kiloocteto. Equivale a 1 024 octetos (caracteres), en almacenamiento de datos. Al usarse para describir velocidad de transferencia de datos, el kiloocteto equivale a 1 000 octetos.

kilohertz (kHz)- Ver kHz.

kilowatt- Kilovatio. Unidad de potencia, equivalente a 1 000 vatios (watts).

kilowatt-hour- Kilovatio por hora. Unidad de energía equivalente a 1000 vatios (watts) de potencia, consumidos en una hora.

kiosk- Kiosco. Sistema de computadora accesible al público, en aeropuertos, museos y otros lugares públicos.

kludge (kluge)- Término despreciativo que se refiere a un diseño pobre o inadecuado.

knife- Cuchillo. Herramienta de programas de dibujo que corta un objeto en pedazos.

knowbot- Programa que busca sitios de red automáticamente, y reúne información de ellos, de acuerdo a un criterio especificado por el usuario.

knowledge- Conocimiento. Posesión de información, o la habilidad de localizarla rápidamente.

knowledge base- Base de conocimientos de determinada área técnica.

knowledge domain- Dominio de conocimiento.

knowledge management – Administración de la información o conocimientos de una organización, que incluyen un archivo central y los programas que controlan el acceso, distribución y actualización de la información.

Koch snowflake- Copo de nieve de Koch. Ver fractal.

Korn Shell (ksh)- Intérprete de comandos en UNIX, desarrolado por David Korn. Incorpora todas las facultades de C shell (csh) y Tab C-shell (tcsh) con una sintaxis de comandos parecida a la de Bourne shell, la original en UNIX.

ksh- Ver Korn Shell.

KVM switch (Keyboard, Video, Mouse switch)- Conmutador de Teclado, Video y Ratón. Dispositivo de hardware que permite a un solo teclado, monitor de video y ratón el controlar a más de una computadora a la vez.

L

L1 cache (Level-1 cache) (primary cache)- Caché de Nivel-1. Caché primario. Memoria rápida y de corto plazo, relativamente pequeña, ubicada dentro del microprocesador. Se usa para rápido acceso de instrucciones o datos de uso frecuente.

L2 cache (Level-2 cache) (secondary cache) (RAM cache)- Caché de Nivel-2. Caché secundario. Memoria menos rápida que L1, y de corto plazo, ubicada fuera del microprocesador, pero en lugar aparte de donde se encuentra la memoria RAM principal. Se usa para acceso rápido de instrucciones o datos de uso frecuente.

label- Etiqueta. Rótulo. Etiqueta o rótulo en un programa que se usa para identificar una línea de un programa, que es referida en otra parte del programa. // Lugar particular en un programa, en lenguajes de programación. // Cualquier texto descriptivo colocado en una celda, en programas de hoja de cálculo.

label printer- Impresora de etiquetas. Impresora diseñada para imprimir nombres y direcciones en etiquetas de alimentación continua.

LAN (Local- Area Network)- Red de Area Local. Red de computadoras que se extiende sobre una zona relativamente pequeña.

LAN-aware program- Versión de un programa de aplicación modificado para que funcione en un entorno de Red de Area Local (LAN).

LAN backup program- Programa de respaldo de Red de Area Local (LAN). Programa diseñado para respaldar programas y datos, almacenados en un servidor de archivo de Red de Area Local (LAN).

LAN memory management program- Programa de manejo de memoria de Red de Area Local (LAN).

LAN server- Servidor de Red de Area Local (LAN).

landing zone- Zona de aterrizaje. Espacio que no contiene datos, en el disco duro de una computadora, donde descansan o se estacionan las cabezas de lectura/escritura, cuando la computadora no se encuentra en funcionamiento.

landscape- En forma de paisaje (en forma horizontal).

landscape font- Caracteres tipográficos orientados horizontalmente.

landscape orientation- Orientación horizontal.

landscape printing- Impresión horizontal.

LAPM (Link Access Protocol for Modems)- Protocolo de Acceso a Enlace para Modems. Protocolo de acceso a ruta para modems.

laptop computer- Computadora portátil. Computadora portátil, pequeña y ligera (menos de 4 kilos), con pantalla plegable.

Large-Scale Integration (LSI)- Integración a Gran Escala. La colocación de miles de componentes electrónicos en un solo circuito integrado.

laser- Láser.

LaserJet- Impresora de láser, creada por la Compañía Hewlett-Packard.

laser printer- Impresora de láser.

Laserwriter- Impresora de láser, desarrollada por la compañía Apple Computer.

lasso- Lazo. Herramienta de programa de pintura.

latency- Estado latente. Período de tiempo durante el cual, un componente en un sistema, gira en espera de otro componente. // En redes, la cantidad de tiempo que le toma a un paquete (packet) viajar de su origen a su destino.

LaTeX- Sistema de composición tipográfica (typesetting), basado en el lenguaje de programación TeX, desarrollado por Donald E. Knuth.

launch- Iniciar un programa.

layering- División en estratos, capas. En programación de computadoras, organización de la programación en componentes funcionales separados, que interactúan en una forma jerarquizada y secuencial, con una interfaz en cada estrato. // Componente en capas. En aplicaciones gráficas, componente en una imagen compleja que consiste de múltiples capas.

layout- Organización. Arreglo de texto y gráficas, en procesamiento de palabra y publicación de escritorio. // Forma en la que la información se expone, en sistemas de manejo de bases de datos.

LBA (Logical Block Addressing)- Direccionamiento de Bloque Lógico. Método de direccionamiento, usado en unidades de disco de Interfaz de Sistemas de Pequeñas Computadoras (SCSI) y en Electrónica de Dispositivos Integrados (IDE), para traducir las especificaciones de cilindro, cabeza y sector de la unidad, en direcciones que puedan ser usadas por sistemas básicos de entrada/salida mejorados.

LCD (Liquid Crystal Display)- Pantalla de Cristal Líquido. Tipo de pantalla usada en relojes digitales, equipo electrónico y computadoras portátiles.

LCD (Liquid Crystal Display) panel- Panel de Pantalla de Cristal Líquido.

LDAP (Lightweight Directory Access Protocol)- Protocolo de Acceso de Directorio Ligero. Protocolo de programas para facilitar la localización de organizaciones, individuos y otros recursos, tales como archivos y dispositivos en una red, ya sea en la Internet pública o en una intrared (intranet) corporativa.

leader- Guía. Hileras de puntos, rayas, u otros caracteres, que guían a la vista, de un elemento de texto a otro.

leading- Espacio vertical. Término tipográfico que se refiere al espacio vertical entre texto o líneas.

leading zero- Guía cero. El número 0 que aparece en los dígitos de la extrema izquierda de un número: 0007.35

leak- Fuga. Error de programa que le impide liberar memoria, u otros recursos de sistema que ya no le son necesarios. Como resultado, el programa almacena más y más memoria hasta que finalmente sufre de una falla seria (crash).

learning curve- Curva (de tiempo) de aprendizaje.

leased line- Línea arrendada. Conexión telefónica permanente entre dos puntos, instalada por una organización gubernamental, que proporciona servicios de telecomunicación al público.

LED (Light-Emitting Diode)- Diodo Emisor de Luz. Dispositivo electrónico que emite luz cuando la electricidad pasa a través de él.

LED indicator- Indicador de Diodo Emisor de Luz.

LED printer- Impresora de Diodo Emisor de Luz.

left-click- Presionar el botón izquierdo de un ratón.

left justification- Alineación a la izquierda.

legacy application- Aplicación de legado. En tecnología de información, aplicaciones y datos de legado son aquellos que han sido heredados de lenguajes, plataformas y técnicas anteriores a la tecnología actual.

legacy hardware- Componentes físicos de legado. Ver legacy application.

legacy system- Sistema de legado. Ver legacy application.

legend- Leyenda. Texto que describe el significado de colores y patrones usados en el diagrama, en gráficas de presentación.

Lempel-Ziv-Welch compression (LZW compression)- Compresión Lempel-Ziv-Welch. Compresión de un archivo, a un archivo más pequeño, usando un algoritmo inventado por Abraham Lempel, Jacob Ziv y Terry Welch, en 1977.

lens- Lente. Herramienta de CorelDraw, que logra diferentes efectos en zonas determinadas, como en un programa de pintura.

LEO satellite (Low Earth Orbit (LEO) satellite)- Satélite de Orbita Terrestre Inferior. Sistema de satélite usado en telecomunicaciones.

letter quality- Calidad tipo carta. Impresión con la misma calidad que la obtenida por una máquina de escribir.

letter-quality printer- Impresora con calidad tipo carta. Ver letter quality.

letterspacing (tracking)- Espacio entre caracteres.

LF (Line Feed)- Alimentación de Línea. Código que desplaza al cursor una línea hacia abajo, en una pantalla o impresora.

library- Biblioteca. Colección de archivos. Conjunto de programas registrados en un dispositivo de almacenamiento de memoria externo.

library routine- Subrutina de biblioteca. Subrutina, procedimiento, o función en determinado lenguaje de programación.

ligature- Ligadura. La combinación de dos o más letras.

light- Caracter fino. Caracter que resulta lo opuesto a la negrita (negrilla), que es letra más gruesa y entintada.

light client (Web browser)- Cliente ligero. Sinónimo de Explorador de Web (Web browser).

Light-Emitting Diode (LED)- Ver LED.

Light-Emitting Diode (LED) printer- Impresora de Diodo Emisor de Luz. Ver LED.

light pen- Lápiz óptico. Dispositivo de entrada usado en pantalla.

Lightweight Directory Access Protocol (LDAP)- Ver LDAP.

LIM-EMS (Lotus-Intel-Microsoft Expanded Memory Specification)- Especificación de Memoria Expandida de Microsoft, Intel y Lotus.

line- Línea. Circuito de hardware que conecta a dos dispositivos. // En programación, una sola instrucción de programa. // En cachés, una sola entrada de datos.

line adapter- Adaptador de línea. En comunicación de datos, dispositivo electrónico que convierte señales de una forma a otra, para que puedan transmitirse las señales.

line art- Arte de líneas. Tipo de gráfico que consiste por entero en líneas, sin ningún sombreado.

line chart (line graph)- Diagrama de línea. Tipo de gráfica que hace sobresalir las tendencias, trazando líneas que conectan puntos de datos.

line drawing- Dibujo lineal.

line editor- Editor de línea. Tipo de programa editor antiguo, que permite editar únicamente una línea de archivo a la vez.

line feed (LF)- Ver LF.

line graph (line chart)- Gráfica de línea. Ver line chart.

line interactive UPS- Suministro de Energía Sin Interrupción (UPS) de línea interactivo. Tipo de suministro de energía sin interrupción (UPS).

line mode terminal- Terminal de modo de línea. Terminal que se comunica con el usuario por medio de una línea de texto a la vez.

line noise- Ruido de línea. Interferencia en una línea telefónica.

line spacing (leading)- Espaciamiento de línea. Espacio entre líneas de texto.

link- Vincular. Asignar un valor a un símbolo. En programación, la ejecución de un programa que combina módulos de objeto, para formar un programa ejecutable. // En programas de hoja de cálculo, la habilidad de una hoja de cálculo de tomar sus datos, para celdas particulares, de otra hoja de cálculo. // Ruta. En comunicaciones, línea o canal por el que se transmiten datos. // Enlace. Vínculo. En sistemas de hipertexto, referencia a otro documento. Conexión entre dos archivos.

Link Access Protocol for Modems (LAPM)- Protocolo de Acceso a Enlace para Modems.

link checker- Verificador de enlace.

link, dead (dead link)- Ver dead link.

linked list- Lista vinculada. Ver lista.

De (Linus' UNIX)- Implementación de UNIX de origen abierto, de distribución gratuita, que corre en varias plataformas de hardware, incluyendo microprocesadores Motorola e Intel. Fue desarrollado principalmente por Linus Torvalds.

Liquid Crystal Display (LCD)- Ver LCD.

LISP (List Processor)- Procesador de Listas. Lenguaje de programación de alto nivel, en el procesamiento de listas.

List- Listar. Desplegar datos en un formato ordenado. // Lista. Cualquier serie ordenada de datos.

list administrator- Administrador de lista. Persona a cargo de mantener una lista de correo.

list box- Cuadro de lista. Area en un cuadro de diálogo donde el usuario puede seleccionar entre una lista de opciones.

list processing- Procesamiento de listas. Manipulación de listas vinculadas.

listing- Listado. Versión impresa de texto o datos.

LISTSERV- Servidor de lista de correo automático, desarrollado por Eric Thomas, para BITNET, en 1986.

literal- Literal. Valor escrito, exactamente como se pretende que sea interpretado.

lithium-ion battery- Batería de ion de litio. Tipo de batería compuesta de litio.

little-endian- Sistema de direccionamiento de memoria, en el cual el valor menos significativo, en una secuencia de numeros, es almacenado primero en la parte más baja de la memoria.

load- Instalar. Cargar. Copiar un programa, de un dispositivo de almacenamiento, a la memoria. // Cargar. En programación, copiar datos, de la memoria principal, a un registro de datos. // Carga. Cantidad de datos (tráfico) que transmite una red.

loader- Cargador. Programa del sistema operativo que regula la carga de programas en memoria.

Local Area Network (LAN)- Ver LAN.

local bus- Vía de transmisión local. Vía de transmisión de datos que se conecta directamente, o casi directamente, al microprocesador.

local drive- Unidad local. Unidad de disco en una Red de Area Local (LAN), parte de la estación de trabajo.

local echo (half duplex mode)- Eco local. Protocolo de comunicaciones asíncronas, en el cual el canal de comunicaciones sólamente puede manejar una señal a la vez. Cada caracter transmitido aparece inmediatamente en la pantalla. De ahí, el nombre ''eco''.

local loop- Bucle local. Conexión entre la oficina central (CO) de una compañía de telecomunicaciones, y las líneas de la casa u oficina del subscriptor de servicio.

local printer- Impresora local. Impresora de estación de trabajo de red.

local Usenet hierarchy- Jerarquía de Usenet local. Grupos de noticias de distribución local.

localTalk- Conectores y cables de Apple Computer, para uso en redes AppleTalk.

local variable- Variable local. Variable con significado únicamente en determinada subrutina de un programa.

locale- Localización geográfica de una computadora, en Microsoft Windows.

localization- Adaptación a la localidad. Proceso de adaptación de programas, a determinada parte del mundo.

lock- Asegurar. Bloquear. Hacer inaccesible un archivo u otra sección de datos.

locked file- Archivo bloqueado.

log- Registro. // Registrar una acción.

log file- Archivo de registro. Archivo que lleva una lista de acciones que han ocurrido.

log in- Ingreso al sistema. En Sistemas operativos UNIX, proceso de identificación en el que el usuario proporciona nombre y contraseña correspondientes, al ingresar a una red o a una computadora.

logarithm- Logaritmo. Exponente a que es necesario elevar una cantidad positiva, para que resulte un número determinado.

logarithmic chart- Diagrama logarítmico.

logarithmic graph- Gráfica logarítmica.

logic board (motherboard)- Placa lógica. Ver motherboard.

logic bomb- Bomba lógica. Sabotaje en programación.

logic circuits- Circuitos lógicos.

logic gate- Bloque de construcción elemental de un circuito digital.

logic programming- Programación lógica. Método de escritura de programas de computación, basado en el estudio matemático de razonamiento lógico.

logic unit- Unidad lógica. Zona de la Unidad Central de Procesamiento (CPU), con la capacidad de llevar a cabo operaciones lógicas.

logical- Lógico (a). Que posee lógica. Perteneciente a la lógica. Punto de vista del usuario de la manera en que se organizan datos o sistemasl

Logical Block Addressing (LBA)- Ver LBA.

logical drive- Unidad lógica. Sección de un disco duro.

logical operation- Operación lógica.

logical operator (Boolean operator)- Operador lógico. Ver Boolean operator.

login- Ver log in.

login ID- Identificación de ingreso. En sistemas operativos en una red, el nombre especial que se le asigna al usuario, por el administrador del sistema, y que se usa como identificación al ingresar al sistema.

login name- Nombre de acceso, en sistemas operativos, o redes.

login security- Seguridad de ingreso. Proceso de verificación de identidad, que requiere el escribir una contraseña para accesar el sistema, en sistemas operativos.

Logo- Lenguaje de programación de alto nivel, destinado a la enseñanza.

log off (log out)- Finalizar una sesión de computadora.

log on- Acceso al sistema. Proceso de establecer contacto o accesar un sistema de computadora.

log out (log off)- Ver log off.

logon file- Archivo de acceso al sistema.

long cross- Cruz larga. El caracter en forma de cruz, para hacer anotaciones al pie de la página.

long filenames- Nombres de archivo largos. Nombres de archivo de más de 11 caracteres.

look and feel- Apariencia y sensación. Término que se refiere a la apariencia general, y operación de una interfaz de usuario.

lookup function- Función de búsqueda. Procedimiento por el cual un programa consulta datos almacenados en una tabla o archivo.

lookup table- Tabla de búsqueda. Ver lookup function.

loop- Bucle. Serie de instrucciones que se repiten, hasta lograr cierta condición.

loopback adapter- Adaptador de procedimiento de diagnóstico. Dispositivo de conexión, que se conecta al puerto de una computadora, para llevar a cabo una prueba de procedimiento de diagnóstico (loopback test).

loopback plug (loopback adapter)- Conexión de procedimiento de diagnóstico. Ver loopback adapter.

loopback test- Prueba de procedimiento de diagnóstico. Procedimiento de diagnóstico, en el cual, se transmite una señal y se regresa al dispositivo emisor, después de pasar a través de parte de una red o circuito, o de la red o circuito completos.

lossless compression- Compresión de archivo sin pérdida de datos.

lossy compression- Compresión de archivo con pérdida de datos.

lost cluster- Conjunto de sectores perdidos de un disco.

Lotus- Lotus Development Corporation. Compañía creadora del programa de hoja de cálculo Lotus 1-2-3. Lotus ahora pertenece a IBM (fue comprada en 1995).

Lotus 1-2-3 – Programa de hoja de cálculo.

Lotus Domino- Programa servidor de aplicaciones y mensajes, para el producto Lotus Notes, de Lotus Corporation.

Lotus-Intel-Microsoft Expanded Memory Specification (LIM EMS)- Ver LIM EMS.

Lotus Notes- Notas Lotus. Aplicación sofisticada de programas de grupo (groupware), de Lotus Corporation, subsidiaria de IBM.

Lotus Word Pro- Programa de procesamiento de palabra, de Lotus Corporation.

Low Earth Orbit (LEO) satellite- Ver LEO satellite.

low end- Producto de bajo nivel. Producto de bajo costo, de escasas características, y de tecnología casi obsoleta.

low-level format (physical format)- Formato de bajo nivel (formato físico). Formato de discos duros.

low-level programming language- Lenguaje de programación de bajo nivel. Lenguaje que describe los procedimientos que la Unidad Central de Procesamiento (CPU) debe llevar a cabo.

low-power microprocessor- Microprocesador de baja potencia.

low resolution- Baja resolución.

low-rez- (Caló) Persona con poco entendimiento técnico. Persona con pocos conocimientos técnicos.

lowercase- Letras minúsculas.

LPI (Lines Per Inch)- Líneas Por Pulgada.

LPS (Lines Per Second)- Líneas Por Segundo. La rapidez a la que una impresora de alta velocidad imprime.

LPT (Line Printer)- Impresora de Línea. Puerto en paralelo de impresora.

LSI (Large-Scale Integration)- Ver Large Scale Integration.

LT (Less Than)- Menor que. En algunos lenguajes, se utiliza como medio de comparación.

luminosity- Luminosidad. Brillo.

LUN (Logical Unit Number)- Número de Unidad Lógica. Unico identificador usado en una vía (bus) de Interfaz de Sistema de Computadora Pequeña (SCSI), para distinguir entre dispositivos que comparten la misma vía de transmisión (bus).

lurk- (Caló) Vigilar con cautela. Leer listas de grupos de noticias o de correo, y nunca poner mensaje alguno.

Lycos- Popular motor de búsqueda (search engine) y directorio de la World Wide Web.

Lynx- Explorador de Web para computadoras Unix.

LZW (Lempel-Ziv -Welch compression)- Ver Lempel-Ziv-Welch compression.

M

M (MB) (Megabyte)- Megaocteto. Equivale a 1 048 576 octetos, al describir almacenamiento de datos. Al describir velocidad de transferencia de datos, equivale a un millón de octetos.

Mac- Macintosh. Línea de computadoras personales, creadas por Apple Computer en 1984.

MAC (Media Access Control) layer- Capa de Control de Acceso de Media. Una de las dos subcapas de la capa de Control de Enlace de Datos, que se encarga de compartir la conexión física a la red entre varias computadoras, en un modelo de comunicación de la Interconexión de Sistemas Abiertos (OSI).

MAC address (Media Access Control address)- Ver Media Access Control address.

MAC layer (Media Access Control layer)- Ver Media Access Control layer.

MacApp- Herramienta para programar programas de aplicaciones en Macintosh.

MacBinary- Protocolo de transferencia de archivos (ftp) para computadoras Macintosh.

machine- Máquina. Procesador. Computadora.

machine code- Código de máquina.

machine cycle- Ciclo de máquina.

machine-dependent program- Programa dependiente de la computadora. Programa que sólo funciona en la computadora para la cual fue diseñado.

machine-independent program- Programa independiente de la computadora. Programa que puede funcionar en varios tipos de computadoras.

machine language- Lenguaje máquina. Lenguaje de computadora.

machine-readable data- Datos que pueden ser leídos por la computadora.

Macintosh- Línea de computadoras personales desarrolladas por la Compañía Apple en 1984.

Macintosh file system- Sistema de archivos Macintosh.

Mac OS- Sistema operativo de computadora para la línea de computadoras personales, y estaciones de trabajo de Macintosh, de Apple Computer.

MacOS X- Sistema operativo Mac OS, que incorpora la funcionalidad de UNIX.

MacPaint- Programa de pintura de Macintosh.

macro- Un símbolo, nombre o clave que representa una lista de comandos, acciones, o presiones de tecla. Serie de instrucciones que simplifican una función.

macro assembler- Macroensamblador.

macroinstruction- Macroinstrucción.

macro virus- Macrovirus. Tipo de virus de computadora, codificado como macro adherido a un documento.

Mac TCP- Programa de utilidad de Macintosh.

magenta- Magenta. Colo rojo morado; uno de los colores de tinta de impresión estándar.

magic cookie- Galleta mágica. Pequeña unidad de datos que pasa de un programa a otro, para que el programa receptor pueda realizar una operacion.

magic number- Número mágico. Número importante, oculto dentro de un programa de computadora.

magic wand- Varita mágica. Herramienta de edición que selecciona áreas de color semejante, en una gráfica.

magnetic bubble memory- Memoria de burbuja magnética.

magnetic card- Tarjeta magnética.

magnetic disk- Disco magnético.

magnetic medium- Medio magnético. Medio de almacenamiento secundario, con técnicas magnéticas de almacenamiento y recuperación de datos.

magnetic reader- Lector magnético de caracteres.

magnetic tape- Cinta magnética.

magnetic tape reader- Lector de cintas magnéticas.

magnetic tape unit- Unidad de cinta magnética.

magneto-optical (MO) drive- Unidad magneto-óptica. Tipo de unidad de disco que combina tecnología de disco magnético con tecnología de Disco Compacto de Memoria de Sólo Lectura (CD-ROM).

magneto-resistive (MR) head technology- Tecnología de cabeza magneto-resistente. Tecnología usada en unidades de disco, que permite mayores densidades de almacenamiento.

mail (electronic mail)- Correo (correo electrónico).

mail bomb- Bomba de correo. El envío de cantidades masivas de correo electrónico a una determinada persona, o sistema.

mailbox- Buzón. Area de memoria, o de dispositivo de almacenamiento, donde se coloca el correo electrónico.

mailbox name- Nombre de buzón.

mail bridge- Puente de correo. Enlace que permite a usuarios de una red, o servicio en-línea, el intercambiar correo electrónico con usuarios de otras redes o servicios.

mail client (e-mail client)- Cliente de correo electrónico. Aplicación que corre en una computadora personal, o estación de trabajo, y permite enviar, recibir y organizar el correo electrónico.

mail filter- Filtro de correo. Programa o utilidad que filtra el correo que entra.

mail gateway- Enlace de correo. Computadora que permite a dos redes de computadora incompatibles, el intercambiar correo electrónico.

mailing- Membretar automáticamente.

mailing list- Lista de correo. Servicio de la Internet que envía a sus clientes una copia de cada mensaje de correo electrónico enviado al servidor de correo. // Lista de personas que se suscriben a una distribución de correo periódica, sobre un tema en particular.

mailing list manager- Administrador de lista de correo. Programa por el que uno se puede suscribir a una lista de correo (mailing list).

mail merge- Mezcla, fusión de correspondencia. // Mezclar, fusionar correspondencia. Combinar un archivo con una lista de nombres, direcciones y otra información, con un segundo archivo con el texto de la carta, en procesamiento de palabra.

mail server- Servidor de correo.

mailto- Atributo en Lenguaje de Formateo de Hipertexto (HTML), que permite a autores de Web el crear un enlace con direcciones de correo electrónico.

Mail User Agent (MUA)- Agente de Usuario de Correo. Programa que permite al usuario el acceso y manejo de correo electrónico.

mainframe computer- Computadora de muy grandes dimensiones, y de alto costo, capaz de dar apoyo a cientos o miles de usuarios simultáneamente. Computadora para varios usuarios diseñada para satisfacer las necesidades computacionales de una amplia organización.

main memory- Memoria principal.

main program- Programa principal. Programa que lleva el mando del proceso.

maintenance programming- Programación de mantenimiento.

Majordomo- Mayordomo. Pequeño programa que redistribuye automáticamente el correo electrónico, a nombres en una lista de correo.

make- Instrucción en Unix, que logra completar los pasos para la creación de un programa en lenguaje máquina.

makefile- Archivo que regula la gestión del comando make.

male connector- Conector macho. Parte de un cable que se conecta a un puerto o interfaz, para conectar un dispositivo a otro.

mall- Centro comercial. Servicio comercial que proporciona espacio de publicación Web, para páginas Web que ofrecen servicios o venta de menudeo.

Management Information Base (MIB)- Base de Información de Manejo. Base de datos de objetos que pueden ser monitoreados por un sistema de manejo de red.

Management Information Systems (MIS)- Sistemas de Información de Manejo. Término general para los sistemas de computación en una organización que utiliza computadoras que proporcionan información acerca de sus operaciones comerciales.

man page (manual page)- Página de manual. Página de documentación en línea, en sistemas UNIX.

map- Mapa. Representación de datos almacenados en memoria. // Archivo que muestra la estructura de un programa, después de haber sido compilado. // Mapear. Realizar conexiones lógicas entre dos entidades. El término mapa con frecuencia se usa para describir lenguajes de programación. // Copiar una serie de objetos de un lugar a otro, conservando la organización del objeto.

MAPI (Messaging Application Program Interface)- Interfaz de Programa de Aplicación de Mensajería. Sistema construido en Microsoft Windows que permite que diferentes aplicaciones de correo electrónico trabajen juntas para distribuir correo.

mapping- Mapeo. Proceso de convertir datos codificados en un formato a otro formato.

mapping softw are- Programas de mapas.

marching ants (Caló) Hormigas marchando. Líneas de trazo que marcan el borde de un objeto, en programas de pintura o dibujo.

mark- Marca. Símbolo que señala donde termina una zona de datos.

markup language- Lenguaje de indicaciones (lenguaje de marcado). Lenguaje de indicaciones en un texto: principio de párrafo, letra cursiva, subrayado, etc.

marquee- Pantalla inicial. Pantalla de presentación que muestra el programa y nombre de los editores.

marquee select- Selección en pantalla inicial.

mask- Máscara. Filtro que incluye o excluye de manera selectiva ciertos valores. // En diseño de gráficas, herramienta que permite proteger de modificaciones una zona determinada de una imagen.

Massively Parallel Processing (MPP)- Proceso Masivo en Paralelo. Tipo de computación que utiliza varias Unidades Centrales de Procesamiento (CPUs), corriendo en paralelo, para ejecutar un solo programa.

mass storage (secondary storage)- Almacenamiento masivo (almacenamiento secundario). Varias técnicas y dispositivos para el almacenamiento de grandes cantidades de datos.

master/slave- Amo/esclavo. Modelo para un protocolo de comunicación, en el cual un dispositivo, o proceso, (conocido como amo) controla a uno o más de los otros dispositivos o procesos (conocidos como esclavos), en redes de computadoras.

master document- Documento maestro.

master page- Página maestra.

master slide- Diapositiva maestra.

math coprocessor- Coprocesador matemático. Unidad de procesamiento que asiste a la Unidad Central de Procesamiento (CPU) a realizar cómputos matemáticos, particularmente operaciones de punto flotante (floating-point).

Mathematica- Entorno para cómputos técnicos, creado por Wolfram Research.

MathML (Mathematics Markup Language)- Lenguaje de Formateo de Matemáticas. Extensión del Lenguaje de Formateo de Hipertexto (HTML).

matrix- Matriz. Arreglo (array) de dos dimensiones. Arreglo de hileras y columnas. // El área de fondo de color en pantalla.

matrix printer- Impresora de matriz de agujas.

maximize- Ampliar al máximo. Ampliar una ventana a sus máximas dimensiones, en interfaces gráficas de usuario.

maximize button- Botón para ampliar al máximo.

maximum RAM- La cantidad de Memoria de Acceso Aleatorio (RAM) que puede ser instalada en un placa base (motherboard).

Maximum Transmission Unit (MTU)- Unidad Máxima de Transmisión. El paquete (packet) físico más grande, medido en octetos (bytes), que una red puede transmitir.

Mb (Megabit)- Megabit. Un millón de bits, al describir velocidad de transferencia de datos. En almacenamiento de datos, equivale a 1 024 kilobits.

MB (Megabyte)- Megaocteto. Unidad de medida de almacenamiento que equivale a aproximadamente un millón de octetos (1 048 576 bytes).

Mbone (Multicast Backbone)- Extensión a la Internet para respaldar la transmisión de datos en dos vías (two-way), entre múltiples sitios (IP multicasting).

mBps (megabytes per second)- Megaoctetos por segundo.

mbps (megabits per second)- Megabits (megabits) por segundo. Un millón de cifras por segundo.

Mbps (Megabits per second)- Megabits (Megabits) por segundo. 1 048 576 cifras por segundo.

MCA (Micro Channel Architecture)- Arquitectura de vía de transmisión (bus) para Computadoras Personales (PCs) antiguas.

MCGA (MultiColor Graphics Array/Memory Controller Gate Array)- Arreglo de Gráficas Multicolores. Sistema de gráficas construído en algunas Computadoras Personales (PCs) antiguas.

MCGA (Monochrome/Color Graphics Adapter)- Adaptador de Gráficas de Color/Monocromáticas (de un solo color).

MCI (Media Control Interface)- Interfaz de Control de Media. Interfaz de Programa de Aplicación (API), de alto nivel, desarrollada por Microsoft e IBM, para el control de dispositivos de multimedia.

MDI (Multiple Document Interface)- Interfaz de Documento Múltiple. Interfaz de Programa de Aplicación (API) de Windows, que permite a los programadores el crear aplicaciones con múltiples ventanas, fácilmente.

MDA (Monochrome Display Adapter)- Adaptador Monocromático de Pantalla.

Mean Time Between Failures (MTBF)- Lapsos entre fallas. Tiempo promedio que transcurre antes de presentarse alguna falla (el tiempo que se estima que un equipo pueda funcionar sin ningún problema). Las categorías de lapsos entre fallas se miden en horas, e indican también la resistencia de unidades de disco duro, e impresoras.

mechanical mouse- Ratón mecánico. Ratón que cuenta con una esfera de goma o de metal en su interior, que puede girar hacia cualquier dirección. Sensores mecánicos dentro del ratón detectan la dirección a la que la esfera gira y, conforme a ello, mueven el cursor en la pantalla.

media (plural de medium)- Medios. Vehículos. Objetos en los cuales se almacenan datos: discos duros, discos magnéticos flexibles, CD-ROMs y cintas. // En redes de computadora, cables que conectan estaciones de trabajo. // Medio y tecnología usada para comunicar información.

Media Access Control (MAC)- Ver MAC.

Media Access Control address (MAC address)- Dirección de Control de Acceso de Media. Dirección dentro de los componentes físicos de una computadora (hardware) que identifica cada nodo de una red.

Media Access Control layer (MAC layer)- Capa de Control de Acceso de Media. Una de las dos subcapas que conforman el modelo de Interconexión de Sistemas Abiertos (OSI). La capa de Control de Acceso de Media es la encargada de mover paquetes de datos provenientes o hacia la Tarjeta de Interfaz de Red (NIC), hacia otra, a través de un canal compartido.

Media Control Interface (MCI)- Ver MCI.

media error- Error de media. Defecto en un disco o cinta.

medium- Medio. Medio de almacenamiento, medio de transporte, medio de presentación, medio de comunicación, etc.

medium scale integration- Integración a mediana escala.

meg (megabyte)- Megaocteto. Unidad de medida de almacenamiento, que equivale a aproximadamente un millón de octetos (1 048 576 bytes).

mega- Prefijo que indica un millón decimal: 1 000 000 (10^6).

Mega- Prefijo que indica un millón binario: 1 048 576 (2^{20}).

megabit- Un millón decimal de bits, al describir velocidad de transferencia de datos. Al describir almacenamiento de datos, equivale a 1 024 kilobits.

megabyte (M o MB)- Ver M.

megacycle- Megaciclo. Unidad de medida que equivale a un millón de ciclos.

megaflop- Un millón de de operaciones de punto flotante (floating-point) por segundo.

megahertz (mHz)- Megahercio. Unidad de medida equivalente a un millón de vibraciones eléctricas o ciclos por segundo, comúnmente usada para medir el ciclo básico de máquina.

megapixel- Megapixel. Aproximadamente un millón de pixeles.

membrane keyboard- Teclado de membrana. Tipo de teclado en el cual las teclas están cubiertas por una envoltura de plástico transparente.

meme virus- (Caló) Idea o creencia que se propaga rápidamente, de persona a persona, como una infección.

memory- Memoria. Areas de almacenamiento interno en una computadora.

memory address- Dirección de memoria.

memory cache (cache store) (RAM cache)- Caché de memoria. Ver cache store.

memory check- Verificación de memoria.

Memory Controller Gate Array/Multicolor Graphics Array (MCGA)- Arreglo de Gráficas Multicolores. Sistema de gráficas construído en Computadoras Personales (PCs) antiguas.

memory leak- Fuga de memoria.

memory location- Posición de memoria.

memory management- Manejo de memoria.

memory- management program- Programa de manejo de memoria.

Memory Management Unit (MMU)- Unidad de Manejo de Memoria. Componente de hardware que maneja sistemas de memoria virtual.

memory map- Mapa de memoria. Asignación arbitraria de las porciones de la Memoria de Acceso Aleatorio (RAM) de una computadora.

memory-mapped video- Video mapeado de memoria.

memory protection- Protección de memoria.

memory read- Lectura de memoria.

memory-resident program- Programa que reside en la memoria.

memory size- Tamaño de memoria. El número de octetos o caracteres almacenados en una memoria.

Memphis- Nombre del código interno de Microsoft para el proyecto de desarrollo de Windows 98.

menu- Menú. Lista de opciones de un programa.

menu bar- Barra de menú. Menú horizontal que aparece en la parte superior de una ventana.

menu-driven program- Programa manejado por menúes.

merge- Mezcla. Fusión. // Mezclar. Fusionar. Combinar dos archivos de manera tal, que el archivo resultante tenga la misma oganización que los dos archivos individuales.

merge sort- Algoritmo para clasificar datos.

message box (alert box)- Cuadro de mensajes. Ver alert box.

message queue- Fila de mensajes. Espacio especial en memoria, destinado para formar una lista de mensajes que las aplicaciones se envían mutuamente.

message sending- Envío de mensajes.

Message Transfer Agent (MTA)- Agente Transmisor de Mensajes. Programa a cargo de la recepción de correspondencia electrónica (e-mail) entrante, y de la distribución de mensajes a usuarios individuales.

Message Application Program Interface (MAPI)- Ver MAPI.

meta- Prefijo común, en ciencias de la computación, que significa: "acerca de" (about).

meta data- Datos acerca de datos. Datos que definen o describen a otros datos.

metafile- Metaarchivo. Archivo que contiene otros archivos. Formato de archivo donde se intercambian datos gráficos.

metalanguage- Metalenguaje. Lenguaje de programación utilizado en informática.

Metal-Oxide Semiconductor (MOS)- Semiconductor de Oxido de Metal.

Metal-Oxide Varistor (MOV)- Varistor de Oxido de Metal. Dispositivo que protege a la computadora de voltajes de línea altos.

Metcalfe's Law- Ley de Metcalfe. Predicción creada por Bob Metcalfe, creador de Ethernet, que se expresa de dos maneras generales:

El número de posibles conexiones cruzadas (cross-connections) en una red, crece conforme el cuadrado del número de computadoras en la red aumenta.

El valor de comunidad de una red crece conforme el cuadrado del número de sus usuarios aumenta.

Method- Método. En programación orientada a objetos, procedimiento que un objeto puede hacer disponible a otros objetos y programas.

mezzanine bus- Vía mezzanine. Vía de transmisión especial que conecta a la Unidad Central de Procesamiento (CPU) con algunos de los periféricos más rápidos.

method- Método. Procedimiento programado definido como parte de una clase, e incluído en cualquier objeto de esa clase, en programación orientada a objetos.

MFM (Modified Frequency Modulation)- Modulación de Frecuencia Modificada. Esquema de codificación, usado por unidades de disquete de computadoras personales y unidades de disco duro antiguas.

mHz (Megahertz)- Megahercio. Unidad de medida equivalente a un millón de vibraciones eléctricas, o ciclos por segundo, comúnmente usada para medir el ciclo básico de máquina.

MIB (Management Information Base) Base de Información de Manejo. Base de datos de objetos que pueden ser monitoreados por un sistema de manejo de red.

micro- Micro. Prefijo que denota una millonésima. // Apócope de microcomputadora (muy rara vez usado).

Micro Channel- Microcanal. Medio para intercambiar información, usado en las computadoras PS/2 de IBM (1980s).

Micro Channel Architecture (MCA)- Arquitectura de Microcanal de computadoras PS/2 de IBM (1980s).

microcode- Microcódigo. Instrucciones del nivel más bajo, que controlan directamente a un microprocesador.

Microcom Networking Protocol (MNP)- Protocolo de Red Microcom. Protocolo de comunicaciones, desarrollado por Microcom, Inc., usado por varios modems de alta velocidad.

microcomputer- Microcomputadora. Computadora de poca capacidad, con un microprocesador como unidad central de procesamiento.

microcontroller- Microcontrolador. Cápsula (chip) altamente integrada, que contiene todos los componentes que comprende un controlador.

microelectronics- Microelectrónica.

Microfine toner- Tóner microfino. Tóner que contiene partículas más finas que las del tóner estándar.

micron (micrometer)- Micrón. Micra. La millonésima parte de un metro.

microphone- Micrófono. Dispositivo que convierte sonidos, a señales eléctricas que pueden ser procesadas por una computadora.

microprocessor- Microprocesador. Circuito integrado dentro de la Unidad Central de Procesamiento (CPU) de una computadora.

microprocessor architecture- Arquitectura de microprocesador.

microsecond- Microsegundo.

Microsoft- Compañía fabricante de programas, dedicada al desarrollo de sistemas operativos y programas de aplicación para computadoras personales. Fue fundada por Paul Allen y Bill Gates, en

1975, y sus oficinas generales se localizan en Redmond, Washington.

Microsoft Internet Explorer (MSIE)- Explorador de la Internet de Microsoft. El explorador de la World Wide Web más ampliamente usado.

Microsoft Internet Information Server (IIS)- Servidor de Información de la Internet de Microsoft. Servidor de Web, creado por Microsoft Corporation, para sistemas NT de Microsoft Windows.

Microsoft Natural Keyboard- Teclado Natural de Microsoft. Teclado ergonómico, desarrollado por Microsoft Corporation.

Microsoft Visual BASIC- Versión de Microsoft del lenguaje de programación BASIC.

Microsoft Windows- Familia de sistemas operativos para computadoras personales.

Microsoft Word- Potente procesador de palabra de Microsoft.

microspacing- Inserción de espacios de varios tamaños, entre letras, para alinear el texto a la derecha o a la izquierda.

micro-to-mainframe- Enlace de computadoras personales a redes de computadoras de varios usuarios (mainframe), o a minicomputadoras.

middleware- Programas que sirven como mediadores entre dos programas por separado.

MIDI (Musical Instrument Digital Interface)- Interfaz Digital de Instrumentos Musicales. Norma adoptada por la industria de la música electrónica, para el control de dispositivos, tales como sintetizadores y tarjetas de sonido.

MIDI interface- Interfaz MIDI. Interfaz que sirve para registrar sonidos creados por un sintetizador, y luego manipular los datos para producir nuevos sonidos.

MIDI port- Puerto MIDI. Receptáculo que sirve para conectar una computadora personal a un sintetizador musical.

migration- Migración. En tecnología de información, proceso de pasar de un entorno operativo a otro que, en la mayoría de los casos, se piensa que es mejor.

mil- Sufijo que indica que una dirección de correo electrónico, o sitio de Web, se encuentra en una localización militar.

milli- Mili. Prefijo que denota una milésima.

Million Instructions Per Second (MIPS)- Un Millón de Instrucciones Por Segundo. Medida antigua de la velocidad y potencia de una computadora.

millisecond (ms)- Milisegundo. Unidad de medida de tiempo. Equivale a una milésima de segundo.

MIME (Multipurpose Internet Mail Extensions)- Extensiones de Correo de la Internet con Diversos Fines. Especificación para el formateo de mensajes que no vienen en ASCII, para que puedan ser enviados por la Internet.

MIME encoding- Codificación MIME. Método de codificación de archivos binarios, de acuerdo a MIME.

MIME type- Tipo MIME. Código que especifica el tipo de contenido de un archivo de multimedia, en MIME.

minicomputer- Minicomputadora. Computadora de mayor capacidad que una microcomputadora, pero de menor capacidad que una computadora grande.

minidisk- Minidisco.

minimize- Disminuir en tamaño.

minisite- Minisitio. Pequeño sitio de Web, con pocas hojas, que en ocasiones resulta ser una sección de un sitio de Web más grande.

MIPS (Million Instructions Per Second)- Millones de Instrucciones Por Segundo.

mirror site- Sitio espejo. Sitio de Web, réplica de un sitio ya existente, usado para reducir tráfico de red o mejorar la disponibilidad del sitio original.

MIS (Management Information System/Services)- Sistema/Servicios de Información de Manejo. Tipo de programas que proporcionan herramientas a gerentes, para la organización y evaluación de su departamento.

misfeature- (Caló) Característica, con efectos no favorables.

mixed signal- De señal mixta. Que maneja tanto señales analógicas como digitales.

MMCD (Multimedia Compact Disc)- Disco Compacto de Multimedia.

MMU (Memory Management Unit)- Unidad de Manejo de Memoria. Componente de hardware que maneja sistemas de memoria virtual.

MMX (Multimedia Extensions)- Extensiones de Multimedia. Serie de 57 instrucciones de multimedia, instaladas en microprocesadores Pentium de Intel y otros microprocesadores x86 compatibles (a finales de los 1990s).

mnemonic- Mnemotécnico. Que hace uso de variables especiales para fijar en la memoria.

MNP (Microcom Networking Protocol)- Protocolo de Red de Microcom. Protocolo de comunicaciones, desarrollado por Microcom, Inc., usado por varios modems de alta velocidad. MNP cuenta con diferentes clases de comunicación, cada clase mayor proporciona características adicionales.

MNP-4 - La clase de Protocolo de Red de Microcom (MNP) 4, proporciona detección de errores, y varía automáticamente la velocidad de transmisión, basada en la calidad de la línea.

MNP-5 - La clase de Protocolo de Red de Microcom (MNP) 5, proporciona compresión de datos.

MNP-6 – La clase de Protocolo de Red de Microcom (MNP) 6, intenta detectar la velocidad de transmisión más alta del módem al otro lado de la conexión, y transmitir a esa velocidad.

MO cartridge (Magneto-Optical cartridge)- Cartucho Optico-Magnético. Ver MO drive.

MO (Magneto-Optical) drive- Unidad Optico-Magnética. Tipo de unidad de disco, que combina tecnología de disco magnético, con tecnología de Memoria de Disco Compacto de Sólo Lectura (CD-ROM).

mobo- (Caló) Placa base.

MOD (Magneto-Optical Drive)- Unidad Optico-Magnética. Ver MO drive.

modal dialog box- Cuadro de diálogo modal. Cuadro de diálogo que requiere de una respuesta inmediata por parte del usuario.

mode- Modo. Estado de un dispositivo, o programa.

mode indicator- Indicador de modo. Indicador de estado.

modeling- Modelado. Proceso de representación de un objeto, o fenómeno de la vida real, como una serie de ecuaciones matemáticas.

modem (modulator-demodulator)- Modulador-demodulador. Dispositivo o programa que permite a la computadora el transmitir datos por líneas telefónicas.

modem eliminator (null modem)- Eliminador de módem. Cable que permite la conexión de dos computadoras, sin la necesidad de un módem.

moderated newsgroup- Grupo de discusión en línea moderado. Grupo de discusión en línea monitoreado por un individuo, o grupo moderador, que tiene(n) la autoridad de obstruir mensajes que juzgue(n) inapropiados.

moderator- Moderador. Ver moderated newsgroup.

Modified Frequency Modulation (MFM)- Modulación de Frecuencia Modificada. Esquema de codificación usado por unidades de disquete y unidades de disco duro antiguas, de computadoras personales.

modifier key- Tecla modificadora. Tecla en el teclado, que únicamente tiene significado cuando se le combina con otra tecla.

Modula-2- Lenguaje de programación de alto nivel, desarrollado por Niklaus Wirth, a fines de los años setentas, como un reemplazo de Pascal.

modular accounting package- Colección de programas de contabilidad.

modular programming- Programación modular.

modulate- Modular. Mezclar datos a una señal de frecuencia.

modulation protocol- Protocolo de modulación.

module- Módulo. Parte de un programa, en software. En hardware, componente o unidad autocontenida.

moiré- Patrón indeseable que aparece cuando se expone o se imprime una imagen gráfica con una resolución inapropiada.

monitor (display screen)- Monitor.

monitor program- Programa monitor. Programa que lleva registro de una computadora.

monochrome monitor- Monitor monocromático (de un solo color).

monochrome printer- Impresora que imprime en blanco, negro y tonos grisáceos.

monospaced font- Caracteres tipográficos de un solo espacio. Caracteres de cierto tipo de letra, que tienen todos el mismo ancho.

MOO (Mud, Object Oriented)- Implementación específica de un sistema de Dimensión Multi-Usuario (MUD), desarrollada por Stephen White.

Moore's Law- Ley de Moore. La observación hecha en 1965, por Gordon Moore; co-fundador de Intel, de que el número de transistores por pulgada cuadrada, en circuitos integrados, se ha duplicado cada año, desde la creación del circuito integrado.

morph- Metamorfosear. Transformar una imagen gradualmente en otra.

morphing (metamorphosing)- Metamorfosis. Técnica de animación en la cual una imagen se convierte gradualmente en otra.

MOS (Metal-Oxide Semiconductor)- Semiconductor de Oxido-Metálico.

Mosaic- Programa precursor para navegar por páginas de Web en la Internet, auspiciado por el Centro Nacional de Aplicaciones de Supercomputación (National Center for Supercomputing Applications (NCSA)).

motherboard (logic board)- Placa madre. Placa base. Placa de circuitos que contiene la Unidad Central de Procesamiento (CPU) y memoria de una computadora.

Motif- Serie de normas de interfaz de usuario, creadas por la Fundación de Software Abierto (Open Software Foundation), que especifican el aspecto de una aplicación.

motion blur- Empañar con movimiento.

Motorola- Diseñador y fabricante de equipo electrónico, en especial de semiconductores. Tiene oficinas generales en Schaumburg, Illinois.

mount- Montar. Hacer accesible a un usuario, o grupo de usuarios, un grupo de archivos en una estructura de sistema de archivo. // Instalar un dispositivo, tal como una unidad de disco, o tarjeta de expansión.

mouse- Ratón. Dispositivo que controla el movimiento del cursor, o puntero, en pantalla.

mouse miles- (Caló) Millas de ratón. Tiempo que se ha dedicado al uso de la computadora.

mouse pointer- Puntero de ratón. Símbolo en pantalla, usualmente en forma de flecha, que muestra la posición del ratón.

mouse port (PS/2 port)- Puerto de ratón (puerto PS/2). Puerto por el que se conecta un ratón a la computadora, sin hacer uso de un puerto en serie.

mouse potato- (Caló) Papa de ratón. Usuario adicto a la computadora.

MOV (Metal-Oxide Varistor)- Varistor de Oxido de Metal. Artefacto que proporciona protección a la computadora contra corrientes de voltaje altas anormales. // Abreviatura en la mayoría de los lenguajes ensambladores que significa mover (move).

moving-bar menu- Menú de barra móvil. Menú en el cual se hacen resaltar las opciones, por medio de una barra que se puede mover de uno a otro ítem. La mayoría de los menús son de barra móvil.

Motion Picture Experts Group (MPEG)- Grupo de Expertos de Imágenes en Movimiento. Grupo de trabajo de la Organización Internacional de Estandarización (ISO). // Familia de normas de compresión de video digital y formatos de archivo, desarrollados por el grupo.

moved to Atlanta- (Caló) Referencia a páginas de Web que desaparecen, dejando en su lugar errores de "404 Archivo No Encontrado" ("404 File Not Found").

Mozilla- Nombre original del navegador (browser) de Netscape, ahora llamado Navigator.

MP3 (MPEG-I Audio Layer III)- Extensión de archivo para el Grupo de Expertos de Imágenes en Movimiento (MPEG), capa de audio 3.

MPC (Multimedia Personal Computer)- Computadora Personal de Multimedia (que presenta información usando más de un medio de comunicación). Norma de software y hardware desarrollada por un consorcio de empresas de computación, encabezadas por Microsoft. Existen tres normas de MPC, llamadas MPC, MPC2 y MPC3, respectivamente. Cada una especifica una configuración mínima de hardware para correr programas de multimedia.

MPC2- Ver MPC.

MPC3- Ver MPC.

MPEG (Motion Picture Experts Group)- Ver Motion Picture Experts Group.

MPEG-I Audio Layer III- Ver MP3

MP/M (Multiprogramming Control Program for Microprocessors)- Programa de Control de Multiprogramación para Microprocesadores.

MPP (Massively Parallel Processing)- Procesamiento en Paralelo Masivo. Tipo de computación que utiliza varias Unidades Centrales de Procesamiento (CPUs) separadas, corriendo en paralelo, para ejecutar un solo programa.

MR head (Magneto-Resistive head) technology- Ver Magneto-Resistive head technology.

MRU (Most Recently Used)- Abreviatura de "Most Recently Used", que significa: "Usado más recientemente".

ms (millisecond)- Milisegundo. Milésima parte de un segundo.

MS- Abreviatura de Microsoft.

MSCDEX- Programa que da acceso a un CD-ROM y a sus archivos.

MSD (Microsoft Diagnostics)- Programa de Windows que sirve para analizar la configuración de una computadora.

MS-DOS (Microsoft Disk Operating System)- Sistema Operativo de Disco de Microsoft.

MSN (Microsoft Network)- Red de Microsoft. Servicio en línea de Microsoft.

MTBF (Mean Time Between Failures)- Ver Mean Time Between Failures.

MTU (Maximum Transmission Unit)- Ver Maximum Transmission Unit.

MUD (Multi-User Domain, Multi-User Dimension, Multi-User Dungeon)- Dominio para Múltiples Usuarios. Dimensión para Múltiples Usuarios. Forma de realidad virtual diseñada para su uso en una red; ofrece a los participantes la oportunidad de interaccionar, en tiempo real, con otros usuarios de computadora.

multicast- Transmitir un solo mensaje a un grupo selecto de destinatarios.

Multicast Backbone (Mbone) (Multicast Internet)- Internet de Multitransmisión. Uso arreglado de una porción de la Internet para el envío de archivos a múltiples usuarios, al mismo tiempo.

MultiColor Graphics Array (MCGA)- Ver MCGA.

multilaunching- Multiapertura. Apertura de un programa de aplicación, por más de un usuario a la vez, en Red de Area Local (LAN).

Multilink Point-to-Point Protocol (Multilink PPP/MLPPP)- Protocolo de Punto-A-Punto de Multienlace. Extensión del Protocolo de Punto-A-Punto, que permite que los canales de datos principales (B-channels) de líneas de Red Digital de Servicios Integrados (ISDN) puedan ser usados en combinación, como una sola línea de transmisión.

Multilink PPP- Ver Multilink Point-to-Point Protocol.

multimedia- Multimedia. El uso de computadoras para presentar texto, gráficas, video, animación y sonido, de manera integrada.

Multimedia Compact Disc (MMCD)- Disco Compacto de Multimedia.

multimedia extensions- Extensiones de multimedia.

Multimedia Personal Computer (MPC)- Ver MPC.

Multimedia Personal Computer-2 (MPC-2)- Ver MPC.

Multimedia Personal Computer-3 (MPC-3)- Ver MPC.

multiple document interface (MDI)- Ver MDI.

multiple inheritance- Herencia múltiple. Técnica en programación orientada a objetos, por medio de la cual, un tipo de objeto es definido como ser una combinación de dos o más tipos preexistentes.

multiple program loading- Carga de programa múltiple. Sistema operativo que permite poner en funcionamiento a más de un programa a la vez.

multiple selection- Selección múltiple.

Multiple Virtual Storage- Almacenamiento Virtual Múltiple. El sistema operativo de computadoras IBM antiguas, de grandes dimensiones (mainframes).

multiplex- Multiplexar. Combinar múltiples señales (analógicas o digitales), para su transmisión por línea o medios sencillos.

multiplexor (multiplexer) (mux)- Multiplexor. Dispositivo de comunicaciones que combina varias señales para su transmisión por un solo medio.

multiplexing- Multiplexado. El envío de múltiples señales por un medio, al mismo tiempo, en forma de una sola señal compleja y, posteriormente, la recuperación de las señales separadas en el extremo de recepción.

multipost- Multipuesto.

multiprocessing- Multiproceso. Capacidad de un sistema de computación de trabajar con más de un proceso (programa) a la vez. // Utilización de múltiples Unidades Centrales de Procesamiento (CPUs) en un solo sistema de computación.

multiprocessor- Multiprocesador.

multiprogramming- Multiprogramación. La capacidad de ejecutar más de un programa al mismo tiempo.

Multipurpose Internet Mail Extensions (MIME)- Ver MIME.

multiscan/multiscanning (multisync) monitor- Monitor de multiescaneo. Monitor de color que puede ajustarse a una serie de frecuencias de entrada, para poder trabajar con varios adaptadores de pantalla.

multisession CD- Disco Compacto de multisesión. Disco compacto cuyos archivos no fueron grabados al mismo tiempo.

multispin drive- Unidad de varias velocidades. Unidad de CD-ROM que funciona a varias velocidades.

multisync monitor- Ver multiscan/multiscanning monitor.

multitasking- Multitarea. La capacidad de ejecutar más de una tarea (programa) al mismo tiempo

multithreading- Capacidad de un programa o de un proceso de sistema operativo de manejar su uso por más de un usuario a la vez, y de aún manejar varias solicitudes por el mismo usuario, sin la necesidad de contar con múltiples copias de la programación corriendo en la computadora.

multi-user- Multiusuario. Sistema de computación que trabaja con dos o más usuarios simultáneamente.

Multi-User Dungeon (MUD)- Ver MUD.

multiuser system- Sistema de computación que trabaja con dos o más usuarios simultáneamente.

mux (multiplexor) (multiplexer)- Ver multiplexor.

MVS (Multiple Virtual Storage)- Ver Multiple Virtual Storage.

My Computer- Mi PC. Mi Computadora Personal. Carpeta de escritorio en Windows, que contiene información sobre las unidades de almacenamiento de la computadora personal.

N

NACK (NAK) (Not Acknowledged)- Sin acuse de recibo. Abreviatura del código 21 ASCII que se envía cuando se reciben datos incorrectos o no esperados.

name server- Servidor de nombres. Computadora que cambia nombres a direcciones IP.

namespace- Espacio de nombres. La serie de nombres en un sistema de asignación de nombres. // Librería de clases (categoría de objetos) en una plataforma de sistema operativo de Microsoft (.NET).

NAND (Not-And)- Negación de la función And.

nano (one billionth)- Nano. Prefijo que indica una billonésima (mil millones).

nanosecond (ns)- Nanosegundo. Unidad de tiempo que equivale a 1/1,000,000,000 de segundo.

National Center for Supercomputing Applications (NCSA)- Centro Nacional de Aplicaciones de Supercomputación. Centro de investigación de supercomputación afiliado a la Universidad de Illinois, en Champaign-Urbana.

national characters- Caracteres nacionales. Caracteres en una computadora, cuya apariencia varía de país a país.

National Science Foundation (NSF)- Fundación Nacional de Ciencias.

National Television Standards Committee (NTSC)- Comité Nacional de Normas de Televisión. Comité responsable de fijar normas de televisión y video en los Estados Unidos (en Europa y el resto del mundo, las normas de televisión que dominan son PAL y SECAM).

native- Nativo. Original. Básico. Diseñado para un tipo de computadora en particular.

native application- Aplicación nativa.

native code- Código nativo.

native compiler- Compilador nativo.

native file format- Formato de archivo nativo.

natural language- Lenguaje humano.

natural language processing- Procesamiento de lenguaje natural. Uso de una computadora para analizar el lenguaje humano.

navigation- Navegación. En un programa o red de computadora, el proceso de interaccionar con la interfaz de usuario, con el propósito de localizar recursos o archivos.

navigation button- Botón de navegación.

Navigator- Popular explorador de Web (Web browser) de Netscape Communication.

NC (Network Computer)- Tipo de computadora de red, diseñada para ejecutar programas en Java en la estación de trabajo local.

NCSA (National Center for Supercomputing Applications)- Ver National Center for Supercomputing Applications.

NE (Not Equal)- Abreviatura de "Not Equal", que significa: "No igual a".

Near Letter Quality (NLQ)- Calidad Casi Tipo Carta. Calidad de impresión que no es totalmente igual a la de una máquina de escribir, pero es mejor que la calidad tipo borrador (draft).

NLQ printer- Impresora de Calidad Casi Tipo Carta.

nest- Hacer nido. Colocar una estructura dentro de otra de la misma clase.

nested structure- Estructura nido. Estructura dentro de otra de la misma clase.

net- Sufijo que indica que una dirección de correo electrónico, o sitio de Web, está localizado en una red con un nombre específico.

Net- Internet.

NetBEUI (NetBIOS Extended User Interface)- Interfaz de Usuario NetBIOS ampliada. Versión reciente, ampliada, del Sistema Básico de Red de Entrada/Salida (NetBIOS).

NetBIOS (Network Basic Input/Output System)- Sistema Básico de Red de Entrada/Salida. Programa que permite que las aplicaciones de diferentes computadoras se comuniquen dentro de una Red de Area Local (LAN).

netiquette (network etiquette)- Serie de reglas dentro de la Internet (e-mail y grupos de discusión).

netizen (Internet citizen)- Ciudadano de la Internet. Ciudadano que utiliza la Internet como medio de participación en una sociedad política (intercambiando puntos de vista, proporcionando información y votando). // Usuario de la Internet que trata de contribuir al uso y crecimiento de la Internet.

netnews- Grupos de noticias de Usenet.

Net PC- Tipo de computadora de red, diseñada por Microsoft e Intel.

Netscape (Netscape Communications Corporation)- Empresa fundada por James H. Clark y Marc Andreessen en 1994. Netscape revolucionó el mercado de software al ofrecer gratuitamente su explorador de Web Navigator. En la actualidad la empresa es propiedad de America Online (AOL).

Netscape Server API (NSAPI)- Servidor Netscape. Interfaz de Programa de Aplicación (API) para servidores de Web de Netscape.

Netscape Navigator- Explorador Netscape. Explorador de Web desarrollado por Netscape Communications Corporation.

NetWare- Sistema de Operación de Red (NOS), creado por Novell, para Redes de Area Local (LANs).

network- Red. Grupo de dos o más sistemas de computación enlazados entre sí. Serie de nodos conectados entre sí.

network administrator- Administrador de red. Persona responsable del mantenimiento de una red y de auxiliar a sus usuarios.

network architecture- Arquitectura de red. Las redes pueden clasificarse arquitectónicamente como: 1) tipo de red en la cual cada estación de trabajo tiene las mismas capacidades y responsabilidades (peer-to-peer). 2) Arquitectura de red en la cual cada computadora o proceso es un cliente o un servidor.

Network Basic Input/Output System (NetBIOS)- Ver NetBIOS.

network computer (NC)- Ver NC.

Network File System (NFS)- Sistema de Archivo de Red. Aplicación de cliente/servidor, diseñada por Sun Microsystems, que permite a todos los usuarios de red accesar archivos compartidos, almacenados en computadoras de diferentes tipos.

Network Information Center (NIC)- Centro de Información de Red.

Network Interface Card (NIC)- Tarjeta de Interfaz de Red. Tarjeta de expansión que se inserta en una computadora para que la computadora pueda ser conectada a una red.

network laser printer- Impresora láser de red.

network layer- Capa de red.

Network Neighborhood- Carpeta de Windows 95 que da una lista de computadoras, impresoras y otros recursos, conectados a la Red de Area Local (LAN) personal.

Network News Transfer Protocol (NNTP)- Protocolo de Transferencia de Noticias de Red. Protocolo usado para poner, distribuir y recuperar mensajes de Usenet.

Network Operating System (NOS)- Sistema Operativo de Red. Sistema operativo que incluye funciones especiales para conectar computadoras y dispositivos a una Red de Area Local (LAN).

Network Operations Center (NOC)- Centro de Operaciones de Red. Espacio físico desde el cual se maneja, monitorea y supervisa una red de telecomunicaciones de grandes dimensiones.

network printer- Impresora de red.

network protocol- Protocolo de red.

network server- Servidor de red. Computadora que maneja tráfico de red.

Network Solutions, Inc.- Organización que mantiene el registro de nombres de dominio de alto nivel (TLDs), que terminan en .org, .net y .com.

Network Terminating Unit 1(NT1)- Unidad de Terminación de Red. Dispositivo que acepta una señal de dos cables (two-wire), de la compañía de teléfono, y la convierte en una señal de cuatro cables (four-wire), que envía a y recibe de dispositivos dentro de hogares o negocios.

network topology- Topología de red. El arreglo geométrico de un sistema de computación.

network transport protocol- Protocolo de transporte de red. Protocolo de transmisión de datos por medio de cierto tipo de red física.

network transparency- Transparencia de red. Condición por la cual un sistema operativo, u otro servicio, pemite que el usuario accese un recurso remoto, a través de una red, sin la necesidad de saber si el recurso es remoto o local.

Network Virtual Terminal (NVT)- Terminal Virtual de Red.

Neural Network(s) (NN)- Redes con Configuración Neural (como en el cerebro humano).

newbie- (Caló) Término para designar a un nuevo usuario en un servicio en línea, particularmente en la Internet.

newsgroup- Foro público. Grupo de discusión en línea.

newsgroup reader- Lector de grupo de discusión.

news hierarchy- Jerarquía de noticias. Los grupos de discusión están organizados en jerarquías por tema, con unas cuantas letras iniciales del nombre del grupo de discusión indicando la categoría del tema más importante, y las sub-categorías representadas por un nombre de subtópico.

newspaper columns- Columnas de periódico. Formato de página en el cual se imprimen dos o más columnas verticales de texto, y el texto pasa por una columna, y luego por la otra.

news reader (newsreader)- Lector de noticias. Aplicación de cliente que permite leer mensajes puestos a grupos de discusión de la Internet, y poner mensajes propios.

news server- Servidor de noticias. Computadora que proporciona acceso a grupos de discusión, en Usenet.

newton- Unidad de fuerza internacional estándar. (SI).

NFS (Network File System)- Ver Network File System.

nibble (nybble)- Cuatro cifras binarias (bits), o medio octeto (byte).

NIC (Network Interface Card)- Ver Network Interface Card.

NiCad (Nickel-Cadmium)- Níquel-Cadmio. Compuesto que forma las baterías recargables que se usan en computadoras portátiles.

NiMH (Nickel-Metal Hydride)- Hidruro Metálico de Níquel. Compuesto que forma las baterías eléctricas de mayor capacidad que las de níquel y cadmio.

NLQ (Near-Letter Quality)- Ver Near Letter Quality.

NMOS (Negative Metal Oxide Semiconductor)- Circuitos Semiconductores de Oxido-Metálico (MOS), con carga negativa.

NNTP (Network News Transfer Protocol)- Ver Network News Transfer Protocol.

NNTP server- Servidor de Protocolo de Transferencia de Noticias de Red (NNTP).

NOC (Network Operations Center)- Ver Network Operations Center.

node- Nodo. Sistema o computador conectado a una red.

noise- Ruido. Interferencia en transmisiones telefónicas de información.

nom- Sufijo que indica que una dirección de correo electrónico, o sitio de Web, corresponde a un sitio personal.

nonbreaking hyphen- Guión especial que evita salto de línea.

noncontiguous- No contiguo. No inmediato. No adyacente. No colocado al lado o después de.

Nondisclosure Agreement (NDA)- Acuerdo de No-Divulgación. Contrato para mantener confidencial cierta información.

nondocument mode- Modo no documento.

non-impact printer- Impresora de no impacto. Impresora que imprime texto o gráficas, rociando tinta al papel.

noninterlaced- No entrelazado.

non-interlaced monitor-Monitor no entrelazado. Monitor que no utiliza la técnica de entrelazado y por lo tanto despliega imágenes de alta resolución.

nonprocedural language- Lenguaje sin procedimiento. Ver declarative language.

nonrepudiation- Sin repudio. Habilidad de asegurar que a usuarios autorizados no se les niegue la autenticidad de su firma en algún documento, o el envío de algún mensaje.

non-volatile- Permanente. Que no se borra al dejar de funcionar (como pasa con los discos de almacenamiento).

non-volatile memory- Memoria permanente.

NOR (Not-Or) gate- Función lógica. Negación de la función OR.

normalization- Normalización. Proceso de organizar datos para minimizar la redundancia, en diseño de bases de datos relacionales.

Norton AntiVirus- Programa Antivirus Norton. Utilidad que busca virus en discos duros y retira los que encuentra.

Norton Utilities- Utilidades Norton. Programas cuya función es la de corregir problemas de discos y de memoria. Fueron diseñados por Peter Norton.

NOS (Network Operating system)- Sistema Operativo de Red. Sistema operativo que incluye funciones especiales para conectar computadoras y dispositivos en una Red de Area Local (LAN).

NOT gate- Función lógica Bloque de construcción elemental de negación en un circuito digital.

notebook computer- Bloc de notas. Computadora portátil más pequeña que una *laptop*.

Novell NetWare- Sistema operativo de red para Computadoras Personales (PCs) de IBM y otros sistemas compatibles.

NPN- Tipo de transistor bipolar.

ns (nanosecond)- Nanosegundo. La billonésima parte de un segundo.

NSAPI (Netscape Server API)- Ver Netscaper Server API.

NSF (National Science Foundation)- Fundación Nacional de Ciencias.

NSFnet- Red NSF. Red de Area Amplia (WAN), desarrollada por la Oficina de Computación Científica Avanzada (Office of Advanced Scientific Computing) de la Fundación Nacional de Ciencias (NSF).

NSI (Network Solutions, Inc.)- Ver Network Solutions, Inc.

NT (Microsoft Windows NT)- Sistema operativo de 32 bits para microprocesadores de Intel.

NT1 (Network Terminating Unit 1)- Ver Network Terminating Unit 1.

NTFS (NT File System)- Sistema de Archivos NT. Sistema de archivos, nativo de Microsoft Windows NT.

NTSC (National Television Standards Committee)- Ver National Television Standards Committee.

NuBus- La vía (bus) de expansión para versiones de computadoras Macintosh, desde la Macintosh II hasta la Performa.

nudge- Mover con las teclas de cursor, en vez de con el ratón.

nuke (WinNuke) (blue bomb)- Bomba azul. Técnica por la cual se termina repentinamente (crash) el sistema operativo de Windows, de alguien con quien uno se está comunicando.

null modem- Módem nulo. Módem que permite a una computadora portátil intercambiar datos con un sistema más grande.

null modem cable- Cable de módem nulo. Cable diseñado especialmente para conectar dos computadoras directamente por medio de sus puertos de comunicación RS-232.

null-terminated string- Cadena de caracteres que termina con el código ASCII 0.

null value- Valor nulo.

number cruncher- Computadora cuya característica dominante es su habilidad para realizar con rapidez grandes cantidades de cómputos numéricos. // Programa estadístico cuya tarea principal es la de realizar cálculos matemáticos.

numeric coprocessor- Coprocesador numérico.

numeric keypad- Teclado numérico. Serie de teclas separadas, en algunos teclados, que contienen los números del 0 al 9 y un punto decimal, como en una máquina de sumar.

Num Lock key- Tecla que altera el teclado numérico.

NVT (Network Virtual Terminal)- Terminal Virtual de Red.

nybble (nibble)- Ver nibble.

O

Ob- (Caló) Obligatorio.

obelisk (dagger) (long cross)- Obelisco. Símbolo usado para marcar anotaciones al pie de la página.

object- Objeto. En general, cualquier ítem que pueda ser seleccionado y manipulado individualmente.

object code- Código objeto. La traducción de un lenguaje fuente.

Object Linking and Embedding (OLE)- Adherencia y Vinculación de Objetos. Norma de documento compuesto, desarrollada por Microsoft Corporation.

object language- Lenguaje objeto.

Object Management Group (OMG)- Grupo de Manejo de Objeto. Consorcio de más de 700 compañías, cuyo objetivo es el de proporcionar un esquema común para el desarrollo de aplicaciones, utilizando técnicas de programación orientada a objetos.

object-oriented- Orientado a objetos. Sistema que trata básicamente con diferentes tipos de objetos, y en el cual las acciones que se toman dependen del tipo de objeto que se está manipulando.

Object-Oriented Database Management System (OODBMS)- Sistema de Manejo de Bases de Datos Orientadas a Objetos. Sistema de Manejo de Bases de Datos que respalda el modelado y la creación de datos como objetos.

object-oriented graphic- Gráfica orientada a objetos.

Object-Oriented Programming (OOP)- Programación Orientada a Objetos. Tipo especial de programación que combina estructuras de datos, con funciones para crear objetos reusables.

object program- Programa objeto (en el lenguaje objeto o máquina).

object-relational database management system- Sistema de manejo de bases de datos relacionales de objetos.

Object Request Broker (ORB)- Corredor de Solicitud de Objeto. Programación que actúa como un corredor (broker) entre una solicitud de servicio de cliente de un objeto o componente distribuído, y la realización de esa solicitud.

OBO ("Or Best Offer")- Abreviatura de "Or Best Offer", al hablar de artículos en venta en la Internet, que significa: "O la mejor oferta".

OCR (Optical Character Recognition)- Reconocimiento Optico de Caracteres. Programa de computación que permite la lectura de texto y la traducción de imágenes de tal manera que la computadora pueda manipularlas.

octal- Octal. Sistema de numeración que tiene como base el número 8.

octet (byte)- Octeto. Grupo de 8 bits.

octothorpe (pound key/sign) (hash mark/sign)- El caracter: #.

OCX (OLE Custom control)- Módulo de programa independiente que puede ser accesado por medio de otros programas, en un entorno de Windows.

ODBC (Open DataBase Connectivity)- Conectividad de Base de Datos Abierta. Método estándar de acceso a bases de datos, desarrollado por Microsoft Corporation.

odd parity- Paridad impar. Modo de verificación de paridad, en el cual cada combinación de 9 cifras binarias de un octeto de datos, más una cifra binaria de paridad, contiene un número impar de cifras binarias fijas.

OEM (Original Equipment Manufacturer)- Fabricante de Equipo Original. Compañía que cuenta con una relación especial con fabricantes de computadoras. OEMs compran computadoras al mayoreo, y las alteran para una aplicación, o mercado en particular. Posteriormente, venden la computadora modificada, bajo su propio nombre.

OEM character set- Juego de caracteres OEM. Ver OEM.

office automation- Automatización de oficina. El uso de sistemas de computación para ejecutar una variedad de operaciones de oficina, tales como procesamiento de datos, contabilidad y correo electrónico.

office suite- Paquete de varios programas de productividad.

off-line- Fuera de línea. No conectado.

offset- Desplazamiento. Valor agregado a una dirección base, para producir una segunda dirección. // En publicación de escritorio, la cantidad de espacio a lo largo de la orilla del papel, para dejar espacio para la encuadernación.

offset printing- Impresión por offset. Una plancha entintada imprime a un cilindro, y éste traslada la impresión al papel.

ohm- Ohmio. Unidad de medida de la resistencia eléctrica.

OK button- Botón de aceptación. Botón de oprimir, que se activa en un cuadro de diálogo, para confirmar los ajustes de ese momento y ejecutar el comando.

OLAP (Online Analytical Processing)- Procesamiento Analítico En Línea. Categoría de herramientas de software que proporcionan análisis de datos almacenados en una base de datos.

OLE (Object Linking and Embedding)- Ver Object Linking and Embedding.

OLTP (Online Transaction Processing) (transaction processing)- Procesamiento de Transacción En Línea. Tipo de procesamiento por computadora, en el cual la computadora responde de inmediato a las solicitudes del usuario.

OMG (Object Management Group)- Ver Object Management Group.

on-board- A bordo. Contenida directamente en una tarjeta de circuitos.

on-board audio- Audio a bordo. Circuito en la placa base, que simula una tarjeta de sonido.

on-board cache- Caché a bordo. Ver caché interno.

on-board speaker- Bocina a bordo. Bocina dentro de la caja de la computadora.

one-shot program- Programa de una tirada. Programa diseñado únicamente para la resolución de un solo problema, en una ocasión.

Onionskin- Cáscara de cebolla. En dibujo, capa translúcida sobre una imagen, con el propósito de trazarla.

online (on-line)- En línea. Condición de estar conectado a una red de computadoras u otros dispositivos.

Online Analytical Processing (OLAP)- Ver OLAP.

online banking- Trámites bancarios en línea.

online help- Ayuda en línea. Utilidad de asistencia en pantalla, al usar un programa de aplicación, o una red.

online service- Servicio en línea. Negocio que proporciona a sus subscriptores una amplia variedad de datos transmitidos por líneas de telecomunicación. Los servicios en línea proporcionan infraestructura por la cual los subscriptores pueden comunicarse uno con el otro, por medio de intercambio de mensajes por correo electrónico, o participando en conferencias en línea (foros).

Online Transaction Processing (OLTP)- Ver OLTP.

onscreen formatting- Formateo en pantalla.

on-the-fly data compression- Compresión de datos en vuelo. Método por el cual, datos enviados por módem, se comprimen durante su transmisión.

OODBMS (Object-Oriented Database Management System)- Ver Object-Oriented Database Management System.

OOP (Object-Oriented Programming)- Ver Object-Oriented Programming.

op (operator)- Operador. Símbolo que representa una acción específica.

op code (operation code)- Código de operación. Código que ordena al procesador realizar una operación específica.

open- Abrir. Hacer accesible un objeto. // Accesible. Público. Cuando se usa para describir diseños o arquitecturas, significa público.

open architecture- Arquitectura pública. Arquitectura de sistemas que se hace pública, con el propósito de que se fabriquen periféricos compatibles.

Open DataBase Connectivity (ODBC)- Conectividad de Base de Datos Abierta. Método estándar de acceso a bases de datos, desarrollado por Microsoft Corporation.

OpenDoc- Norma e Interfaz de Programa de Aplicación (API), que hace posible el diseño de programas independientes (componentes), que puedan trabajar en conjunto, en un solo documento.

Open-Shortest-Path First (OSPF)- Abrir Ruta Más Corta Primero. Protocolo de enrutamiento, desarrollado para redes de Protocolo de la Internet (IP), basado en la Ruta Más Corta Primero (Shortest-Path First), o algoritmo de estado-de enlace (link-state algorithm).

Open Software Foundation (OSF)- Fundación de Programas Abiertos. Parte del consorcio internacional de fabricantes y usuarios de programas y computadoras: The Open Group (El Grupo Abierto). El Grupo Abierto se formó en febrero de 1996, al fusionarse dos grupos independientes: The Open Software Foundation y X/Open Company, Ltd.

Open Source Software (OSS)- Programas de Origen Abierto. Cualquier programa cuyo código origen se hace disponible para su uso o modificación.

open standard- Norma abierta. Serie de reglas y especificaciones que describen el diseño o características operativas de un programa o dispositivo que se publica y se ofrece gratuitamente a la comunidad técnica.

Open Systems Interconnection (OSI)- Interconexión de Sistemas Abiertos. Norma de la Organización Internacional de Estandarización (ISO) para comunicaciones mundiales, que define un esquema de red para implementar protocolos en siete capas.

Open Systems Interconnection (OSI) Protocol Suite- Serie de Protocolos de Interconexión de Sistemas Abiertos. Arquitectura de Red de Area Amplia (WAN), desarrollada por la Organización Internacional de Estandarización (ISO).

OpenType- Tipo Abierto. Formato de archivo para archivos de caracteres escalables (scalable font), que extiende el formato de archivo de caracteres TrueType, usado por los sistemas operativos de Microsoft Windows y Apple Macintosh.

Open Windows- Interfaz de Usuario Gráfica (GUI), desarrollada por Sun Microsystems.

operand- Operando. En todos los lenguajes de computación, las expresiones consisten de dos tipos de componentes: operandos (operands) y operadores (operators). Los operandos son los objetos manipulados y los operadores son los símbolos que representan acciones específicas.

operating environment- Entorno operativo. Entorno en el cual los usuarios corren programas.

Operating System (OS)- Sistema Operativo. El programa más importante que corre en una computadora.

operating voltage- Voltaje operativo. Voltaje eléctrico al cual opera un microprocesador.

operator- Operador. Símbolo que representa una acción específica. // Operador de computadora. Persona responsable de montar cintas y discos, hacer respaldos, y asegurarse del buen funcionamiento de una computadora. // Persona que maneja una máquina.

Optical Character Recognition (OCR)- Ver OCR.

optical disk- Disco óptico. Medio de almacenamiento de donde se leen datos y en el que se escriben (datos), por medio de rayos láser.

optical fiber- Fibra óptica. Ver fiber optics.

optical mouse- Ratón óptico. Ratón que utiliza rayos láser para detectar su movimiento.

optical mark reader- Lector óptico de caracteres.

optical resolution- Resolución óptica. La resolución física a la cual un dispositivo puede captar una imagen.

optical scanner- Escáner óptico. Dispositivo que puede leer textos o ilustraciones impresos en papel, y traducir la información a manera tal que la computadora pueda leer.

optimization- Optimización. Ver optimize.

optimize- Optimizar. Afinar un programa para que pueda correr más rápidamente, o tome menos espacio. // Aplicado a discos, el término significa lo mismo que defragmentar. Configurar un dispositivo o aplicación para que funcione mejor.

optimizing compiler- Compilador optimizador.

option button- Botón de opción. Botón de opción que aparece en cuadros de diálogo.

option key- Tecla de opción. Tecla, en teclados Macintosh, que se usa en combinación con otras teclas para generar caracteres y comandos especiales. En Computadoras Personales (PCs), la tecla correspondiente es la Alt key.

OR- Función lógica con salida 1 (verdadera), si los elementos de entrada tienen valor 1 (o son verdaderos), y con salida 0 (falsa), si los elementos de entrada tienen valor 0 (o son falsos).

OR exclusive function- Función OR exclusivo.

OR inclusive function- Función OR inclusivo.

Oracle Corporation- Compañía de software que se especializa en programas empresariales de aplicación, que usan bases de datos. Sus oficinas generales se encuentran en Redwood, California.

Orange Book- Libro Anaranjado. Norma oficial para discos compactos.

ORB (Object Request Broker)- Ver Object Request Broker.

order of magnitude- Orden de magnitud. Cambio exponencial de más-o-menos 1, en el valor de una cantidad o unidad. En base 10, el esquema de numeración más común en todo el mundo, un incremento de una orden de magnitud equivale a multiplicar una cantidad por 10. Un incremento de dos órdenes de magnitud, equivale a multiplicar por 100.

ordinal- Ordinal. Palabra que se refiere a la secuencia en la cual algo se encuentra en relación a otros de su clase.

ordinal number- Número ordinal.

org – Sufijo que indica que una dirección de correo electrónico, o sitio de Web, pertenece, en general, a una organización no lucrativa, o a un grupo de norma industrial.

OR gate- Ver OR.

Original Equipment Manufacturer (OEM)- Ver OEM.

originate- Originar. Establecer contacto con otro sistema de computación, por medio de un módem.

orphan- Huérfana. Defecto de formato en el cual, la primera línea de un párrafo, aparece sola al final de una página, o la última línea de un párrafo aparece al principiar una página.

OS (Operating System)- Ver Operating System.

OS/2 (Operating System/2)- Sistema Operativo/2. Sistema operativo multitarea de IBM, para computadoras PC de los años 1980s.

OS-9- Sistema operativo de tiempo real, de Microware Systems, destinado especialmente para aplicaciones adheridas.

OSF (Open Software Foundation)- Ver Open Software Foundation.

oscilloscope- Osciloscopio.

OSI (Open Systems Interconnection)- Ver Open Systems Interconnection.

OSI Protocol Suite (Open Systems Interconnection Protocol Suite)- Ver Open Systems Interconnection Protocol Suite.

OSPF (Open-Shortest-Path First)- Ver Open-Shortest-Path First.

outline- Esquema. Imagen gráfica que muestra únicamente la orilla de un objeto.

outline font (vector font)- Caracteres con contorno. Caracteres escalables en los que el borde de cada caracter se define geométricamente.

output- Salida. Información que se obtiene de una computadora, por medio de la pantalla, impresora o bocinas.

output device- Dispositivo de salida: monitor, bocina, impresora.

outsourcing- El contratar los servicios de un consultor, o proveedor de servicios de aplicación, para transferir componentes, o grandes segmentos de la estructura, procesos y aplicaciones de la Tecnología de Información (IT) interna de una organización, para accesarse por medio de una red virtual privada o un explorador de la Internet.

overclocking- Ajustar la computadora de manera tal, que el microprocesador corra a mayor velocidad que la especificada por el fabricante.

OverDrive- Microprocesador de Intel, complemento del microprocesador '486, que podía ser instalado por el usuario.

overflow- Desbordamiento. Condición en la cual un programa trata de almacenar más datos en un area de memoria, de los que puede acomodar.

overflow error- Error de desbordamiento. Error que ocurre cuando la computadora intenta manejar un número de información demasiado grande.

overhead- Uso incremental de recursos de computación para implementar una funcionalidad deseable, pero no indispensable.

overlaid windows- Ventanas superpuestas. Modo en el cual las ventanas se pueden solapar entre sí. Al ampliar la ventana superior al máximo, se oculta a las demás por completo.

overrun error- Error de exceso de velocidad. Error de puerto en serie, en el cual un microprocesador envía datos a velocidad mayor que la que el Receptor/Transmisor Universal Asíncrono (UART) puede manejar.

overstrike- Imprimir un caracter directamente encima de otro.

overtype (typeover) mode- Modo de teclear sobre. Modo de teclear sobre caracteres ya existentes, que se borran al aparecer los caracteres recién tecleados, en programas de procesamiento de palabra, u otros.

overvoltage- Alto voltaje inusual.

overwrite mode- Modo de reescribir. Escribir (grabar) datos sobre datos ya existentes, destruyéndolos y reemplazándolos.

P

package- Paquete. Programa o juego de programas.

packet (datagram)- Paquete (datagrama). Serie de unidades de transmisión, de tamaño fijo, transmitidas por red.

packet driver- Programa que divide datos en paquetes (unidades de transmisión de tamaño fijo), antes de enviarlos por Red de Area Local (LAN)

Packet Internet Groper (PING)- Utilidad que determina si una dirección de Protocolo de la Internet (IP) específica, es accesible.

packet radio- Radio paquete. Método de transmisión de datos por paquetes, entre dos o más computadoras, por medio de la radio.

packet sniffer- Programa y/o dispositivo que monitorea datos que viajan por red.

packet switching- Conmutación a paquetes. Protocolos por los cuales los mensajes se dividen en paquetes, antes de ser enviados.

packet switching network- Red de conmutación a paquetes. Ver packet switching.

page- Página. En procesamiento de palabra, una página de texto. // Abreviatura de página de Web. // Cantidad fija de datos. // En sistemas de memoria virtual, número fijo de octetos reconocidos por el sistema operativo. // Bloque de memoria de acceso aleatorio. // Desplegar una página de documento a la vez. // Copiar una página de datos de la memoria principal, a un dispositivo de almacenamiento masivo, o viceversa.

page break- Salto de página. El final de una página de texto.

Page Description Language (PDL)- Lenguaje de Descripción de Página. Lenguaje para la descripción de la organización y contenido de una página impresa.

page fault- Falta de página. Interrupción que ocurre cuando un programa solicita datos que no se encuentran en memoria real. La interrupción activa al sistema operativo a traer datos de una memoria virtual y cargarlos a la Memoria de Acceso Aleatorio (RAM).

page frame- Marco de página.

page layout software- Programas de organización de página.

page printer- Impresora de página. Impresora que procesa una página completa (en vez de una sola línea) a la vez.

Page Up/Page Down keys- Teclas de Página Hacia Arriba/Página Hacia Abajo. Teclas de movimiento del cursor a la pantalla precedente (página hacia arriba) o a la pantalla siguiente (página hacia abajo).

paged memory- Ver paging.

Paged Memory Management Unit (PMMU)- Unidad de Manejo de Memoria Voceada. Circuito que habilita la memoria virtual.

pages per minute (ppm)- Páginas por minuto.

pagination- División de un documento en páginas, para su impresión.

paging- Técnica usada por sistemas operativos de memoria virtual, para asegurar que los datos que se necesiten, se encuentren disponibles, tan pronto como sea posible.

paging memory- Memoria de paginación. Ver paging.

paint program- Programa de pintura. Programa de gráficas que facilita dibujar en pantalla, con los dibujos representados como mapas de bits (gráficas de mapas de bits).

paired bar graph- Gráfica de doble barra. Gráfica de barra con dos ejes-x diferentes.

paired pie graph- Gráfica de doble pastel. Gráfica con dos gráficas de pastel (pie graphs) separadas.

PAL (Phase Alternating Line)- Línea de Fase Alterna. La norma de televisión dominante en Europa.

palette- Paleta. Los colores que un sistema puede desplegar.

PAN (Personal Area Network)- Red de Area Personal. Tecnología de IBM, basada en el medio de transmisión de campo eléctrico, que permite el intercambio de datos al simplemente tocar o empuñar, como en un apretón de manos.

Pantone Matching System (PMS)- Popular sistema de igualación de color, usado por la industria de la impresión para imprimir colores con su propia tinta (no usando cuatro tintas).

PAP (Password Authentication Protocol)- Protocolo de Autenticación de Clave. La forma más simple de autenticación, en la cual el nombre y clave de un usuario se transmiten por red y se comparan con una tabla de parejas de clave-nombre.

paperless office- Oficina sin papel. Oficina en la cual toda la información se transmite y almacena electrónicamente, sin la necesidad del papel.

paper tape punch- Perforadora de cinta de papel.

paper tape reader- Lector de cinta de papel.

paper throw- Salto de papel.

paper-white monitor- Monitor de papel-blanco. Monitor monocromático que despliega texto y gráficas en color negro, con fondo blanco, semejante a una hoja impresa de papel.

paradox- Paradoja. Declaración lógica que se contradice.

parallel- En paralelo. Que ocurren simultáneamente.

parallel interface- Interfaz en paralelo.

parallel port- Puerto en paralelo.

parallel printer- Impresora en paralelo. Impresora capaz de recibir más de una cifra binaria (bit) a la vez.

parallel processing- Procesamiento en paralelo. Procesamiento que ocurre al mismo tiempo que otro.

parallel transmission- Transmisión en paralelo. Transmisión que ocurre al mismo tiempo que otra.

parameter- Parámetro. Característica. // Argumento. En programación, parámetro es sinónimo de argumento; valor que es pasado a una rutina.

parent- Padre. Objeto que pasa sus propiedades a otro objeto de nueva creación, llamado child (hijo) o subcategoría.

parent directory- Directorio padre. Directorio por encima de otro directorio.

parent process- Proceso padre. Programa que controla a uno o más programas, en Unix.

parity- Paridad. La cualidad de ser par o impar.

parity bit- Cifra de paridad. Cifra binaria agregada a cada unidad de datos que se transmite. La cifra de paridad para cada unidad, se establece para que todos los octetos (bytes) tengan ya sea un número par o impar de cifras binarias fijas.

parity checking- Control de paridad. Control de validez de la información recibida.

parity error- Error de paridad.

park- Estacionar. Proteger las cabezas de un disco duro contra posibles choques contra el disco.

parse- Analizar. Dividir en pequeños componentes que puedan ser analizados.

parser- Analizador. Programa que divide en pequeños componentes que puedan ser analizados.

parsing- Análisis. Ver parse.

partition- Partición. Sección de la memoria principal, o almacenamiento masivo, que ha sido reservado para una aplicación en particular. // Dividir la memoria o almacenamiento masivo en secciones aisladas.

Pascal- Lenguaje de programación de alto nivel que permite una programación modular y bien estructurada. Fue creado por Niklaus Wirth, en honor del matemático y filósofo francés, Blaise Pascal.

passive attack- Ataque pasivo. Ataque para obtener información de un sistema de computación.

passive matrix- Matriz pasiva.

passphrase- Cadena de caracteres de mayor longitud que la de una clave común (de 4 a 16 caracteres de largo), usada para crear una firma digital o para codificar o decodificar un mensaje.

password- Clave. Contraseña. Palabra de acceso de un sistema a información protegida.

password aging- Duración de clave. Característica del sistema operativo de red (NOS), en una red de computadoras, que lleva un registro de la última vez que se cambió la clave.

Password Authentication Protocol (PAP)- Ver PAP.

password protection- Protección por clave.

paste- Pegar. Copiar un objeto de una área temporal de almacenamiento de datos (buffer), o portapapeles (clipboard), a un archivo.

patch- Parche. Reparación temporal a un error de programación (bug).

path- Ruta. Trayectoria. En el sistema operativo de una computadora, ruta a través de un sistema de archivo, a un archivo en particular. // En una red, ruta entre dos puntos o nodos. // En varios productos o aplicaciones, ruta a, o entre puntos, dentro de una estructura organizada. // En sistemas DOS y Windows, lista de directorios donde el sistema operativo busca archivos ejecutables, si no puede encontrar el archivo en el directorio en el que se está trabajando. // Secuencia de símbolos y nombres que identifican a un archivo.

pathname (path)- Nombre de ruta. Nombre que indica la ubicación de un archivo en un directorio estratificado.

pathname separator- Separador de nombre de ruta. Caracter que diferencía los nombres de directorio, en un nombre de archivo: (/) y (\).

pattern recognition- Reconocimiento de modelo. Campo importante de las ciencias de la computación que trata del reconocimiento de modelos, modelos visuales y de sonido en particular.

PC (Personal Computer)- Computadora Personal. Forma corta para Computadora Personal, o IBM PC. A la primera computadora personal producida por IBM se le dió el nombre de PC, y el término PC llegó a significar IBM, o computadoras personales compatibles con IBM, a excepción de otros tipos de computadoras personales, como las de Macintosh. En la actualidad, el término PC se aplica, en general, a cualquier tipo de computadora personal con un microprocesador Intel, o con un microprocesador compatible con Intel.

PC (Printed Circuit)- Circuito impreso. PC board significa tarjeta de Circuito Impreso.

PC card- Tarjeta de Circuito Impreso. Dispositivo de computadora, empaquetado en una pequeña tarjeta del tamaño aproximado de una tarjeta de crédito, conforme a la norma antes conocida como PCMCIA. // Tarjeta periférica que se conecta a una computadora personal, usualmente a una computadora portátil.

PC compatibility- Compatibilidad con una Computadora Personal (PC).

PC-DOS (Personal Computer – Disk Operating System) Computadora Personal – Sistema Operativo de Disco. Primer sistema operativo ampliamente instalado en computadoras personales. Fue desarrollado por Microsoft para IBM.

PCI (Peripheral Component Interconnect)- Interconexión de Componentes Periféricos. Norma de vía de transmisión (bus) local desarrollada por Intel Corporation.

PCL (Printer Control Language)- Lenguaje de Control de Impresora. Lenguaje de Descripción de Página (PDL) desarrollado por Hewlett Packard y usado en varias de sus impresoras de chorro de tinta (ink-jet) y láser.

PCM (Pulse Code Modulation)- Modulación de Código de Pulso. Técnica de muestreo para digitalizar señales analógicas, especialmente señales de audio.

PCMCIA (Personal Computer Memory Card International Association)- Asociación Internacional de Tarjetas de Memoria de Computadoras Personales. Organización que consiste de más de 500 compañías que han desarrollado una norma para dispositivos pequeños, del tamaño de una tarjeta de crédito, llamada tarjeta PC (PC Card).

PCMCIA slot- Ranura en computadoras personales (usualmente), por donde se introducen las tarjetas PC.

p-code (bytecode)- Código-p (código de octeto). Formato compilado para programas Java.

p-code compiler- Compilador de código-p.

PCS (Personal Communications Service)- Servicio Personal de Comunicaciones.Término de la Comisión Federal de Comunicaciones (FCC) de los Estados Unidos, usado para describir una serie de tecnologías celulares digitales, desplegadas en los Estados Unidos.

PCX- Formato estándar de archivos de imágenes gráficas, para programas de gráficas que corren en computadoras personales. Fue desarrollado originalmente por ZSOFT, para su programa Paintbrush, para computadoras personales.

PD (Public Domain)- Dominio Público.

PDA (Personal Digital Assistant)- Asistente Digital Personal. Computadora personal de bolsillo, sin teclado, diseñada para proporcionar los medios de organización elementales: calendario de citas, directorio, fax por módem, bloc de notas.

PDF (Portable Document Format)- Formato de Documentos Portátiles. Formato de archivo, semejante a PostScript, desarrollado por Adobe Systems.

PDL (Page Description Language)- Ver Page Description Language.

PDLC (Program Development Life Cycle) Ciclo de Vida de Desarrollo de Programa. Procedimiento para el desarrollo de programas, para sistemas de información.

PDN (Public Data Network)- Red de Datos Pública.

peak-to-peak- Pico a pico. Medida de voltaje de corriente alterna. Pico a pico es la diferencia entre las máximas amplitudes de onda positivas y negativas.

peer-to-peer- A la par. Modelo de comunicaciones en el cual cada parte posee las mismas capacidades y cada una puede iniciar una sesión de comunicación.

peer-to-peer network- Red a la par. Red de Area Local (LAN), sin servidor de archivo central, en el cual todas las computadoras de la red tienen acceso a los archivos públicos, en todas las otras estaciones de trabajo.

pel- Abreviatura de: picture element, que significa: elemento de pantalla, o pixel. Pixel ha prevalecido sobre pel.

pen- Pluma. Herramienta en programas de dibujo o pintura.

pen computer- Computadora de pluma. Computadora que utiliza una pluma electrónica (stylus), en lugar de un teclado, para introducir información.

Pentium microprocessor- Microprocesador de 32 bits, de quinta generación, desarrollado por Intel en 1993.

Peripheral Component Interconnect (PCI)- Ver PCI.

peripheral device- Dispositivo periférico. Dispositivo de computadora que no es parte esencial de la computadora. Existen dispositivos periféricos externos: ratón, teclado, impresora, monitor, escáner; o internos (también conocidos como periféricos integrados (integrated peripherals)): unidad de CD-ROM, unidad de CD-R, o módem interno.

PERL (Practical Extraction and Report Language)- Lenguaje Práctico para Informes y Extractos. Lenguaje de programación, desarrollado por Larry Wall, diseñado especialmente para texto de procesamiento.

Permanent Virtual Circuit (PVC)- Circuito Virtual Permanente. Circuito virtual, disponible permanentemente.

permission- Permiso. Atributo de archivo que especifica los diferentes niveles de acceso a un archivo, según el tipo de propietario (propietario individual, de grupo, y otros)

personal certificate- Certificado personal. Certificado digital de autenticidad.

Personal Communications Service (PCS)- Ver PCS.

Personal Computer (PC)- Computadora personal.

Personal Computer Memory Card International Association (PCMCIA)- Ver PCMCIA.

Personal Digital Assistant (PDA)- Asistente Digital Personal. Dispositivo de mano que combina características de computación, de telefonía, de facsímil y de red.

personal laser printer- Impresora láser personal.

PERT (Program Evaluation and Review Technique)- Técnica de Revisión y Evaluación de Programas. Programa de manejo de proyecto.

pervasive computing (ubiquitous computing)- Computación expansiva. Ver ubiquitous computing.

petabyte- Medida de memoria, o de capacidad de almacenamiento, que equivale a mil trillones de octetos.(1000 TB (one thousand trillion bytes)).

PGA (Pin Grid Array)- Arreglo de Rejillas de Patilla. Tipo de paquete de chips en los cuales las patillas conectoras (pins) se localizan en la parte inferior, en cuadros concéntricos. // (Professional Graphics Adapter) Adaptador Profesional de Gráficas. Norma de video, desarrollada por IBM, con 640 x 480 de resolución.

PGP (Pretty Good Privacy)- Popular programa usado para codificar y decodificar correo electrónico por la Internet.

PgUp/PgDn keys (Page Up/Page Down keys)- Ver Page Up/Page Down keys.

phaser- Procesador de sonido electrónico.

phishing- Pesca (variación de "fishing", que significa "pesca"). Acción de enviar mensajes fraudulentos por correo electrónico solicitando información confidencial, que posteriormente se usará para llevar a cabo robos de identidad.

Photo CD- Formato para almacenar fotografías digitales, desarrollado por Eastman Kodak Co.

photopaint program- Programa de fotopintura.

photo paper- Papel especial de impresión.

photorealistic output printer- Impresora de salida fotorealista. Impresora con calidad de impresión fotográfica.

photosensor- Fotosensor. Componente electrónico que detecta la presencia de luz visible, transmisión infrarroja (IR), y/o energía ultravioleta (UV).

phototypesetter- Adaptador de imágenes.

PHP- Lenguaje de secuencia de instrucciones (script), e intérprete, usado básicamente en servidores de Web Linux.

phreak (phone phreak)- Persona que se introduce a la red telefónica en forma ilegal, casi siempre para hacer llamadas de larga distancia, o para intervenir líneas telefónicas.

phreaking- Uso ilegal de la red telefónica.

physical- Físico. Cualquier cosa perteneciente a los componentes físicos de una computadora.

physical format (low-level format)- Formato físico (formato de bajo nivel). Formato de discos duros.

physical layer- Capa física. La capa física que sostiene a la interfaz mecánica o eléctrica al medio físico, en el modelo de comunicaciones de Interconexión de Sistemas Abiertos (OSI).

physical medium- Medio físico. El cableado por el que viajan los datos en una red de computadoras.

physical memory- Memoria física. Circuitos de la Memoria de Acceso Aleatorio (RAM), en los que se almacenan datos.

physical network- Red física.

pica- Pica. En tipografía, unidad de medida equivalente a aproximadamente 1/6 de pulgada, o a 12 puntos.

Pick- Sistema de Manejo de Base de Datos (DMS) basado en un modelo de datos comercial y su organización, asociado tradicionalmente con sistemas de minicomputadoras para la pequeña o mediana empresa.

pick list- Lista de valores (de incremento o decremento).

pick tool- Herramienta de selección. Cursor de ratón, en forma de flecha, usado para seleccionar objetos en una imagen.

pico- Pico. Prefijo métrico que significa una trillonésima.

picosecond- Picosegundo. Unidad de medida que equivale a un trillonésimo de segundo.

PIC (Lotus Picture File)- Formato de archivo gráfico usado para representar gráficas generadas por Lotus 1-2-3.

PICT file format- Formato de archivo PICT. Formato de archivo desarrollado por Apple Computer en 1984.

picture element (pel)- Pixel. El punto más pequeño en una pantalla, con intensidad y color.

pie chart (graph)-Diagrama de pastel. Tipo de presentación gráfica, en la cual se representan valores de porcentaje como rebanadas proporcionales de un pastel.

pie graph (chart)- Gráfica de pastel. Ver pie chart.

PIF (Program Information File) file- Archivo de Archivo de Información de Programa. Tipo de archivo que contiene información sobre la forma en la que Windows debe correr una aplicación, que no sea de

Windows.

PILOT- Lenguaje de programación usado para la enseñanza.

PIM (Personal Information Manager)- Administrador Personal de Información. Tipo de aplicación de programa diseñado para ayudar a usuarios a organizar cifras binarias de información al azar.

pin- Dispositivo que presiona una cinta de tinta para formar puntos en el papel, en impresoras matriciales. // Avance. Conductor macho, en un conector. // Patilla. Las cápsulas de silicón tienen una serie de patillas (pins) de metal delgado, en la parte inferior, que permite conectarlas a una tarjeta de circuitos.

PIN (Personal Identification Number)- Número de Identificación Personal. Números asignados a clientes de banco, para su uso en cajas bancarias automáticas.

pincushion- La inclinación distorsionada hacia adelante, de una imagen en pantalla.

pin feed (tractor feed)- Método de suministro de papel a una impresora.

ping- Hacer uso de la utilidad o comando, del programa PING. Ver PING. // (Caló) Llamar la atención de, o verificar la presencia de otra computadora en línea. // Proceso de envío de un mensaje a todos los miembros de una lista de correo, solicitando un Código de Acuse de Recibo (ACK).

PING (Packet Internet Groper)- Programa básico de diagnóstico de la Internet, que se usa comúnmente para verificar la existencia de una dirección de Protocolo de la Internet (IP), que pueda aceptar solicitudes, y determinar si la computadora está conectada adecuadamente a la Internet.

pingable- Capaz de responder al programa PING. Ver PING.

pin grid array (PGA)- Tipo de paquete de chips, en el cual, las patillas conectoras (pins) se encuentran en la parte inferior, en cuadros concéntricos.

pipe- Conducto. Conexión de software temporal, entre dos programas o comandos.

pipeline burst cache- Caché en sucesión de tubería de transferencia de datos. Caché, o área de almacenamiento para el procesador de una computadora, que está diseñado para ser leído o escrito en una sucesión de tubería (pipelining), de cuatro transferencias de datos (bursts), en la cual las transferencias posteriores pueden empezar a transferir, antes de que la primera transferencia haya llegado al procesador.

pipelining- Tubería. Técnica usada en microprocesadores avanzados, donde el microprocesador inicia una segunda instrucción, antes de completar la primera. Existen varias instrucciones simultáneas en la tubería, cada una en una etapa de procesamiento distinta. La tubería se divide en segmentos, y cada segmento puede ejecutar su operación al mismo tiempo. Técnica similar es la utilizada en Memoria Dinámica de Acceso Aleatorio (DRAM), en la cual la memoria carga el contenido de memoria solicitado a un pequeño caché compuesto de Memoria Estática de Acceso Aleatorio (SRAM), e inmediatamente va por el contenido de la memoria siguiente.

Piracy (software piracy)- Piratería (piratería de programas). Copia no autorizada de programas.

pitch- Medida horizontal del número de caracteres por pulgada lineal, en caracteres tipográficos de un solo espacio.

pivot table- Tabla de datos multidimensional.

pixel- Pixel. Punto de una imagen gráfica en pantalla.

pixelate- Pixelar.

PKCS (Public-Key Cryptography Standards)- Normas de Criptografía de Clave Pública. Serie de normas para asegurar el intercambio de información en la Internet, por medio de una Infraestructura de Clave Pública (PKI).

PL/1 (Programming language 1)- Lenguaje de Programación 1. Lenguaje de programación de alto nivel, desarrollado por IBM, a principio de los años sesentas. Se creó como alternativa de los lenguajes ALGOL, FORTRAN y COBOL.

Plain Old Telephone Service (POTS)- Servicio Telefónico Ordinario Antiguo. Servicio telefónico estándar, usado en la mayoría de los hogares.

plain text- Texto llano. Datos de texto en formato ASCII.

planar board (motherboard)- Placa base.

plasma- Gas ionizado.

plasma display- Pantalla de gas ionizado. Tipo de monitor de panel plano, que funciona al oprimir una mezcla de gas neón/xenón entre dos placas de vidrio, sellado con electrodos paralelos depositados en sus superficies.

platen- Rodillo de impresora.

platform- Plataforma. El hardware o software básico que define a un sistema.

platform-dependent- Dependiente de plataforma. Que no puede funcionar en una plataforma de diferente arquitectura (marca o fabricación). Ver platform.

platform-independent- Independiente de plataforma. Que puede funcionar en una plataforma de diferente arquitectura (marca o fabricación). Ver platform.

platter- Placa magnética circular, que constituye parte de un disco duro.

PL/M (Programming Language/Microprocessor)- Lenguaje de Programación/Microprocesador. Lenguaje de programación de alto nivel para microprocesadores, desarrollado por la Compañía Intel.

plot- Trazar. Producir una imagen, trazando líneas.

plotter- Trazador. Periférico gráfico de salida (impresora que traza imágenes, bajo la dirección de una computadora), usado comúnmente en diseño por computadora, o en gráficas de presentación.

plotter font- Caracteres tipográficos de trazador.

Plug and Play (PnP)- Conectar y poner en funcionamiento. Forma de autoconfiguración de los componentes físicos (hardware) de un computador. Tecnología desarrollada por Microsoft e Intel, que apoya la instalación de conectar y poner en funcionamiento, con mínima o ninguna intervención del usuario para la configuración.

plug- Conector usado para enlazar dispositivos.

Plug and Print- Conectar e Imprimir. Norma para el mejoramiento de la comunicación entre computadoras e impresoras.

plug-compatible- De conexión compatible. Que tiene la capacidad de conectarse en la misma interfaz, siendo de fabricación distinta, sin ninguna alteración.

plug-in- Extensión. Módulo de hardware o software que añade una característica, o servicio específico, a un sistema mayor.

PMMU (Paged Memory Management Unit)- Ver Paged Memory Management Unit.

PMJI (Pardon Me for Jumping In)- Siglas de: "Pardon Me for Jumping In, que significan: "Discúlpeme por Irrumpir".

PMS (Pantone Matching System)- Ver Pantone Matching System.

PNG (Portable Network Graphics)- Gráficas de Red Portátiles. Formato de gráficas de mapas de bits, similar al Formato de Intercambio de Gráficas (GIF).

PNP- Transistor bipolar.

PnP (Plug and Play)- Ver Plug and Play.

pocket modem- Módem de bolsillo.

POD (Point Of Demarcation)- Punto de Demarcación. Punto físico por el cual se limita la red pública de una compañía de telecomunicaciones de la red privada de un cliente.

point- Apuntar. Mover el puntero en pantalla, para seleccionar un ítem. // En tipografía, un punto es 1/72 de pulgada, y es usado para medir la altitud de caracteres.

pointer- Puntero. Símbolo en pantalla, usualmente en forma de flecha, que muestra la posición del ratón.

pointing device- Dispositivo de señalamiento. Dispositivo con el cual se puede controlar el movimiento del puntero, para seleccionar ítems en pantalla.

pointing stick- Palanca señaladora. Palanca de control en miniatura, desarrollada inicialmente por IBM para blocs de notas (notebook computers), que cuenta con una punta de goma y se coloca entre las teclas de un teclado.

Point of Demarcation (POD)- Ver POD.

Point Of Presence (POP)- Punto De Presencia. Número telefónico que da acceso, al marcar (dial-up access).

Point-Of-Sale (POS) system- Sistema de Punto De Venta. Computadoras que realizan funciones de caja registradora, además de otras funciones de contabilidad e inventario.

point-of-sale software- Programas de punto de venta.

point release- Mejoramiento menor de un programa.

Point-to-Point Protocol (PPP)- Protocolo de Punto a Punto. Método para conectar una computadora a la Internet, por medio de marcado telefónico.

Point-to-Point Tunneling Protocol (PPTP)- Nueva tecnología para la creación de Redes Privadas Virtuales (VPNs), desarrollada por Microsoft Corporation, U.S. Robotics, y varias compañías fabricantes de acceso remoto, conocidas en conjunto como PPTP Forum.

polarity- Polaridad. Término usado en electricidad, magnetismo y en señales electrónicas. Cuando existe voltaje constante entre dos objetos o puntos, al polo con la mayor cantidad de electrones, se le conoce como de polaridad negativa, y al otro, como de polaridad positiva.

polarization- Polarización.

polling- Método de Acceso a Canal (CAM).

polyline- Polilínea. Línea continua, compuesta de uno o más segmentos de línea, en gráficas de computación.

polyphony- Polifonía. Reproducción de varios sonidos al mismo tiempo, en tarjetas de sonido.

pop- Retirar un objeto de una pila (stack).

POP (Point Of Presence)- Ver Point Of Presence.

POP (Post Office Protocol) Ver Post Office Protocol.

POP-3 (Post Office Protocol 3) Protocolo de Oficina Postal 3. La versión más reciente de un protocolo estándar de recepción de correo electrónico.

pop-up menu- Menú emergente. Menú que aparece temporalmente en una selección, al presionar el botón del ratón.

pop-up utility- Utilidad emergente. Programa instalado como residente de memoria, para que siempre pueda ejecutarse, al presionar una tecla especial, llamada tecla caliente (hot key).

port- Puerto. Conexión de una computadora a un dispositivo externo, como un módem, o una impresora.

port conflict- Conflicto de puerto. Error ocasionado cuando dos dispositivos intentan accesar el mismo puerto en serie, al mismo tiempo.

portability- Portabilidad. Transportabilidad. Ver portable.

portable- Portátil. Pequeño y ligero, al referirse a hardware. // Al describir software, portátil significa la habilidad de ciertos programas de correr en una variedad de computadoras.

portable computer- Computadora portátil.

Portable Digital Document- Documento digital portátil.

portable document- Documento portátil.

Portable Document Format (PDF)- Ver PDF.

Portable Document Software (PDS)- Programas de Documento Portátil. Programas de aplicación que crean documentos portátiles.

Portable Network Graphics (PNG)- Ver PNG.

portal- Portal. Sitio o servicio de Web que ofrece una amplia variedad de recursos y servicios en línea, tales como: correo electrónico, foros, motores de búsqueda y centros comerciales (shopping malls).

portrait (vertical)- Retrato (vertical). Impresión en papel con la altura mayor que el ancho.

portrait orientation- Orientación retrato. Orientación, al imprimir el texto de una hoja, en la cual la altura de la página es mayor que el ancho.

POS (Point-Of-Sale) system- Ver Point Of Sale system.

POSIX (Portable Operating System Interface for UNIX)- Interfaz de Sistema Operativo Portátil para UNIX. Serie de normas del Instituto de Ingenieros Electrónicos y Electricistas (IEEE) y la Organización Internacional de Estandarización (ISO).

post- Poner un mensaje en cualquier foro público de discusión.

POST (Power-On Self-Test)- Prueba Automática de Encendido. Serie de pruebas de diagnóstico, que corren automáticamente al encender la computadora.

postcardware- Programas gratuitos, por los que únicamente se requiere que el usuario envíe una tarjeta postal al proveedor, como forma de pago.

posting- Mensaje en un foro público de discusión.

Post Office Protocol (POP)- Protocolo de Oficina de Correos. Protocolo usado para sustraer correo electrónico de un servidor de correo.

postprocessor- Postprocesador. Programa que realiza una operación automática de procesamiento final, después de terminar de trabajar con un archivo.

PostScript- Lenguaje de Descripción de Página (PDL), desarrollado por Adobe Systems, usado en impresión de alta calidad con impresoras láser, y otros dispositivos de impresión de alta resolución. Existen tres versiones básicas de PostScript: Nivel 1, 2 y PostScript 3.

PostScript font- Caracteres tipográficos de PostScript.

PostScript printer- Impresora de PostScript.

POTS (Plain Old Telephone Service)- Ver Plain Old Telephone Service.

pound key/sign (hash mark/sign) (octothorpe)- El caracter #.

power- Potencia. Energía eléctrica.

power down- Apagar una máquina.

power line filter- Filtro de la línea de energía eléctrica. Dispositivo eléctrico que regula el voltaje del enchufe de pared.

power line protection- Protección de la línea de energía eléctrica.

power management- Manejo de la energía. Administración de la energía eléctrica de diferentes componentes de un sistema, en forma eficiente.

power on- Puesta en marcha.

Power-On Self-Test (POST)- Ver POST.

power outage- Interrupción de la energía eléctrica. Pérdida de energía eléctrica, que conduce a la pérdida de información que no ha sido almacenada.

PowerPC- Microprocesador desarrollado por IBM, Motorola y Apple.

power save mode- Modo de ahorro de energía. Modo operativo de conservación de energía, de las computadoras portátiles.

power supply- Suministro de energía. El componente que suministra energía eléctrica a la computadora.

power surge- Sobrecarga de voltaje.

power up- Encender una máquina.

power user- Usuario muy capaz. Usuario de computadoras personales que posee considerable experiencia en computadoras, y utiliza las aplicaciones con las características más avanzadas.

p-p (peak-to-peak)- Ver peak-to-peak.

PPC- PowerPC. Ver PowerPC.

ppm (pages per minute)- Páginas por minuto.

PPP (Point-to-Point Protocol)- Protocolo Punto a Punto. Protocolo de comunicaciones para conectar computadoras directamente a la Internet, por medio de marcado telefónico.

PPTP (Point-to-Point Tunneling Protocol)- Ver Point-to-Point Tunneling Protocol.

Practical extraction and report language (perl)- Lenguaje práctico de relato y extracto. Lenguaje de programación de procesamiento de texto, desarrollado por Larry Wall.

PRAM (Parameter RAM)- Memoria de Acceso Aleatorio de Parámetros. Pequeña porción de Memoria de Acceso Aleatorio (RAM) usada para almacenar información acerca de la forma en que un sistema está configurado, en computadoras Macintosh.

precedence- Prioridad. El orden según el cual un programa realiza las operaciones en una fórmula.

precision- Precisión. Número de cifras binarias (bits) usadas para retener la parte fraccionaria, al describir números de punto flotante.

preferences- Preferencias. Asignaciones de un programa para satisfacer gustos personales.

prepress- Preimpresión. // Preimprimir.

presentation graphics (business graphics)- Gráficas de presentación. Tipo de programas comerciales que facilitan a usuarios el crear imágenes altamente estilizadas para reportes y presentaciones, usando diapositivas.

presentation graphics program- Programa de gráficas de presentación.

presentation layer- Capa de presentación. En el modelo de comunicaciones de Interconexión de Sistemas Abiertos (OSI), la capa de presentación que asegura que las comunicaciones que se transmiten, tengan la forma apropiada para el que las recibe.

press- Oprimir. Presionar el botón de un ratón, o una tecla.

Pretty Good Privacy (PGP)- Ver PGP.

preview- Avance. Vista anticipada de lo que será un documento o dibujo terminado.

PRI (Primary Rate Interface)- Interfaz de Tipo Primario. Tipo de servicio de Red Digital de Servicios Integrados (ISDN) diseñado para grandes organizaciones.

primary cache (L1 cache)- Caché primario. Ver L1 cache.

primary mouse button- Botón primario (izquierdo) de un ratón. Botón de ratón usado para seleccionar objetos.

Primary Rate Interface (PRI)- Ver PRI.

primary storage (main memory)- Almacenamiento primario (memoria principal). Forma fuera de uso para designar a la memoria principal.

primitive- Primitivo. Objeto de bajo nivel, de donde se pueden construir objetos y operaciones más complejas, de nivel superior.

print head- Cabeza de impresión.

Print Manager- Administrador de impresión.

print queue- Fila de impresión en espera de ser ejecutada. Ver queue.

Print Screen (PrtScr)- Imprimir Pantalla. Tecla para imprimir una imagen en pantalla, en teclados IBM PC.

print server- Servidor de impresión. En una red de área local, computadora dedicada a recibir y guardar archivos temporalmente, para ser impresos.

print spooling- Agrupar tareas de impresión en espera de ser ejecutadas. Ver queue.

print spooler- Agrupador de tareas de impresión en espera de ser ejecutadas.

Printed Circuit Board- Tarjeta Impresa de Circuitos. Placa delgada en la cual se colocan chips y otros componentes electrónicos.

printer- Impresora.

Printer Control Language (PCL)- Lenguaje de Control de Impresora. Lenguaje de Descripción de Página (PDL) desarrollado por Hewlett Packard y usado en varias de sus impresoras láser, e impresoras de chorro de tinta (ink-jet printers).

printer driver- Conductor de impresora. Programa que controla a una impresora.

printer font (resident font) (internal font) (built-in font)- Caracteres tipográficos de impresora. Caracteres tipográficos incorporados a una impresora.

Printf- Instrucción en lenguaje C, que imprime con formato.

privacy- Privacidad. El derecho de que la información personal que se transmite por una red de computadoras, no será compartida con ninguna otra persona, sin previa autorización.

Privacy Enhanced Mail (PEM)- Norma de la Internet que asegura la privacidad del correo electrónico.

private key- Clave privada. Clave de codificación/decodificación conocida únicamente por los miembros que intercambian mensajes secretos.

problem oriented language- Lenguaje orientado al problema. Lenguaje creado para la solución de ciertos problemas.

problem user- Usuario problema. Usuario que viola políticas de uso de una red.

Procedural Language extension to Structured Query Language (PL/SQL)- Extensión de Lenguaje de Procedimiento a Lenguaje de Consulta Estructurado. Combinación de lenguaje de base de datos y lenguaje de programación de procedimiento.

procedure (routine) (subroutine) (function)- Procedimiento. Sección de un programa que realiza una tarea específica. // Serie ordenada de tareas para realizar alguna acción.

procedure oriented language- Lenguaje orientado al procedimiento. Lenguaje creado para ciertas aplicaciones comerciales, científicas, etc. ...

process- Proceso. Programa que se ejecuta. // Procesar. Realizar algunas operaciones sobre datos.

process color- Color de proceso. Uno de los cuatro colores que se mezclan para crear otros colores.

processing- Procesamiento. Tratamiento. La ejecución de instrucciones de programas, por la Unidad Central de Procesamiento (CPU).

processor- Procesador. Forma corta para microprocesador o Unidad Central de Procesamiento.(CPU). Circuitos lógicos que responden a, y procesan la instrucción básica que maneja a una computadora.

processor serial number (PSN)- Número de procesador en serie. Número en serie único, que Intel ha impreso en sus 3 microprocesadores Pentium, que se puede leer por medio de programas.

Professional Graphics Adapter (PGA)- Ver PGA.

professional workstation- Estación de trabajo profesional. Computadora personal de alto rendimiento.

program- Programa. Lista organizada de instrucciones que, al ejecutarse, dan por resultado un comportamiento predeterminado de la computadora. // Programar. Escribir programas.

Program Development Life Cycle (PDLC)- Ver PDLC.

program overlay- Parte de un programa que queda en disco y que se usa únicamente cuando se requiere.

programmable- Programable. Que puede ser controlado por medio de instrucciones.

programmable function key- Tecla de función programable.

programmable memory- Memoria programable.

Programmable Read-Only Memory (PROM)- Memoria Programable de Sólo Lectura. Memoria ROM que puede ser programada solamente una vez.

programmer- Programador. Persona que escribe programas. // Dispositivo que escribe un programa a un chip de Memoria Programable de Sólo Lectura (PROM).

programmer/analyst- Programador/analista. Persona que escribe programas/realiza análisis de sistemas y diseña funciones

programming- Programación. Elaboración de programas.

programming environment- Entorno de programación. Herramientas para programación.

programming language- Lenguaje de programación.

project- Proyecto. Archivos necesarios para una versión lista para usarse, de un programa.

project management- Manejo de proyecto. La programación de un proyecto complejo, que abarca distintas tareas.

project management program- Programa de manejo de proyecto.

projection panel- Panel de proyección. Panel semitransparente que se conecta a la computadora, y se coloca en un proyector.

Prolog- (Programation Logique)- Lenguaje de programación con instrucciones que representan fases lógicas.

PROM (Programmable Read-Only Memory)- Ver Programmable Read-Only Memory.

prompt- Mensaje enviado por la computadora (por la pantalla) instando respuesta a través del teclado.

property- Propiedad. Característica de un objeto. Atributos asociados a una estructura de datos, en varios lenguajes de programación.

proportional pitch- Medida proporcional. Caracteres con anchuras diferentes, en cierto tipo de letra.

proportional spacing- Espaciamiento proporcional. El uso de diferentes anchuras, para diferentes caracteres.

proprietary- De propiedad privada. Que pertenece, y está controlado, por una entidad privada.

proprietary file format- Formato de archivo de propiedad privada.

proprietary local bus- Vía de transmisión local de propiedad privada.

proprietary protocol- Protocolo de propiedad privada.

proprietary standard- Norma de propiedad privada.

protected memory- Memoria protegida.

protected mode- Modo protegido. Tipo de utilización de memoria, disponible en microprocesadores Intel 80286 y modelos posteriores.

protocol- Protocolo. Formato regulador de transmisión de datos estándar.

protocol stack- Pila de protocolo. Serie de capas de protocolo de red, que trabajan en conjunto.

protocol suite- Serie de protocolo. Serie de normas relacionadas, que definen la arquitectura de una red.

protocol switching- Conmutación de protocolo.

prototyping model- Modelo prototipo. Método de desarrollo de sistemas (SDM), en el cual un prototipo (aproximación temprana de un sistema o producto final) es construído, sometido a prueba, y se ha trabajado en él de nuevo, hasta que finalmente se logra sacar un prototipo aceptable, de donde entonces se puede desarrollar el producto o el sistema completo.

proxy server- Servidor intermediario. Servidor interpósito o intermediario entre una red privada y la Internet, que canaliza el contacto con la Internet, para evitar que usuarios externos puedan accesar directamente computadoras de la red privada.

PrtScr (Print Screen)- Ver Print Screen.

PS/2 mouse- Ratón PS/2. Ratón que se conecta a una computadora personal, a través de un puerto PS/2.

PS/2 port- Puerto PS/2. Tipo de puerto desarrollado por IBM, para conectar un teclado, o ratón a una computadora personal.

PS 2 (PostScript 2)- Ver PostScript.

pseudoanonymous remailer- Reenviador pseudoanónimo. Servicio de reexpedición de correo electrónico, para el envío de correo electrónico anónimo.

pseudocode- Pseudocódigo. Descripción detallada de lo que debe hacer un programa de computadora, o un algoritmo, expresado en lenguaje humano simplificado (verbos y estructuras lógicas) susceptible a traducirse a un lenguaje de programación.

PSN (Processor Serial Number)- Ver Processor Serial Number.

PSTN (Public Switched Telephone Network)- Red Telefónica Conmutada Pública. Sistema telefónico internacional, basado en cables de cobre que transportan datos analógicos de voz.

pub- Directorio público.

Public Data Network (PDN)- Ver PDN.

public domain- De dominio público. No protegido por derechos de autor.

public domain software- Programas de dominio público.

Public-Key Cryptography Standards (PKCS)- Ver PKCS.

public key encryption- Codificación de clave pública. Sistema criptográfico que utiliza dos claves; una clave pública, de dominio público, y una clave secreta, o privada, conocida únicamente por el que recibe el mensaje.

Public Switched telephone network (PSTN)- Ver PSTN.

pull- Solicitar datos de otro programa, o de otra computadora.

pull-down menu- Menú abatible. Tipo especial de menú emergente, que aparece directamente debajo del comando seleccionado.

pull technologies- Tecnología por solicitud. Tecnología utilizada en la World Wide Web, donde no se transmiten páginas, sino hasta que son solicitadas por un explorador.

Pulse Code Modulation (PCM)- Ver PCM.

punched card- Tarjeta perforada. Tarjeta de cartón que servía como entrada de datos a una computadora. En la actualidad ya no se utilizan.

purge- Purgar. Retirar datos antiguos e innecesarios, de manera permanente y sistemática.

push- Imponer. Enviar datos no solicitados a un cliente, en aplicaciones de cliente/servidor. // Colocar. En programación, colocar un ítem de datos en una pila (stack).

pushbutton- Botón de presión. Botón en un cuadro de diálogo que se activa después de elegir una opción, en Interfaces Gráficas de Usuario (GUIs).

push technology (Webcasting)- Tecnología por canales. Actualización pre-arreglada de noticias, clima, u otra información seleccionada, a través de transmisión periódica y, en general, no intrusista, por la World Wide Web, en una interfaz de computadora de escritorio. // Proceso por el cual una red envía información no solicitada a clientes.

pushing the envelope- Trabajar cerca o, al límite de restricciones físicas o técnicas.

PVC (Permanent Virtual Circuit)- Circuito Virtual Permanente. Circuito virtual disponible permanentemente.

Q

QAM (Quadrature Amplitude Modulation)- Modulación de Amplitud de Cuadratura. Método de combinación de dos señales de amplitud, moduladas en un solo canal, duplicando la amplitud de banda efectiva.

QBASIC- Versión del QuickBASIC de Microsoft.

QBE (Query By Example)- Solicitud de Información Por Ejemplo. Método de formación de solicitudes de información (queries) de una base de datos, en el cual el programa de base de datos muestra un registro en blanco, con un espacio para cada campo.

QFP (Quad Flat Pack)- Cápsula de circuito integrado cuadrada, para soldar en la superficie, sin atravesar el circuito impreso con las patillas.

QIC (Quarter-Inch Cartridge)- Cartucho de Cuarto de Pulgada. Norma para unidades de cinta magnética. // Cartucho de cinta magnética, de un cuarto de pulgada de ancho, que se usa para operaciones de respaldo.

QoS (Quality of Service)- Calidad de Servicio. Término de red que determina un nivel específico de cantidad de datos transferidos de un lugar a otro, o procesados en una cantidad de tiempo específica. // Esquema de prestación de servicios de computación o telecomunicaciones, que asigna prioridad a ciertos usos o usuarios. Cuando la demanda conjunta excede la disponibilidad de ancho de banda, los usos o usuarios prioritarios tienen garantizado un nivel mínimo aceptable de servicio predeterminado, en detrimento de otros.

quad- Serie de cuatro unidades. Los cuatro números que constituyen una dirección de Protocolo de la Internet (IP).

quad BRI- Esquema de telecomunicaciones que usa cuatro unidades de Interfaz de Tipo Básico (BRI) de Red Digital de Servicios Integrados (ISDN).

quad density (high density)- Alta densidad.

quad tree- Método de colocación y localización de archivos (llamados registros o claves) en una base de datos.

Quadrature Amplitude Modulation (QAM)- Ver QAM.

Quarter-Inch Cartridge (QIC)- Ver QIC.

query- Solicitud de información de una base de datos.

Query By Example (QBE)- Ver QBE.

query language- Lenguaje de consulta. Lenguaje especializado para obtener información de una base de datos.

queue- Agrupar. Agrupar tareas, para una computadora o dispositivo (print spooling), en ciencias de la computación. // Fila. Cola. Grupo de tareas en espera de ser ejecutadas. // Estructura de datos en programación, en la cual los elementos se retiran de la misma forma en la que entraron (first in, first out).

QuickBASIC- Compilador de Microsoft.

QuickDraw –Lenguaje de tecnología de gráficas orientadas a objetos y despliegue de texto, en Memoria de Sólo Lectura (ROM) de Macintosh.

queueing theory- Teoría de filas. El estudio de filas, en ciencias de la computación, como una técnica para el manejo de procesos y objetos en una computadora.

QuickTime- Sistema de animación y video, desarrollado por Apple Computer.

quit- Salir de un programa en forma ordenada.

QWERTY- Teclado de computadora, cuyas teclas de la primera fila, de derecha a izquierda, forman el nombre QWERTY. Fue diseñado por Christopher Sholes, inventor de la máquina de escribir, en 1868.

R

RAD (Rapid Application Development)- Desarrollo de Aplicación Acelerado. Sistema de programación que facilita a programadores la rápida construcción de programas de trabajo.

radio button- Botón de radio. Botón de opción. Botón de opción circular que aparece en cuadros de diálogo, en Interfaces Gráficas de Usuario (GUIs).

Radio Frequency Identification (RFI)- Identificación de Frecuencia de Radio. Tecnología similar en teoría a la identificación de código de barra. Tecnología que incorpora el uso del acoplamiento electromagnético, o electrostático, en la porción de frecuencia de radio (RF) del espectro electromagnético, para identificar, de manera única, a un objeto, animal o persona.

radix- La base de un sistema numérico.

radix sort- Clasificación de base. Algoritmo que ordena datos, clasificando cada ítem.

ragged- No alineado al margen.

RAID (Redundant Array of Independent (or Inexpensive) Disks)- Arreglo Redundante de Discos Independientes. Categoría de unidades de disco que emplea dos o más unidades combinadas para responder a fallas inesperadas de hardware o software, y para un mejor funcionamiento.

RAM (Random-Access Memory)- Memoria de Acceso Aleatorio. Tipo de memoria interna de computadora que puede ser accesada al azar, esto es, cualquier octeto (byte) de memoria puede ser accesado, sin accesar los octetos precedentes.

RAM cache- Caché de Memoria de Acceso Aleatorio. Ver L2 cache. // En computadoras Apple Macintosh, el término RAM cache se usa para designar a un caché de disco.

RAMDAC (Random Access Memory Digital-to-Analog Converter)- Convertidor Analógico-Digital de Memoria de Acceso Aleatorio. Chip en tarjetas de adaptador de video, que sirve para convertir imágenes digitalmente codificadas, a señales analógicas que puedan desplegarse en un monitor.

RAM disk (virtual disk)- Disco de Memoria de Acceso Aleatorio (disco virtual). Memoria de Acceso

Aleatorio que ha sido configurada para simular una unidad de disco.

random access- Acceso aleatorio. La habilidad de accesar datos al azar.

random-access device- Dispositivo de acceso aleatorio.

Random-Access Memory (RAM)- Ver RAM.

Random Access Memory Digital-to-Analog Converter (RAMDAC)- Ver RAMDAC.

random-number generator- Generador de números al azar.

range- Serie. Una o más celdas contiguas, en aplicaciones de hoja de cálculo.

range format- Formato de serie.

range name- Nombre de serie.

Rapid Application Development (RAD) Ver RAD.

RARP (Reverse Address Resolution Protocol)- Protocolo de Resolución de Dirección Invertida. Protocolo de la Internet/Protocolo de Control de Transmisión (TCP/IP) que permite que una dirección física, como una dirección Ethernet, sea traducida a una dirección de Protocolo de la Internet (IP).

raster- Raster. Dispositivo de salida de gráficas de trama. El área rectangular de una pantalla de monitor que se usa para desplegar imágenes.

raster font- Caracteres tipográficos de raster.

raster graphics- Gráficas de raster.

Raster Image Processor (RIP)- Procesador de Imagen de Raster. Combinación de software y hardware que convierte una imagen de vector en una imagen de mapa de bits.

rasterize- Rasterizar. Cambiar una imagen a un mapa de bits y adaptarlo a un raster.

rate- Razón de transferencia. Rapidez de transferencia.

raw data- Información incipiente. Información que no ha sido organizada, formateada o analizada.

ray tracing- Trazo de rayos de luz. Elemento importante, al dibujar objetos tridimensionales por computadora (rendering).

RBOC (Regional Bell Operating Companies)- Término que describe a una de las compañías telefónicas regionales de los Estados Unidos (o sus sucesoras), creadas a partir de la disolución de la Compañía Telefónica y de Telégrafos (AT&T, también conocida como Bell System o "Ma Bell"), en diciembre de 1983.

RC4- Algoritmo de codificación de clave simétrica, desarrollado por RSA Data Security, Inc.

RDBMS (Relational Database Management System)- Sistema de Manejo de Bases de Datos Relacionales. Tipo de Sistema de Manejo de Bases de Datos (DBMS), que almacena datos en forma de tablas (hileras y columnas) relacionadas.

RDF (Resource Description Framework)- Estructura de Descripción de Recursos. Estructura general para describir datos acerca de otros datos (meta data), de un sitio de Web, o la información acerca de la información en el sitio.

read- Copiar datos de un lugar (como un medio de almacenamiento) a un lugar donde puedan ser usados por un programa (como la memoria principal). // Lectura. El acto de leer.

readme file- Pequeño archivo de texto que acompaña a programas de aplicación de computadora. Contiene información no incluída en la documentación principal. La información normalmente incluye problemas y soluciones a situaciones no previstas, cuando se produjo la documentación.

read-only- De sólo lectura. Que se puede desplegar, pero no se puede modificar o borrar.

read-only attribute- Atributo de sólo lectura.

Read-Only Memory (ROM)- Memoria de Sólo Lectura. Memoria de computadora en la cual los datos han sido pregrabados. Una vez que se han escrito datos en un chip de Memoria de Sólo Lectura (ROM), éstos no pueden retirarse, y sólo pueden ser leídos.

read protect- Protección contra lectura. Medio por el cual se impide a personas no autorizadas el acceso a ciertos archivos.

read/write (r/w)- Lectura/escritura. Capacidad de ser desplegado (lectura) y de grabar y modificar datos (escritura).

read/write file- Archivo de lectura/escritura.

read/write memory- Memoria de lectura/escritura.

reader- Lector. Dispositivo que registra información para ser procesada en la computadora.

RealAudio- Protocolo de comunicaciones desarrollado por Progressive Networks, que permite la difusión de señales de audio por la Internet.

real estate- (Caló) El espacio que ocupa una computadora en un escritorio, o un componente electrónico en una tarjeta de circuitos.

real mode- Modo real. Modo de ejecución respaldado por los procesadores Intel 80286 y los posteriores.

real mode driver- Controlador en modo real.

real number- Número real.

Real Soon Now (RSN)- (Caló) En un futuro (probablemente mucho más tarde de lo acordado).

real time- Tiempo real. Que ocurre inmediatamente. Nivel de respuesta en computación que el usuario siente que es lo suficientemente inmediata, o que permite a la computadora proseguir con algunos procesos externos. // Eventos simulados por una computadora a la misma velocidad a la que ocurrirían en la vida real. // Sentido del tiempo humano, más que el que marca una máquina.

Real-Time+ Clock (RTC)- Reloj en Tiempo Real. Reloj operado por baterías, que se incluye en un microchip en la tarjeta madre (motherboard) de una computadora.

Real-Time Operating System (RTOS)- Sistema Operativo en Tiempo Real. Sistema operativo que garantiza cierta capacidad, dentro de la restricción de un tiempo específico.

real-time programming- Programación en tiempo real.

reboot- Poner en marcha, de nuevo, a una computadora.

rebuild desktop- Reconstruir escritorio. Limpiar el archivo del sistema de escritorio de la computadora

Macintosh.

record- Registro. Juego completo de información, en sistemas de manejo de bases de datos. Algunos lenguajes de programación permiten definir una estructura de datos especial, llamada registro. En general, un registro es una combinación de otros objetos de datos. // Registrar. Almacenar.

record length- Longitud de registro. El número de caracteres que componen un registro.

record locking- Asegurar un registro. Hacer inaccesible un sólo registro, en vez de un archivo completo.

recover data- Recuperar datos almacenados, en un medio que ha sido dañado.

recoverable error- Error recuperable. Error que no ocasiona pérdida irreparable de datos, o la falla de un sistema.

recovering erased files- Recuperación de archivos borrados.

recursion- Recursión. En programación, la instrucción de un programa que provoca que una subrutina se llame a sí misma.

recycle bin- Papelera de reciclaje. Directorio, en el escritorio de Windows, donde se almacenan temporalmente archivos suprimidos, antes de borrarlos definitivamente.

Red Book- Libro rojo. Norma de la Organización Internacional de Normas (ISO), que describe la forma en que se graba música en discos compactos de audio.

Red Hat- Compañía de software que se dedica a ensamblar componentes de origen abierto (open source) para el sistema operativo Linux, y programas relacionados a un paquete de distribución que se ordena fácilmente.

redirection- Redirección. Técnica de traslado de visitantes a una página de Web, cuando su dirección ha cambiado y los visitantes están familiarizados con la antigua dirección.

redirection operator- Operador de redirección.

redline- Línea roja. Línea que marca cambios a un documento.

redlining- Marcar con línea roja. Ver línea roja.

redo- Rehacer. Revertir el efecto del comando UNDO (DESHACER), más reciente.

Reduced Instruction Set Computer (RISC)- Computadora con Juego de Instrucciones Reducido. Tipo de microprocesador que reconoce un número de instrucciones relativamente limitado.

redundant- Redundante. En tecnología de información, componentes de sistema de red o computadora, que se instalan para respaldar recursos primarios, en caso de falla. // Información redundante. Información duplicada o innecesaria. // Cifras binarias redundantes. Cifras binarias adicionales, que se generan y se transfieren en una transferencia de datos, para asegurarse de que no se extravíen.

Redundant Array of Inexpensive Disks (RAID)- Ver RAID.

reflective liquid crystal display- Pantalla de cristal líquido reflejante. Pantalla de cristal líquido sin luz de fondo.

reflow (rewrap)- Reorganizar. Reorganizar un texto para que luzca uniforme.

reformat- Reformatear. Repetir la operación de formateo de un disco.

refresh- Actualizar. Agregar datos nuevos. // Recargar un dispositivo de energía, o información.

refresh rate- Velocidad de actualización. Número de veces que la imagen en pantalla se re-dibuja o se actualiza, por segundo.

regexp (regular expression)- Expresión regular. Forma en la que un usuario de computadora expresa la manera en la que un programa de computadora debe buscar un patrón específico en un texto.

Regional Bell Operating Companies (RBOC)- Ver RBOC.

regional settings- Disposiciones regionales. Disposición de un sistema operativo, de acuerdo a la situación geográfica del usuario.

register- Registro. Area de almacenamiento especial, de alta velocidad, dentro de la Unidad Central de Procesamiento (CPU). // Registrar. Notificar al fabricante de que se ha comprado su producto.

registration- Acto de registrar. Dar aviso de la compra e instalación de un producto, a la compañía fabricante.

Registration Editor- Editor de Registro. Ver Registry.

registration fee- Cuota de registro.

Registry- En Microsoft Windows, una base de datos que proporciona a programas la forma de almacenar datos de configuración, localización de archivos de programa y otra información necesaria para el buen funcionamiento de los programas.

regular expression (regexp)- Ver regexp.

relational database- Base de datos relacional. Colección de ítems de datos organizados, como una serie de tablas descritas formalmente, de las cuales se puede accesar datos, o reensambladas de varias maneras distintas, sin tener que reorganizar las tablas de bases de datos. La base de datos relacional fue inventada por E.F. Codd, en IBM, en 1970.

Relational Database Management System (RDBMS)- Ver RDBMS.

relational expression- Expresión relacional. Expresión que contiene operadores relacionales.

relational operator (comparison operator)- Operador relacional. Operador que compara dos valores

relationship- Relación. En programas de bases de datos relacionales, enlace entre dos tablas por un campo común.

relative address- Dirección relativa. Dirección que se especifica al indicar su distancia de otra dirección, llamada dirección base (base address).

relative addressing- Direccionamiento relativo. Especificación de la localización de la Memoria de Acceso Aleatorio (RAM), usando una expresión.

relative cell reference- Referencia de celda relativa. Referencia a una celda, o grupo de celdas, indicando su distancia de alguna otra celda, en aplicaciones de hoja de cálculo.

release- Edición de un producto de software. // Soltar. Soltar el botón del ratón.

release number- Número de edición de un producto de software.

reliability- Confiabilidad. Atributo de cualquier componente relacionado a la computación, que funciona consistentemente de acuerdo a sus especificaciones.

reliable connection- Conexión confiable. Conexión sin errores.

reliable link- Enlace confiable.

reload- Re-cargar. Cambiar por una copia de información actualizada.

relocatable program- Programa reubicable.

remote- Remoto. Archivo, dispositivo, u otro recurso que no está conectado directamente a la estación de trabajo.

remote access- Acceso remoto. Posición distante conectada a una red o a una computadora.

remote control- Control remoto. La habilidad de un dispositivo o programa de controlar un sistema de computación desde una posición distante.

remote login (remote access)- Acceso remoto. La habilidad de accesar una red o una computadora desde una posición distante.

remote management- Administración remota.

Remote Procedure Call (RPC)- Llamada de Procedimiento Remota. Protocolo de programa para solicitar el servicio de un programa, de otra computadora en la red.

remote system- Sistema remoto. Sistema o computadora a la que una computadora está conectada, por medio de un módem y una línea telefónica.

remote terminal- Terminal remota.

removable hard disk- Disco duro removible. Tipo de sistema de unidad de disco, en el cual los discos se encuentran dentro de cartuchos de plástico, o de metal, para que puedan ser removidos como disquetes.

removable storage media- Medio de almacenamiento removible.

remove spots- Filtro de fotopintura quitamanchas.

render- Proceso de crear realismo a gráficas de computación, agregando cualidades tridimensionales.

rendering- En gráficas, la conversión de un dibujo a una imagen tridimensional.

repaginate- Repaginar. Cambiar la posición de los saltos de página.

repeat- Iterar. Repetir una instrucción cierto número de veces.

repeater- Repetidor. Dispositivo usado para extender la longitud del cable, amplificando y retransmitiendo señales que viajan a través de la red.

repeat key- Tecla de repetición. Tecla que repite caracteres mientras se le mantenga presionada.

replace- Reemplazar. Insertar un objeto nuevo, en lugar de uno ya existente.

replication- Duplicación. El proceso de crear y manejar versiones duplicadas de una base de datos.

report- Informe. Presentación de datos formateada y organizada.

report generator (report writer)- Generador de informes. Programa, usualmente parte de un sistema de manejo de bases de datos, que selecciona información de uno o más archivos y la presenta en un formato específico.

Report Program Generator (RPG)- Generador de Programa de Informes. Lenguaje de programación, desarrollado por IBM a mitad de los años sesentas, para el desarrollo de aplicaciones de negocios, especialmente para generar informes de datos.

Request for Comments (RFC)- Solicitud de Comentarios. Serie de notas acerca de la Internet, iniciada en 1969, cuando la Internet era ARPANET.

required hyphen- Guión solicitado. A diferencia del guión a discreción, el guión solicitado es pulsado según se requiera, y anula la división automática, al final de una línea, hecha por el guión a discreción.

required space- Espacio requerido.

research network- Red para la investigación.

ResEdit (Resource Editor)- Editor de Recursos. Programa de utilidades de Macintosh.

reserved word- Palabra reservada. Palabra con un significado especial, en cierto programa o lenguaje de programación, que no se puede reutilizar para nombrar variables o parámetros.

reset button- Botón de reinicio. Botón o interruptor en varias computadoras, que permite reiniciar la operación de la computadora.

reset key- Tecla de reinicio. Combinación de teclas que activan el reinicio de operación de una computadora.

resident font (internal font) (built-in font) (printer font)- Caracteres tipográficos residentes. Caracteres tipográficos incorporados a los componentes físicos (hardware) de una impresora.

resident program- Programa residente. Programa de utilidad que permanece en Memoria de Acceso Aleatorio (RAM), en forma permanente.

resistance- Resistencia. Obstrucción que hace un conductor al paso de la corriente eléctrica.

Resize (scale)- Graduar. Cambiar el tamaño de un objeto, manteniendo su forma.

resolution- Resolución. Nitidez y claridad de imagen.

resolution enhancement- Mejoramiento de resolución. Colección de técnicas usadas en varias impresoras láser, para que impriman con más alta resolución que la normal.

resource- Recurso. Cualquier ítem que pueda ser usado (dispositivos, memoria, etc.). Datos o rutinas que están disponibles a programas, en varios sistemas operativos como Microsoft Windows, y el sistema operativo de Macintosh.

Resource Description Framework (RDF)- Ver RDF.

resource fork- Una de dos porciones de un archivo, en el sistema de archivo de Macintosh.

resource leak- Fuga de recursos. Ver leak.

response time- Tiempo de respuesta. Tiempo transcurrido entre el fin de una indagación o demanda a un sistema de computación, y el principio de su respuesta.

restore- Restaurar. Regresar una ventana a su tamaño original.

retouching- Retoque. Corrección de defectos, o alteración de fotografías digitales.

retrieval- Procedimientos que comprenden la búsqueda, organización, resumen, despliegue o impresión de información de un sistema de computación.

return- Salto de línea. Código especial que hace que el procesador de palabra, u otra aplicación, avance al principio de la línea siguiente.

return key- Tecla de salto de línea.

Return On Investment (ROI)- El beneficio, ganancia o ahorro resultante de una inversión de dinero, o recursos.

reusable components- Componentes reusables. Piezas de software que pueden usarse en otros programas.

reusable object- Objeto reusable.

Reverse Address Resolution Protocol (RARP)- Protocolo de Resolución de Dirección Invertida. Protocolo por el cual una máquina física en una Red de Area Local (LAN), puede solicitar su dirección de Protocolo de la Internet (IP) de una tabla o caché de Protocolo de Resolución de Dirección (ARP) de enlace de servidor.

reverse engineering- Ingeniería invertida. El acto de desmontar un objeto para ver como funciona, con el propósito de duplicarlo o mejorarlo.

Reverse Polish Notation (RPN)- La descripción de operaciones matemáticas, para facilitar cálculos en computadoras o calculadoras. Sistema usado en calculadoras de Hewlett Packard.

reverse slash (backslash)- Ver backslash

reverse video- Video invertido. Método de pantalla que ocasiona que la pantalla aparezca como un negativo de la pantalla normal.

revert- Revertir. Obtener una copia de información actualizada de una versión de archivo, previamente grabada en un disco, perdiendo información de todo cambio intermedio.

rewrite (overwrite)- Escribir (grabar) datos sobre datos ya existentes.

RF (Radio Frequency)- Radiofrecuencia. Cualquier frecuencia dentro del espectro electromagnético asociado con la propagación de ondas de radio.

RFC (Request For Comments)- Ver Request For Comments.

RFI (Radio Frequency Identification)- Ver Radio Frequency Identification.

RGB (Red-Green-Blue)- Rojo-Verde-Azul. Sistema para representar los colores que se usan en una pantalla de computadora. El rojo, verde y el azul pueden ser combinados, en diferentes proporciones, para obtener cualquier color en el espectro visible.

RGB monitor- Monitor Rojo-Verde-Azul (RGB). Monitor digital a color, que accepta señales por separado para el rojo, verde y el azul.

ribbon bar- Barra cinta. Hilera de pequeños íconos, justo debajo de la barra de menú de una ventana.

ribbon cable- Cable cinta. Cable delgado y plano, que contiene varios cables en paralelo.

rich text format – Formato para codificar documentos sin información binaria, usando únicamente texto con caracteres ASCII.

right-click- Presionar el botón derecho de un ratón.

right justification- Alineación a la derecha.

ring network- Red de anillo. Red de Area Local (LAN) con forma de anillo.

RIP (Routing Information Protocol)- Protocolo de Información de Enrutamiento. Protocolo definido por la Solicitud de Comentarios (RFC) 1058, que especifica la manera en la que los enrutadores (routers) intercambian información de tabla de enrutamiento.

ripper- Programa de software que extrae la música de un CD de audio, y la convierte en un formato compatible con Computadoras Personales (PCs) y reproductores electrónicos. MP3 es un ejemplo de formato.

RISC (Reduced Instruction Set Computer)- Computadora con un Juego Reducido de Instrucciones.

river- Río. Defecto de formato que provoca alineación accidental de espacio blanco entre palabras.

RJ-11 (Registered Jack-11)- Conector de cuatro a seis cables, usado básicamente para conectar equipo telefónico, en los Estados Unidos.

RJ-11 connector- Conector RJ-11. Conector para conectar algunos tipos de Redes de Area Local (LANs), aunque los conectores RJ-45 son de uso más común.

RJ-45 (Registered Jack-45)- Conector de ocho cables usado comúnmente para conectar computadoras a Redes de Area Local (LANs), especialmente de Ethernet.

RLE (Run-Length Encoding)- Algoritmo de compresión de datos. Método de compresión que convierte caracteres consecutivos idénticos, a un código.

RLL (Run-Length Limited)- Método de ampliación de capacidad de almacenamiento de datos de un disco duro.

rlogin (remote login)- Acceso remoto. Instrucción de conexión remota con otra computadora.

RMI (Remote Method Invocation)- Invocación de Método Remoto. Serie de protocolos en desarrollo por la división de JavaSoft de Sun, que permite a los objetos Java comunicarse en forma remota con otros objetos Java.

rms (root-mean-square)- Raíz cuadrática media. Método matemático más común de definir la corriente o voltaje efectivo de una onda de corriente alterna. Ver root-mean-square.

robot- Robot. Artefacto computarizado capaz de controlar otros objetos.

robust- Vigoroso. Capaz de resistir condiciones extremas.

ROFL (Rolling On the Floor Laughing)- Siglas de correo electrónico de: "Rolling On the Floor Laughing", que significan "Rodando en el suelo de la risa".

ROI (Return On Investment)- Ver Return On Investment.

rollerball- Apuntador de bola. Dispositivo que funciona como un ratón, pero con diferente diseño.

rollout- Productos en etapas. Serie de actividades en etapas, que frecuentemente acumulan significado según ocurren. Los fabricantes y distribuidores de productos de computación usan el término para describir una serie de anuncios de productos relacionados, en etapas.

rollover (mouseover)- Hacer rodar el ratón. Técnica en JavaScript que permite cambiar un elemento de página (usualmente una imagen gráfica), cuando el usuario hace rodar el ratón sobre algo en la página (como una línea de texto o una imagen gráfica).

roll-up menu- Menú que se enrolla. Cuadro de diálogo que se mantiene abierto en pantalla, mientras se hace una selección.

ROM (Read-Only Memory)- Ver Read-Only Memory.

ROM BIOS- Memoria que almacena la configuración, fecha y hora de una Computadora Personal (PC).

root- De raíz. La categoría más alta, en un sistema de clasificación organizado por jerarquías.

root directory- Directorio de raíz. Directorio principal de un disco duro, o flexible (hard o floppy) que MS-DOS y Microsoft Windows crean cuando se formatea el disco.

root-mean-square- Raiz cuadrática media. Forma de obtener el valor promedio de una señal que cambia de amplitud con el tiempo, por ejemplo, una onda senoidal. Ver rms.

rot-13 (rotate 13)- Rotar 13. Técnica de codificación.

rotate- Hacer girar. En programas de dibujo, hacer rotar un dibujo.

rotational speed- Velocidad de rotación. El número de revoluciones por minuto de un disco duro.

rotation tool- Herramienta de rotación. Opción de comando que sirve para variar de posición un texto.

ROTFL-(Rolling On The Floor Laughing) – Inicialismo usado en mensajes electrónicos que significa: "Rodando en el suelo de la risa".

roughs (thumbnail)- Borrador de texto.

rounding- Redondeo. Aproximación.

rounding error- Error de redondeo (aproximación).

router- Enrutador. Dispositivo que conecta cualquier número de Redes de Area Local (LANs). // Dispositivo que pone en ruta.

routine (subroutine) (function) (procedure)- Rutina. Programa que siempre forma parte de otro principal, y que realiza una tarea específica.

Routing Information Protocol (RIP)- Ver RIP.

RPC (Remote Procedure Call)- Ver Remote Procedure Call.

RPG (Report Program Generator)- Generador de Programas de Informes. Lenguaje de programación usado principalmente en la administración de empresas. Ver Report Program Generator.

RPM (Revolutions Per Minute)- Revoluciones Por Minuto. Medida de velocidad de rotación.

RPN (Reverse Polish Notation)- Ver Reverse Polish Notation.

RS-232- Norma de conexión de puerto en serie, recomendada por la Asociación de la Industria Electrónica (EIA).

RS-232C (Recommended Standard-232C)- Interfaz estándar para la conexión de dispositivos en serie, aprobada por la Asociación de la Industria Electrónica (EIA).

RS-422, RS-423A- Normas recomendadas por la Asociación de la Industria Electrónica y posibles reemplazos de la norma RS-232.

RSA (Rivest, Shamir, Adelman)- Tecnología de codificación de clave pública ideada por Rivest, Shamir y Adelman, y desarrollada por RSA Data Security, Inc.

RSA public key encryption algorithm- Algoritmo de codificación de clave pública RSA. Ver RSA.

RSN (Real Soon Now)- Ver Real Soon Now.

RTF (Rich Text Format)- Norma formalizada por Microsoft Corporation, para la especificación de formateo de documentos.

RTFM (Read The Frigging Manual)- Acrónimo de "Read The Frigging Manual", que significa: "Lee el &*#!?!! manual".

RTL (Register Transfer Language)- Lenguaje de Transferencia de Registros.

RTOS (Real Time Operating System)- Sistema Operativo en Tiempo Real. Sistemas que responden a entrada (input) interactivamente, y normalmente se usan en dispositivos electrónicos portátiles.

rule- Separador. Línea recta que separa columnas de texto o ilustraciones, en procesamiento de palabra y publicación de escritorio. // Mando. Instrucción condicional al sistema sobre como reaccionar ante una situación en particular, en sistemas expertos.

ruler- Regla. Barra en pantalla que mide la página horizontalmente, mostrando márgenes, tabulaciones y sangrías.

run- Correr un programa. Hacer que la computadora ejecute un programa.

Run-Length Encoding (RLE)- Ver RLE.

Run-Length Limited (RLL)- Método de compresión de datos para ser almacenados en un disco duro.

running head (header)- Ver header.

runtime- Tiempo de ejecución de un programa.

run-time error- Error durante el tiempo de ejecución de un programa.

runtime version- Versión limitada de un programa que permite correr otro programa.

R/W (read/write)- Lectura/escritura.

S

SAA (Systems Application Architecture)- Arquitectura de Aplicación de Sistemas. Serie de normas de arquitectura, desarrolladas por IBM, para interfaces de programa de usuario y de comunicaciones, en varias plataformas de IBM.

safe mode- Modo seguro. Modo de operación de Windows, con funcionalidad mínima para encontrar y corregir errores de configuración, que previenen la operación normal con funcionalidad completa.

Samba- Popular programa de software gratuito (freeware), que permite a usuarios finales accesar y utilizar archivos, impresoras y otros recursos en la red privada (intranet) de una compañía, o en la Internet.

sampling- Muestreo. Técnica clave usada para digitalizar información analógica.

sampling rate- Velocidad de muestreo.

sandbox- Area de programa y serie de reglas que los programadores necesitan usar al crear un código Java (applet), que es enviado como parte de una página.

sans serif- Caracter que carece de cierta línea decorativa que se añade a la forma básica de un caracter (serif).

SAP (Service Advertising Protocol) Protocolo de Anuncios de Servicio. Protocolo de Netware usado para identificar los servicios y direcciones de servidores conectados a la red.

SAP (Secondary Audio Program) Programa de Audio Secundario. Canal de audio del Comité de Normas de Televisión Nacional (NTSC), usado para transmisión auxiliar, como la difusión de un lenguaje extranjero.

SAP- Compañía de software iniciada en 1972, en Mannheim, Alemania, por 5 ex-empleados de IBM.

satellite- Satélite. Transmisor/receptor inalámbrico especializado, lanzado por un cohete y colocado en órbita alrededor de la Tierra.

saturation- Saturación.

save- Salvar. Guardar. Almacenar en dispositivo de memoria.

Save As...- Salvar como... Almacenar bajo determinado nombre o formato.

SBC (Single-Board Computer)- Computadora de Una Sóla Tarjeta.

scalability- Escalabilidad. Potencial para aumentar o disminuir el tamaño o capacidad, según la necesidad.

scalable- Escalable. Que puede aumentar o disminuir en tamaño o capacidad, para ajustarse a la necesidad.

scalable font (vector font)- Caracteres escalables. Caracteres tipográficos que pueden variar de tamaño.

scalar- Escalar. Variable que se usa para representar un bloque de información, en programación Perl.

scale- Escalar. Cambiar el tamaño de un objeto, sin modificar su forma.

scale-up problem- Problema de escala. Problema técnico que surge cuando una red supera sus máximas dimensiones programadas.

scale well- Red que mantiene un buen funcionamiento, al aumentar o disminuir sus dimensiones.

scaling- Reajuste en tamaño o capacidad.

ScanDisk- Disco exploratorio. Utilería de Windows que localiza diferentes tipos de errores en discos duros, y tiene la capacidad de corregir algunos de ellos.

scanner- Escáner. Dispositivo que puede leer texto o ilustraciones impresos en papel, y digitaliza la información para que la computadora pueda usarla.

scatter diagram- Diagrama de dispersión. Tipo de diagrama que se usa para mostrar la relación entre ítems de datos que tienen dos propiedades numéricas (en los ejes x, y).

Scattergraph (scatter plot)- Gráfica de dispersión. Gráfica que muestra puntos de datos en un sistema de coordenadas x, y.

scientific notation- Notación científica. Formato para representar números reales (de punto flotante) en cantidades muy grandes o muy pequeñas.

scissoring (clip)- Tijereteo. Acción de cortar la porción de una gráfica que no se encuentra dentro de un límite definido, en gráficas de computadora.

scissors- Tijeras. Herramienta de programas de pintura y fotopintura que permite recortar y separar determinada área de una imagen.

scope- Osciloscopio.

Scrapbook- Libro de recortes. Accesorio de escritorio que permite almacenar objetos para su uso en el futuro, en entornos Macintosh.

scratch disk- Disco de apuntes. Espacio dedicado en un disco duro, para almacenamiento temporal de datos.

screen- Pantalla. Despliegue de un monitor. // Malla. Malla usada para crear una imagen de tono continuo (semitono (halftone)), en la técnica de impresión offset.

screen dump- Descarga de pantalla. Copia del contenido de una pantalla.

screen element- Componente de pantalla.

screen flicker- Parpadeo de pantalla. Ver flicker.

screen font- Caracteres tipográficos de pantalla. Caracteres tipográficos diseñados especialmente para su uso en una pantalla.

screen memory- Memoria de pantalla.

screen read- Lectura de pantalla.

screen saver- Protector de pantalla. Imagen animada que se activa en una pantalla de computadora personal, cuando no se detecta actividad por parte del usuario por cierto tiempo.

screen shot (screen capture)- Fotografía instantánea de pantalla (toma de pantalla). Toma de imagen instantánea del contenido de una pantalla, que se puede guardar como un archivo de gráficas, o copiarlo a un documento.

screen scraping- Desechos en pantalla. Programación que traduce entre programas de aplicación de legado (escritos para comunicarse con dispositivos de entrada/salida e interfaces de usuario, generalmente obsoletas) e interfaces de usuario actuales, con el fin de que la lógica y datos asociados con los programas de legado, continúen siendo usados.

screen size- Tamaño de la pantalla (en pulgadas o en caracteres).

script- Texto. Serie de instrucciones que indica a un programa como realizar determinado procedimiento.

scripting language- Lenguaje de texto. Lenguaje de programación sencillo, diseñado para facilitar la escritura rápida de programas, a usuarios de computadora.

script kiddies- (Caló) Término que indica desprecio hacia individuos poco sofisticados (inmaduros), pero peligrosos, que explotan lapsos de seguridad en la Internet, originados por intrusos de sistemas de seguridad de computación, más sofisticados (crackers).

scroll- Ver líneas de datos consecutivos en pantalla. // Trasladar. Mover una ventana en forma vertical u horizontal.

scroll arrow- Flecha de cursor.

scroll bar (scroll box)- Barra de desplazamiento. Barra que aparece a un lado, o en la parte inferior de una ventana, que sirve para controlar qué parte de una lista o documento aparece en el marco de la ventana.

Scroll Lock key- Tecla en computadoras personales, o en algunos teclados Macintosh, que controla la forma en la que las teclas de control de cursor funcionan en algunos programas.

SCSI (Small Computer Systems Interface)- Interfaz de Sistemas de Pequeñas Computadoras. Norma de interfaz en paralelo para conectar dispositivos periféricos a computadoras, usada por computadoras Apple Macintosh, computadoras personales, y varios sistemas UNIX.

scuzzy- (Caló) Forma de pronunciar las siglas: SCSI.

SDH (Synchronous Digital Hierarchy)- Jerarquía Digital Sincrónica (Síncrona). Norma internacional para la transmisión de datos sincrónicos, por cables de fibra óptica. El equivalente al SDH, en Norteamérica, es el SONET.

SDLC (Synchronous Data Link Control) Control de Enlace de Datos Síncronos (Sincrónicos). Protocolo usado en redes de Arquitectura de Red de Sistemas (SNA) de IBM.

SDLC (System Development Life Cycle)- Ciclo de Vida de Desarrollo de un Sistema. Proceso de desarrollo de sistemas de información, a través de investigación, análisis, diseño, implementación y mantenimiento.

SDK (Software Development Kit)- Paquete de Desarrollo de Programas. Paquete de programación que facilita a programadores el desarrollo de aplicaciones para una plataforma específica.

SDRAM (Synchronous Dynamic Random Access Memory)- Memoria Sincrónica Dinámica de Acceso Aleatorio. Tipo de Memoria Dinámica de Acceso Aleatorio que puede correr a velocidades de reloj (clock speeds), mucho más altas que las de la memoria convencional.

search and replace- Buscar y reemplazar. Característica de la mayoría de los procesadores, que permite reemplazar una cadena de caracteres, con otra cadena, en cualquier sitio donde la primera cadena aparezca en el documento.

search engine- Motor de búsqueda. Programa que busca documentos por claves específicas, y regresa una lista de los documentos donde se encontraron las claves.

searchware- Programas de búsqueda. Programas que se usan en una búsqueda a través de una base de datos.

seat- Estación de trabajo que puede operarse por un usuario a la vez, en un sistema de computación de red.

secondary cache- Ver L2 cache.

secondary mouse button- Botón de ratón secundario. El botón a la derecha o al costado del ratón.

secondary storage (auxiliary storage) (external storage)- Almacenamiento secundario. Ver auxiliary storage.

second-generation computer- Computadora de segunda generación. Computadora a base de transistores, construída entre los años cincuentas y sesentas.

second-generation programming language (assembly language)- Lenguaje de programación de segunda generación (lenguaje ensamblador).

sector- Sector. La unidad más pequeña que puede ser accesada en un disco.

sector interleave- Organización no-contigua de sector. Ver interleave.

Secure Electronic Transaction (SET)- Transacción Electrónica Segura. Norma de criptografía que asegura transacciones electrónicas de tarjeta de crédito en la Internet.

Secure Sockets Layer (SSL)- Protocolo desarrollado por Netscape, para transmitir documentos privados por la Internet.

security- Seguridad. Técnicas que aseguran que los datos almacenados en una computadora no puedan ser leídos.

seek- Búsqueda. La localización de la zona de un disco y la recuperación de datos o instrucciones del programa.

seek time- Tiempo de búsqueda. Tiempo que se tarda la computadora en llegar al sitio adecuado en un disco.

segment- Segmento.

select- Seleccionar. Elegir un objeto para poderlo manipular de alguna manera.

selection area- Area de selección. Area señalada por un cuadro delimitador.

selection marquee- Marquesina de selección. Sitio de selección de más de un objeto a la vez, en una Interfaz Gráfica de Usuario (GUI).

selection sort- Clasificación por selección. Algoritmo de ordenación de elementos, principiando por el de menor valor.

selection tools- Herramientas de selección.

self-extracting archive – Archivo de autoextracción. Archivo comprimido (con terminación .exe), que al ejecutarlo, se descomprime automáticamente.

Self-Monitoring, Analysis and Reporting Technology (SMART)- Tecnología de Reporte, Análisis y Automonitoreo. Norma abierta para el desarrollo de unidades de disco y sistemas de software, que monitorean automáticamente problemas potenciales de salud y de reporte de una unidad de disco.

semantics- Semántica. El estudio de significados, en lingüística.

semantic net- Red semántica. Serie de conexiones de ideas, en un documento.

semiconductor- Semiconductor. Material que no es un buen conductor de electricidad (como el cobre), ni es un buen aislante (como el vidrio). Los materiales semiconductores más comunes son el silicio y el germanio.

sendmail- Transmisión de correo. Implementación basada en UNIX del Protocolo de Transferencia de Correo Sencillo (SMTP), para la transmisión de correo electrónico.

send to back- Enviar a la parte trasera.

send to front- Enviar a la parte delantera.

sensor glove- Guante sensor. Interfaz que permite al usuario manipular objetos virtuales, en un entorno de realidad virtual.

sentence- Oración. Instrucción.

sequence number- Número de secuencia.

sequential- Secuencial. Uno después de otro.

sequential access- Acceso secuencial. La lectura o escritura de registros de datos en orden secuencial; un registro después del otro.

sequential-access device- Dispositivo de acceso secuencial.

sequential-access memory- Memoria de acceso secuencial.

sequential program- Programa secuencial. Uno después del otro.

serial- En serie. Uno por uno. Bit por bit.

serial-access device-Dispositivo de acceso en serie.

serial bus- Vía de transmisión en serie.

serial communication- Comunicación en serie.

serial data transfer- Transferencia de datos en serie. Transmisión de datos de un bit a la vez.

Serial Line Internet Protocol (SLIP)- Protocolo de la Internet de Línea en Serie. Método de conexión a la Internet.

serial mouse- Ratón en serie. Ratón conectado a un puerto en serie de computadora.

serial port- Puerto en serie. Puerto o interfaz que puede ser usado para comunicación en serie, en la cual se transmite únicamente un bit a la vez.

serial printer- Impresora en serie. Impresora que se conecta al puerto en serie de una computadora.

serial transmission- Transmisión en serie.

series- Conexión en serie. Conexión de dos componentes electrónicos para que la corriente pase de uno al otro.

serif- Pequeña línea decorativa que se añade a la forma básica de un caracter.

server- Servidor. Computadora o programa que da servicio o información a petición del cliente (otra computadora). // Computadora o dispositivo que controla el acceso y el tráfico de una red.

server application- Aplicación de servidor.

Server-Side Include (SSI)- Tipo de comentario en Lenguaje de Formateo de Hipertexto (HTML), que dirige al servidor de Web a generar datos para la página de Web, en forma dinámica, cuando se requiera.

service bureau- Oficina de servicios. Negocio que proporciona varios servicios de publicación (conversión de formato de discos, de archivos gráficos, escaneo óptico de gráficas, etc....)

Service Set Identifier (SSID)- Ver SSID.

session- Sesión. Período de tiempo de uso de un servicio de computación. // Ocasión en la que se escriben datos a un CD-ROM grabable.

session layer (port layer)- Capa de sesión. En el modelo de comunicaciones de la Interconexión de Sistemas Abiertos (OSI), la capa de sesión maneja la activación o desactivación de la asociación entre dos puntos terminales de comunicación, que se llama conexión.

set- Serie de datos con valores específicos, en Pascal.

SET- Norma de seguridad de la Internet para evitar fraudes de tarjeta de crédito.

Set User ID (SUID)- Identificación (ID) de Usuario de Sistema. En sistemas operativos UNIX, atributo de archivo, de archivos ejecutables, que otorga los privilegios de dueño de archivo, a cualquier usuario que ejecute el archivo.

setup- Instalar y configurar hardware o software. // La configuración de hardware o software.

setup program- Programa de instalación.

setup string- Serie de instalación. Serie de caracteres que un programa envía a la impresora.

SGML (Standard Generalized Markup Language)- Lenguaje de Marca Generalizado Estándar. Sistema para organizar y marcar con comandos de formateo, elementos de un documento.

SGRAM (Synchronous Graphic Random Access Memory)- Memoria Gráfica Sincrónica de Acceso Aleatorio. Tipo de Memoria Dinámica de Acceso Aleatorio (DRAM) usada en adaptadores de video y aceleradores de gráficas.

shadowing- Técnica usada para aumentar la velocidad de una computadora, usando Memoria de Acceso Aleatorio (RAM), en lugar de Memoria De Sólo Lectura (ROM), que es más lenta. Ver shadow RAM.

shadow mask- Máscara de sombra. Hoja de metal perforada, dentro de un monitor a color, que asegura que el rayo de electrones pegue contra los puntos de fósforo de colores apropiados, y no ilumine más de un punto.

shadow RAM- Copia de las rutinas del Sistema Operativo Básico de Entrada/Salida (BIOS) de la Memoria de Sólo Lectura (ROM) a una zona especial de Memoria de Acceso Aleatorio (RAM), para que puedan ser accesadas más rápidamente.

shareware- Programas con derecho de autor, del que se puede diponer gratuitamente como prueba, pero al usarlo con regularidad requiere de un pago al autor del programa.

sharpen- Afinar. Filtro de fotopintura que afina el foco de una zona determinada.

sheet-fed scanner- Escáner con alimentación de hojas de papel. Escáners de más capacidad, a los que se les puede introducir hojas de papel.

sheet feeder (cut-sheet feeder)- Alimentador de hojas de papel. Mecanismo con una pila de papel que introduce hoja por hoja a la impresora.

shell- En sistemas operativos de computadora, programa que permite a usuarios comunicarse directamente con el núcleo del sistema operativo. Ver command shell. Ver user interface.

shell script- Archivo de texto que contiene una secuencia de comandos para un sistema operativo, basado en UNIX.

shell sort- Clasificación shell. Variante del algoritmo de clasificación por inserción.

Shift key- Tecla de cambio. Tecla en teclados de computadora, que da a las otras teclas un significado alternativo.

shoeshine- (Caló) Dar lustre. Mover una cinta hacia adelante y hacia atrás varias veces (como cuando se da lustre al calzado), cuando hay errores de media en las cintas.

shopping cart- Carrito de tienda. Pieza de software para compras en Internet, que funciona como un recipiente de órdenes.

shortcut- Atajo. Tipo especial de archivo que señala otro archivo o dispositivo, en Windows.

shortcut key- Clave de atajo. Combinación especial de claves que permite ejecutar cierto comando.

shoulder surfing- Buscar información viendo por arriba del hombro. Técnica de observación directa, como mirar por arriba del hombro, o mediante cámaras, para obtener información. Esta técnica es una forma efectiva de obtener información: en sitios muy concurridos, se sitúa uno cerca de una persona para ver como completa una forma, teclea un NIP (clave personal en un cajero electrónico, o en tarjeta de llamadas en un teléfono público), etc.

shrinkwrap- Envoltura. La envoltura de plástico transparente que cubre el empaque de los programas comerciales.

shrinkwrap license- Licencia de envoltura. Licencia de programas que especifica que el comprador acepta las condiciones de licencia, al romper la envoltura de empaque del producto.

shrinkwrapped software- Programas en envoltura. Programas empaquetados, listos para ser instalados por el comprador.

S-HTTP (Secure HyperText Transfer Protocol)- Protocolo de Transferencia de Hipertexto Segura. Extensión del Protocolo de Transferencia de Hipertexto para respaldar el envío de datos seguros por la World Wide Web.

side effect- Efecto secundario. Efectos adicionales, usualmente indeseables, de un programa o subprograma.

sidelit- Con luz lateral.

SIG (Special Interest Group)- Grupo de Interés Especial. Subgrupo de red, con miembros que comparten intereses comunes.

signal- Señal. En electrónica, corriente eléctrica o campo electromagnético usado para transportar datos de un lugar a otro. // Datos especiales usados para establecer o controlar comunicación, en telefonía.

signal-to-noise ratio (S/N) (SNR)- Razón de señal-a-ruido. Medida de fuerza de señal, relativa al ruido de fondo.

signature file- Archivo de firma. Pequeño archivo que contiene el mensaje y datos del remitente, en correo electrónico y en foros de discusión Usenet.

silicon- Silicio.

silicon chip- Cápsula de silicio. Ver chip.

Silicon Valley- Sobrenombre con el que se conoce a la región al sur de de San Francisco que alberga a un gran número de compañías de computación.

SIM (Society for Information Management)- Sociedad para el Manejo de Información. Sociedad profesional de ejecutivos en campos de sistemas de información.

SIMM (Single In-line Memory Module)- Módulo de Memoria En Línea Sencillo. Pequeña tarjeta de circuitos que puede albergar a un grupo de chips de memoria.

Simple Mail Transfer Protocol (SMTP)- Protocolo de Transferencia de Correo Sencillo. Protocolo para el envío de mensajes por correo electrónico entre servidores.

Simple Network Management Protocol (SNMP)- Protocolo de Manejo de Red Sencillo. Serie de protocolos para el manejo de redes complejas.

simulation- Simulación. Proceso de imitación de un fenómeno natural, por medio de una serie de fórmulas matemáticas. En teoría, cualquier fenómeno puede reducirse a datos matemáticos y las ecuaciones pueden simularse en una computadora.

single-board computer- Computadora con una sola tarjeta de circuitos impresos.

single density disk- Disquete (floppy disk) de baja densidad.

Single In-line Memory Module (SIMM)- Ver SIMM.

Single In-line Package (SIP)- Paquete En Línea Sencillo. Tipo de caja para componentes electrónicos, en la cual las patillas conectoras (pins) sobresalen de un lado.

single-pass scanner- Escáner de una sola pasada. Escáner que escanea un documento al pasar por él una sola vez.

single-sided disk- Disco de un solo lado. Disco diseñado para usar sólamente uno de sus lados.

single step- Ejecución paso a paso. Revisión de un programa, instrucción por instrucción, para verificar su ejecución.

Single-System Image (SSI)- Imagen de Sistema Sencillo. Forma de computación distribuída, en la cual, servidores o bases de datos distribuídas, aparecen al usuario como un sistema, al usar múltiples redes de interfaz común.

synthesizer- Sintetizador. Generador de sonidos musicales, o sonidos parecidos a la voz humana.

SIP (Single In-line Package)- Ver Single In-line Package.

SIPP (Single In-line Pin Package)- Ver Single In-line Pin Package.

site license- Licencia de sitio. Acuerdo entre un publicador de programas y un comprador, para usar un número determinado de copias de cierto programa (uso interno).

skew- Sesgar. Inclinar objetos.

skin- Piel .Gráfica o archivo de audio, que se utiliza para cambiar la apariencia de la interfaz de usuario a un programa, o para un personaje de juego, en la Internet.

skip- Salto. Instrucción en ciertos lenguajes, que detiene el proceso secuencial de ejecución de un programa, para omitir una o más instrucciones.

Skipjack- Algoritmo de codificación de clave pública.

SKU (Stock Keeping Unit)- Unidad de Mantenimiento de Inventario. Identificación, usualmente alfanumérica, de un producto en particular, que permite ser rastreado para controlar el inventario.

skunkworks- (Caló) Proyectos secretos de alta tecnología. Grupo de personas quienes, para lograr resultados inusuales, trabajan en un proyecto de manera tal que se sale completamente de lo convencional.

slash- El caracter: /.

slave- Esclavo. Cualquier dispositivo controlado por otro dispositivo, llamado ''amo'' (master).

sleep mode- Modo de dormir. Modo de operación por el cual se ahorra energía, al desconectar todos los componentes innecesarios.

slide sorter- Representación en pantalla de toda una presentación, por medio de gráficas muy pequeñas de cada transparencia, en hileras. Esto permite una reorganización sencilla de las transparencias, la asignación de efectos especiales o el tiempo preciso de proyección.

SLIP (Serial Line Internet Protocol)- Ver Serial Line Internet Protocol.

slot (expansion slot)- Ranura (ranura de expansión). Ranura para la introducción de placas o tarjetas impresas. Ver expansion slot.

Slot 1, Slot 2- Nombres que se utilizan para referirse a la forma en la que los microprocesadores Intel Pentium se conectan a la placa base de una computadora, para que haga contacto con las trayectorias (paths) incorporadas, llamadas vías de transmisión (buses) de datos.

slow mail (snail mail)- (Caló) Correo lento. Servicio de correo regular, más lento que el correo electrónico.

small caps- Versalillas. Versalitas. Letras mayúsculas pequeñas.

Small Computer System Interface (SCSI)- Ver SCSI.

Small office/Home office (SoHo)- Pequeña oficina/Oficina en el hogar. Productos diseñados especialmente para satisfacer las necesidades de profesionales que trabajan en casa, o en pequeñas oficinas.

SmallTalk- Lenguaje de programación de alto nivel orientado a objetos.

SMART (S.M.A.R.T.) (Self-Monitoring Analysis and Reporting Technology)- Tecnología de Informe y Análisis de Auto-Monitoreo. Norma abierta para el desarrollo de unidades de disco y sistemas de software que monitorean automáticamente el buen funcionamiento de unidades de disco, y reportan problemas potenciales.

smart card- Tarjeta inteligente. Pequeño dispositivo electrónico, de aproximadamente el tamaño de una tarjeta de crédito, que contiene memoria electrónica y, en ocasiones, un Circuito Integrado (IC) adherido.

smart terminal – Terminal inteligente. Terminal que no sólo recibe y transmite información, sino que también tiene capacidad de procesamiento.

smear- Untar (pintura). Herramienta de retoque, en programas de fotografía.

SMIL (Synchronized Multimedia Integration Language)- Lenguaje de Integración de Multimedia Sincronizada. Nuevo lenguaje de formateo (markup) en desarrollo por el Consorcio de la World Wide Web (W3C), que facilitaría a personas que realizan trabajo de desarrollo de la Web, el dividir el contenido de multimedia a archivos y corrientes (streams) por separado (audio, video, texto e imágenes), mandarlos a una computadora de usuario, individualmente, y luego desplegarlos como si fueran una sola corriente de multimedia.

smiley (emoticon)- Ver emoticon.

smoke test- (Caló) Prueba de humo. Prueba de un programa de computadora por primera vez, para ver si funciona adecuadamente (si no "sale humo de la computadora").

SMP (Symmetric Multiprocessing)- Multiproceso Simétrico. Arquitectura de computadora de rápida ejecución, al hacer disponibles varias Unidades Centrales de Procesamiento (CPUs) a procesos individuales completos, simultáneamente (multiprocesamiento).

SMTP (Simple Mail Transfer Protocol)- Ver Simple Mail Transfer Protocol.

smudge- Manchar. Herramienta de programa de fotografía que permite la mezcla y aplicación de colores con toques recargados, que dan textura a la figura.

smurf- Tipo de violación de seguridad de red, en la cual una red conectada a la Internet se ve inundada de respuestas a solicitudes de eco de Protocolo de Mensaje de Control de la Internet (ICMP), conocidas como solicitudes PING.

snail mail (slow mail)- (Caló) Correo lento. Servicio de correo regular (más lento que el correo electrónico).

snaking columns (newspaper columns)- Columnas de serpenteo. Ver newspaper columns.

snap-in- Objeto de conexión. Objeto que puede conectarse a otro objeto, y luego funcionar como parte de un todo.

snap point- Punto de adherencia. Punto de un objeto que se adhiere a la cuadrícula, en programas de dibujo.

snapshot- Imagen fotográfica instantánea.

snapshot printer- Impresora a color diseñada para imprimir imágenes fotográficas instantáneas, de calidad fotográfica.

snap to grid- Ajustar a la cuadrícula. En un programa de dibujo, forma de alinear objetos dentro de una cuadrícula.

sneakernet- (Caló) Red de zapato tennis. Canal por el cual se transmite información electrónica de una computadora a otra, llevándola físicamente (a pie, de ahí el zapato tennis), almacenada en un disquete, disco compacto u otro medio removible.

sniffer- Rastreador. Programa y/o dispositivo que monitorea datos que viajan por una red.

SNOBOL (String-Oriented Symbolic Language). Lenguaje Simbólico Orientado a Secuencias- Lenguaje de programación de alto nivel, diseñado para aplicaciones de procesamiento de textos.

snow- Nieve. Puntos de interferencia en la pantalla.

snowflake- Copo de nieve. Ver fractal.

social engineering- Ingeniería social. En seguridad en computación, término que describe un tipo de intrusión, no técnica, que depende en gran medida de la interacción humana, y frecuentemente involucra el engañar a otras personas para que rompan procedimientos normales de seguridad.

Society for Information Management (SIM)- Ver SIM.

socket- Conexión. Objeto de software que conecta una aplicación a un protocolo de red, en UNIX y algunos otros sistemas operativos. // Receptáculo al cual se le puede insertar un conector, usado para enlazar dispositivos (plug). // Receptáculo para un microprocesador u otro componente de hardware.

soft- Cosas que son intangibles (programas, música). // Cosas no permanentes, o que se pueden alterar fácilmente.

soft boot- Inicio suave. Sistema de reinicio que no requiere del uso del interruptor de encendido.

soft bounce- Rebote suave. Mensaje por correo electrónico, que llega hasta el servidor del destinatario, pero rebota antes de llegar al destinatario.

soft copy- Copia suave. Archivo electrónico de un documento.

soft edge- Borde suave. Borde difuso de una imagen gráfica.

soft font- Caracteres tipográficos de programas (software).

soft key- Tecla de función programable.

soft page- Página suave. Código de control que indica donde se corta el texto, al final de una página.

soft page break- Salto de página suave. Ver soft page.

soft return- Salto de línea suave. Salto de línea que el programa inserta para mantener los márgenes uniformes, en un programa de procesamiento de palabra.

soft-sectored disk- Disco nuevo, sin pistas o sectores. Las pistas o sectores se forman al formatear el disco.

soft start- Inicio suave. Reinicio de una computadora, que ya se ha puesto en funcionamiento y se encuentra en operación.

software- Cualquier información que pueda ser almacenada electrónicamente. Programas de computadora. Los programas se dividen en dos categorías: programas de sistemas (sistema operativo y todas las utilidades que permiten que la computadora funcione) y programas de aplicaciones (incluye programas que realizan trabajo real para usuarios, como procesadores de palabra, hojas de cálculo y sistemas de manejo de bases de datos).

software engineering- Ingeniería de programas. Disciplina de ciencias de la computación concerniente al desarrollo de aplicaciones.

software error control- Control de error de programas. Protocolo de corrección de errores que reside en un programa de comunicaciones.

software license- Licencia de programas.

software package- Paquete de programas. Programas completos y listos para correrse, con todos los programas de utilidad y documentación necesarios.

SoHo (Small Office/Home Office)- Ver Small Office/Home Office.

Solaris- Versión del sistema operativo Unix, creado por la Compañía Sun Microsystems.

SONET (Synchronous Optical Network)- Red Optica Sincrónica. Norma para la conexión de sistemas de transmisión de fibra óptica.

sort- Clasificación. // Clasificar u ordenar.

sort key- Clave de clasificación.

sort order- Orden de clasificación. Orden ascendente o descendente en el cual un programa clasifica datos.

SoundBlaster- Línea de tarjetas de sonido.

sound board (sound card) (audio card)- Tarjeta de sonido. Dispositivo periférico que se conecta a la ranura de Arquitectura Estándar de la Industria (ISA) o de la Interconexión de Componente Periférico (PCI), en una placa base, para permitir que la computadora acepte entradas, procese, y transmita sonido.

sound card (audio card) (sound board)- Tarjeta de sonido. Ver sound board.

sound format- Formato de sonido. Especificación de la representación digital de un sonido.

Sound Recorder- Programa grabador de sonido, en una computadora personal.

Source- Fuente. Origen. Lugar de donde se toman datos.

source code- Código fuente. Instrucciones de programa en su forma original. La palabra fuente (source) diferencía al código de varias otras formas en que éste puede aparecer, por ejemplo: como código objeto o código ejecutable.

source file- Archivo fuente. Fuente original de un documento sin modificaciones, o de un programa, antes de su instalación.

source language- Lenguaje fuente.

source program- Programa fuente. Programa escrito en lenguaje de programación, y traducido por un compilador a lenguaje máquina.

spaghetti code- (Caló) Programa en forma de espagueti, por lo desorganizado y complicado que resulta leer.

spam- Correo electrónico no solicitado que contiene propaganda comercial.

spamdexing (spam and index)- Práctica de incluir información en una página Web, que causa que motores de búsqueda (search engines) lo pongan en un índice, de manera tal, que produce resultados nada satisfactorios para los proveedores del motor de búsqueda y los usuarios.

spamming- El envío por la Internet de propaganda no solicitada a grupos de discusión o a direcciones de la Internet.

SPARC (Scalable Processor Architecture)- Arquitectura Escalable de Procesador. Arquitectura escalable de procesadores, de la compañia Sun Microsystems.

spawn– Iniciar un programa dentro de la ejecución de otro. // Propiciar un nuevo desarrollo de productos o tecnologías.

SPEC (Standard Performance Evaluation Corporation)- Corporación de Evaluación de Funcionamiento Estándar. Corporación, sin fines de lucro, establecida por varios fabricantes de computadoras y microprocesadores, para crear una serie de normas de prueba comparativa de funcionamiento de hardware y/o software.

special characters- Caracteres especiales que no son letras del alfabeto, por ejemplo: # $ % ^ &.

Special Interest Group (SIG)– Grupo de Interés Especial. Grupo de individuos, a veces pertenecientes a una organización cúpula, que tienen un interés común, por ejemplo: ACM – SIGDOC, que son miembros de ACM, con interés común en la documentación.

speech recognition (voice recognition)- Reconocimiento del habla humana. Campo de ciencias de la computación que trata del diseño de sistemas de computación que puedan reconocer el habla humana y transcribirlo a un texto.

speech synthesis- Síntesis del habla humana. Creación por computadora de sonidos parecidos a la voz humana.

speed- Rapidez. Velocidad, si se trata de una cantidad vectorial (con dirección).

spell checker- Verificador de ortografía. Programa que revisa la ortografía de un texto.

SPID (Service Profile Identifier)- Identificador de Perfil de Servicio. Número que identifica una línea específica de Red Digital de Servicios Integrados (ISDN).

spider- Araña. Programa que automáticamente trae páginas de Web. Se le dió el nombre de araña, porque se arrastra por la telaraña (Web).

spin button- Botón de giro. Elemento de un cuadro de diálogo que permite cambiar números rápidamente, por medio de las flechas ascendentes y descendentes, o al teclear el número en el cuadro correspondiente.

spindle- Eje. Eje de una unidad giratoria de almacenamiento (disquete, disco duro, disco óptico). Eje que gira en la parte central de una unidad de disco y en el que un disquete o disco duro da vueltas.

spline- Curva. En gráficas de computación, curva suave que pasa por dos o más puntos, y es generada por fórmulas matemáticas. Dos de los tipos de curvas más comunes son las curvas de Bézier, y las curvas b-spline.

split bar- Barra de división. Barra que se puede arrastrar para dividir una ventana, horizontal o verticalmente, en una Interfaz Gráfica de Usuario (GUI).

split screen- Pantalla de división. División de la pantalla de un monitor en partes separadas, cada una de las cuales muestra un documento diferente, o diferentes partes del mismo documento.

spoiler- Mensaje que contiene el final de una historia, o la solución de un juego, en grupos de discusión Usenet.

spoof- Engañar. Término usado para describir una variedad de formas en las que se puede "engañar" al hardware y software de un sistema.

spoofing- Engaño. Falsificación de la dirección de Protocolo de la Internet (IP), con el fin de interceptar comunicaciones.

spooler- Programa que controla las operaciones periféricas simultáneas en línea (spooling).

spooling (simultaneous peripheral operations on-line)- Operaciones periféricas simultáneas en línea. La dirección de los comandos de la impresora a un archivo en disco, o a Memoria de Acceso Aleatorio (RAM), en lugar de directamente a un dispositivo.

spot color- Método para especificar e imprimir colores, en el cual cada color se imprime en su propia tinta. La impresión en color de proceso utiliza cuatro tintas para producir el resto de los colores.

spray can- Lata de rocío pulverizador. Herramienta de programas de pintura y fotopintura.

spreadsheet- Hoja de cálculo. Tabla de valores organizados en hileras y columnas. Cada valor puede tener una relación predefinida con los otros valores.

spreadsheet program- Programa de hoja de cálculo. Programa que permite crear y manipular hojas de cálculo electrónicamente.

spread-spectrum- Difusión de espectro. Forma de comunicación inalámbrica, en la cual se varía deliberadamente la frecuencia de la señal transmitida.

square brackets- Paréntesis cuadrados: [ ].

SQL (Structured Query Language)- Lenguaje de Consulta Estructurado. Lenguaje de consulta estandarizado, para la solicitud de información de una base de datos.

squelch- Cancelar los privilegios de acceso de un usuario de red que causa problemas.

SRAM (Static Random-Access Memory)- Memoria de Acceso Aleatorio Estática. Tipo de memoria que es más rápida y más confiable que la Memoria Dinámica de Acceso Aleatorio (DRAM) más común.

SSI (Server-Side Include) (Single-System Image)- Ver Server-Side Include. Ver Single-System Image.

SSID (Service Set Identifier)- Identificador de la Red Proveedora de Servicio. Identificador de 32 caracteres, conectado a una unidad de información de paquetes que se envía por Red de Area Local Inalámbrica (WLAN), que actúa como contraseña cuando un dispositivo móbil intenta hacer conexión con un Conjunto de Servicio Básico (BSS).

SSL (Secure Sockets Layer)- Protocolo desarrollado por Netscape, para transmitir documentos privados por la Internet.

stack- Pila. En programación, tipo especial de estructura de datos, en la cual los ítems se retiran en orden inverso al que se agregan.

stacking order- Orden de apilamiento. Ver stack.

stale data- Datos viejos, no exactos.

stale link- Enlace viejo. Hiperenlace a un documento, que se borró o cambió de lugar, en la World Wide Web.

standalone- Autónomo. Autosuficiente.

standalone computer- Computadora autónoma. Sistema de computación dedicado a un usuario en particular.

standalone dump (core dump)- Copia del contenido del almacenamiento principal de una computadora (memoria de acceso aleatorio) a otro dispositivo de almacenamiento, usualmente con el propósito de depuración (debugging).

standard- Norma. Definición o formato que ha sido aprobado por una organización de normas reconocida, o aceptado por su amplio uso y reconocimiento como norma, por parte de la industria.

Standard Generalized Markup Language (SGML)- Ver SGML.

Standard Performance Evaluation Corporation (SPEC)- Corporación de Evaluación y Funcionamiento Estándar.

star (asterisk)- Asterisco. El caracter: *.

star dot star (*.*)- Asterisco, punto, asterisco. Secuencia de caracteres usado con nombres de archivo DOS.

star network- Red estrella. Red de Area Local (LAN) en forma de estrella, con todos los nudos conectados a una computadora central.

start bit- Cifra binaria de arranque. Cifra binaria que envía señales al receptor anunciando la llegada de datos, en comunicaciones asíncronas.

start button- Botón de inicio. Botón que da acceso a programas de aplicación y a otras funciones, a través del menú de inicio, en Windows.

start menu- Menú de inicio. Menú que aparece al presionar el botón de inicio, en una esquina de la pantalla, en Windows.

start page- Página de inicio. Página que aparece al iniciar el programa de navegador de Web (Web browser).

startup disk (boot disk) (system disk)- Disco de arranque. El disco que normalmente se usa para iniciar el funcionamiento de una computadora (usualmente disco duro).

startup folder- Carpeta de inicio.

startup screen- Pantalla de inicio. Gráficas o texto que aparecen al inicio de un programa.

statement- Instrucción. Instrucción escrita en lenguaje de alto nivel. Una instrucción dirige a la computadora a realizar una acción específica.

state-of-the-art- Estado del arte. De tecnología de puntera. De lo mejor, en cuanto a tecnología.

static object- Objeto estático. Documento pegado a un documento destino.

static memory- Memoria estática.

static Random Access Memory (RAM) – Ver SRAM.

statistics program- Programa de estadísticas.

status bar- Barra de estado. Barra a lo largo de la parte inferior de una ventana, que muestra información acerca del programa, en una Interfaz Gráfica de Usuario (GUI).

status line- Línea de condición. Línea de información que describe el estado de un programa.

stepper motor (stepping motor)- Motor de pasos. Tipo especial de motor eléctrico que se mueve en incrementos, o pasos, en lugar de dar la vuelta suavemente, como lo haría un motor convencional.

stepping motor- Ver stepper motor.

stochastic- Variable impredecible, no determinística. // Basado en la probabilidad.

stop bit- Cifra binaria de término. Cifra binaria, dentro de una corriente de datos, que indica a la computadora receptora cuando ha finalizado la transmisión de un un octeto (byte) de datos, en comunicación asíncrona.

storage (mass storage)- Almacenamiento. Capacidad de un dispositivo de guardar y retener datos. // Forma corta para designar almacenamiento masivo (mass storage).

storage device- Dispositivo de almacenamiento. Dispositivo capaz de almacenar datos. El término se refiere frecuentemente a dispositivos de almacenamiento masivo (mass storage), como discos y unidades de cinta.

storage medium- Medio de almacenamiento.

store- Almacenar. Copiar datos de la Unidad Central de Procesamiento (CPU) a memoria, o de memoria a un dispositivo de almacenamiento masivo.

store-and-forward network- Red de almacenamiento y re-expedición. Red de Area Amplia (WAN), creada en base al sistema telefónico. Cada computadora almacena mensajes durante el día, y de noche, cuando las tarifas telefónicas son más bajas, un programa automático realiza las operaciones de transmisión y recepción de mensajes.

stored program- Programa almacenado. Datos e instrucciones almacenados.

stored program computer- Computadora de programa almacenado. Computadora que almacena sus datos e instrucciones.

storefront- Documento de Web de una empresa comercial que ofrece productos o servicios.

stream- Corriente. Flujo continuo de datos.

streaming- Técnica de corriente. Técnica para transferir datos, de manera tal, que puedan ser procesados como una corriente continua y uniforme.

streaming audio- Envío de flujo continuo de datos de audio.

streaming video- Envío de flujo continuo de datos de video.

stress test- Prueba de tensión. Procedimiento para determinar la resistencia de un programa sometido a condiciones extremas.

stretch- Extender. Aumentar las dimensiones de un objeto.

strikeout (strikethrough)- Método para indicar la eliminación de texto, trazando una línea horizontal a través de los caracteres involucrados.

strikethrough (strikeout)- Ver strikeout.

string- Secuencia. Serie de caracteres manipulados como un grupo. Una secuencia se diferencia de un nombre, en que ésta no representa a nada; un nombre representa a algún otro objeto.

string operation- Operación en secuencia. Operación realizada con datos de secuencia de caracteres.

String-Oriented Symbolic Language (SNOBOL)- Ver SNOBOL.

stroke weight- El ancho de las líneas de un caracter.

structured programming- Programación estructurada.

Structured Query Language (SQL)- Lenguaje de Consulta Estructurado. Lenguaje de programación interactivo, estándar, para obtener información y actualizar bases de datos.

style- Estilo. En procesamiento de palabra, serie de parámetros de formateo con nombre. Al aplicar el nombre de estilo a una sección de texto, se le puede cambiar varias propiedades de formateo a la vez.

style sheet (style library)- Página de estilo (biblioteca de estilo). Colección de estilos usados con frecuencia, en cierto tipo de documento.

stylus- Estilete. Estilo. Dispositivo de señalamiento y de dibujo, en forma de pluma.

subdirectory (folder)- Subdirectorio. Directorio inferior a otro directorio. Cada directorio, excepto el directorio de raíz (root directory), es un subdirectorio. En Windows, a los subdirectorios se les llama carpetas (folders).

subdomain- Subdominio. Dominio que es parte de un nombre de dominio más grande, en jerarquía de Sistema de Nombre de Dominio (DNS).

subject tree- Arbol por tema. Guía de Web que organiza sitios de Web por tema.

submenu- Submenú. Menú que aparece al elegir un comando de menú abatible (pull-down menu).

subnet- Subred. Porción de una red que comparte un componente de dirección común.

subnet mask- Filtro de subred. Filtro usado para determinar a qué subred pertenece una dirección de Protocolo de la Internet (IP).

subnotebook computer- Sub-bloc de notas. Computadora portátil, ligeramente más pequeña y ligera que una computadora bloc de notas de tamaño normal.

subroutine (routine) (function) (procedure)- Subrutina. Sección de un programa que realiza una labor específica.

subscript- Subíndice. En procesamiento de palabra, caracter que aparece ligeramente por debajo de la línea. // En programación, símbolo o número usado para identificar un elemento dentro de un arreglo (array).

subscripted variable- Variable con subíndice. Variable de arreglo (array).

suit- (Caló) Traje de vestir. Empleado de cierto nivel de la industria de la computación, que se viste de traje de vestir.

suitcase- Valija. En Macintosh, ícono que contiene recursos aún no instalados en la carpeta del sistema (system folder).

suite- Juego. Paquete de programas de aplicación que pueden compartir información.

Sun (Sun Microsystems)- Ver Sun Microsystems.

Sun Microsystems (Sun)- Compañía líder en la fabricación de computadoras que se usan como servidores de Web, y servidores diseñados para ser usados como estaciones de trabajo de ingeniería, así como productos de almacenamiento de datos y software relacionado.

Sun workstations- Estaciones de trabajo Unix, fabricadas por la compañía líder Sun Microsystems, de

Mountain View, California.

supercomputer- Supercomputadora. Computadora de alta tecnología, de alta velocidad, capaz de realizar complejos procesos de cálculo.

SuperDisk- Superdisco. Moderna tecnología de almacenamiento de discos, desarrollada por Imation Corporation, que alberga disquetes de muy alta densidad.

SuperDrive- Superunidad. Nombre común para designar a la unidad de disco de Alta Densidad de Disquete (FDHD), que viene en todos los modelos de la computadora Apple Macintosh.

superpipelining- Supertubería. Método de tubería extendida, en la cual se ejecutan hasta cinco instrucciones al mismo tiempo.

superscalar architecture- Arquitectura superescalar. Arquitectura de microprocesadores, que permite la ejecución de más de una instrucción por ciclo de reloj (clock cycle).

superscalar processor- Procesador superescalar.

superscript- Superíndice. Símbolo o caracter que aparece ligeramente sobre la línea de renglón.

supertwist- Superdesvío. Técnica para mejorar Pantallas de Cristal Líquido (LCD), que consiste en desviar (twist) los rayos de luz.

superuser- Superusuario. Tipo de usuario que posee la habilidad de accesar y modificar cualquier archivo de computadora, bajo el sistema operativo UNIX.

supervisor- Supervisor. Programa dentro del sistema operativo de una computadora.

Super VGA (SVGA)- Tarjeta de video que funciona con el sistema de video VGA, de IBM.

Super Video Graphics Array (SVGA)- Arreglo de Gráficas de Super Video. Serie de normas de gráficas diseñadas para ofrecer más alta resolución que la que ofrece el Arreglo de Gráficas de Video (VGA).

superior character- Caracter superior. Superíndice. Ver superscript.

support- Soporte. Elemento que permite almacenar información y mantenerla disponible para ser leída por la computadora (discos, cintas, disquetes, etc.). // Funcionalidad entre productos, programas, dispositivos, modos, o accesorios. // Apoyo al cliente (customer support). Asistencia que se brinda a clientes.

surf- Navegar. Trasladarse de un lugar a otro, dentro de la Internet, en busca de temas de interés.

surfing- (Caló) Navegar. El explorar servicios de información en la Internet, o en la World Wide Web, por entretenimiento, o para buscar información.

surge- Sobrecarga de voltaje.

surge protector- Protector contra sobrecargas de voltaje.

S-Video (Super-Video)- Tecnología de transmisión de señales de video por cable, que divide la información de video en dos señales por separado: una para color, o cromatismo (chrominance), y la otra para brillo, o luminosidad (luminance).

SVGA (Super VGA)- Ver Super VGA.

SWAP (Shared Wireless Access Protocol)- Protocolo de Acceso Inalámbrico Compartido. Especificación de redes inalámbricas de voz y datos en el hogar, desarrollada por HomeRF Working

Group.

swap- Intercambiar. Reemplazar páginas o segmentos de datos en memoria. Mover procesos enteros hacia dentro o fuera de la memoria prin cipal, en sistemas UNIX,

swap file- Archivo oculto. Archivo de sistema oculto, con instrucciones de programa u otra información. // Archivo de intercambio. Espacio en un disco duro usado como la extensión de memoria virtual de la memoria real (memoria de acceso aleatorio) de una computadora.

swap space- Espacio de intercambio. Espacio sustituto donde se almacena información de memoria adicional.

swash- Letra mayúscula con un rasgo decorativo.

switch- Conmutador. Interruptor. Pequeña palanca o botón. Ver DIP switch. Ver toggle switch. // Opción. Parámetro. Símbolo que se añade a un comando MS-DOS, para modificar el comportamiento del comando. Se representa con el caracter: / (slash), seguido por una letra. // En redes, dispositivo que filtra y reexpide paquetes (packets) entre segmentos de Red de Area Local (LAN). Ver toggle switch.

switching hub- Centro de conexión. Punto especial de conexión de dispositivos, en una red que reexpide paquetes (packets) al puerto apropiado, según la dirección del paquete.

switching power supply- Suministro de energía que regula el voltaje de la corriente directa.

Sybase, Inc.- Compañía de programas de computación que desarrolla y vende Sistemas de Manejo de Bases de Datos (DBMS), y productos mediadores de programas (middleware). La compañía se fundó en 1984 y tiene oficinas generales en Emeryville, CA.

symbol font- Caracteres ornamentales, o símbolos, en lugar de letras.

symbolic coding- Codificación simbólica. Algoritmos que se expresan con números y símbolos, en lugar de números binarios.

symbolic debugger- Depurador simbólico.

symbolic language- Lenguaje simbólico. Lenguaje más perfeccionado que el lenguaje máquina.

symmetric key encryption algorithm- Algoritmo de codificación de clave simétrica. Algoritmo de codificación que utiliza la misma clave para codificar y decodificar mensajes.

symmetric multiprocessing (SMP)- Ver SMP.

Synchronized Multimedia Integration Language (SMIL)- Ver SMIL.

synchronous- Síncrono. Sincrónico. Proceso que se ejecuta conforme al reloj (tiempo). // Que ocurre a intervalos regulares.

synchronous communication- Comunicación síncrona (sincrónica).

synchronous data transmission- Transmisión síncrona (sincrónica) de datos.

Synchronous Digital Hierarchy (SDH)- Jerarquía Digital Síncrona (Sincrónica). Norma internacional para la transmisión de datos síncronos (sincrónicos), por cables de fibra óptica.

Synchronous Dynamic Random Access Memory (SDRAM)- Ver SDRAM.

Synchronous Graphics Random Access Memory (SGRAM)- Ver SGRAM.

synchronous motor- Motor síncrono (sincrónico).

Synchronous Optical Network (SONET)- Red Optica Síncrona (Sincrónica). Ver SONET.

syntax- Sintaxis. Reglas de gramática y ortografía de un lenguaje de programación.

syntax error- Error de sintaxis.

synthesizer- Sintetizador.

SyQuest drive- Unidad removible de disco de cartucho de cinta, creada por Syquest Technology, Inc.

SyQuest Technology, Inc.- Fabricante líder de discos duros removibles.

sysadmin (system administrator)- Administrador de sistema. Persona responsable del mantenimiento de un sistema de computadora multiusuario (multi-user), incluyendo una Red de Area Local (LAN).

sysop (system operator)- Operador de sistema. Persona que dirige un sistema de boletín de computadora.

System- Sistema. Combinación de componentes que trabajan juntos. // Forma corta para sistema de computación (computer system) // Forma corta para sistema operativo (operating system). // Organización o metodología. El sistema de numeración binario, por ejemplo, es una forma de contar usando únicamente dos dígitos.

system administrator (sysadmin)- Ver sysadmin.

system analysis- Análisis de sistema. Planeación de sistemas automatizados, basados en el análisis de necesidades o deficiencias.

System Application Architecture (SAA)- Arquitectura de Aplicación de Sistema. Serie de normas de arquitectura, desarrolladas por IBM, para interfaces de programa, de usuario y de comunicaciones, en varias plataformas de IBM.

system board (motherboard)- Placa de sistema. Ver motherboard.

system call- Llamada de sistema. La ejecución de una rutina de sistema operativo.

system clock- Reloj de sistema. Circuito medidor de tiempo, en la placa base.

system date- Fecha de sistema.

System Development Life Cycle (SDLC)- Ver SDLC.

system disk- Disco de sistema. Disco que contiene los archivos del sistema operativo, que ponen en funcionamiento una computadora.

system file- Archivo de sistema. Archivo de sistema operativo.

System Folder- Carpeta de sistema.

system memory- Memoria de sistema.

system operator (sysop)- Operador de sistema. Persona que maneja un servidor de computadora.

system software- Programas de sistema.

System V- Versión antigua del sistema operativo UNIX.

systems management- Manejo de sistemas. Manejo de los sistemas de tecnología de información dentro de una empresa.

systems programmer- Programador de sistemas.

T

T-1 carrier (T1 line)- Transportador T-1 (línea T1). Conexión telefónica dedicada que transfiere datos a velocidades de 1.544 millones de bits por segundo.

T1 line (T-1 carrier)- Ver T-1 carrier.

T-3 carrier (T3 line)- Transportador T-3 (línea T3). Conexión telefónica dedicada que transfiere datos a velocidades de aproximadamente 43 millones de bits por segundo.

T3 line (T-3 carrier)- Ver T-3 carrier.

TA (Terminal Adapter)- Adaptador de Terminal. Dispositivo que conecta una computadora a una línea digital de comunicaciones externa, como una línea de Red Digital de Servicios Integrados (ISDN).

Tab- Tabular. // Tabulación.

Tab key- Tecla de tabulación. Tecla en teclados de computadora, que inserta un caracter de tabulación, o mueve el punto de inserción al siguiente tope de tabulación.

tab stop- Tope de tabulación. Punto de parada de tabulación.

table- Tabla de datos. Datos en hileras y columnas. Una hoja de cálculo es una tabla de datos.

table utility- Utilidad de tabulación.

tag- Etiqueta. Comando insertado en un documento, que especifica como debe formatearse el documento, o una porción del documento. Toda especificación de formato que almacena documentos, como archivos de texto, usa etiquetas. // Etiquetar. Marcar la sección de un documento, con un comando de formateo.

Tagged Image File Format (TIFF)- Formato de Archivo de Imagen Etiquetado. Formato de archivo para el almacenamiento de imágenes de mapas de bits en computadoras personales, con sistema operativo Windows o Macintosh.

talk- Plática. Utilidad de Unix que permite una conversación en línea mecanografiada, en tiempo real.

tall- Alto. Orientación de papel de mayor altura que anchura.

TAN (Tiny Area Network)- Red de Area Diminuta. Red de Area Local (LAN), con tan sólo unos cuantos nudos, que se instala en hogares u oficinas pequeñas.

Tandem Computers, Inc.- Fabricante de servidores, con base Unix, con tolerancia de fallas. Fue adquirida por Compaq Computer Corp.

tape- Cinta magnética. Tira de plástico recubierta con un medio de grabación magnético, en la que se puede codificar datos.

tape backup unit- Unidad de respaldo de cinta magnética. Dispositivo que sirve para leer y escribir (grabar) datos en una cinta magnética.

tape drive- Unidad de cinta magnética.

tar (tape archive)- Archivo de cinta magnética. Utilidad de Unix que combina un grupo de archivos en un solo archivo. El archivo resultante tiene una extensión .tar

target (destination)- Objetivo. Destino. Archivo, dispositivo, o cualquier otro sitio a donde se mueven o copian datos.

task- Tarea. Trabajo que puede ejecutar una computadora.

taskbar- Barra de tareas. Acceso principal a todos los recursos disponibles de la computadora, en Microsoft Windows. Se localiza en la parte inferior de la pantalla.

task button- Botón de aplicación. Botón que aparece en la barra de tareas (taskbar), en Microsoft Windows, y al presionarlo, se cambia de aplicación.

Task List- Lista de tareas.

Tcl (Tool command language)- Lenguaje de comando de herramientas. Poderoso lenguaje de programación interpretado, desarrollado por John Ousterhout.

TCM (Trellis-Code Modulation)- Modulación de Código-Trellis. Técnica de modulación de codificación de grupo, utilizada por modems de alta velocidad.

TCO (Total Cost of Ownership)- Costo Total de Propiedad. Popular término técnico que representa a cuánto ascendería el costo total de la adquisición de una Computadora Personal (PC): costo de computadora y programas, ampliaciones de software y hardware, mantenimiento, asistencia técnica y entrenamiento.

TCP (Transmission Control Protocol)- Protocolo de Control de Transmisión. Uno de los principales protocolos de redes de Protocolo de Control de Transmisión/Protocolo de la Internet (TCP/IP).

TCP/IP (Transmission Control Protocol/Internet Protocol)- Protocolo de Control de Transmisión/Protocolo de la Internet. Serie de protocolos de comunicaciones que se usan para conectar computadoras huésped (hosts), en la Internet.

TCP/IP network- Red de Protocolo de Control de Transmisión/Protocolo de la Internet.

TDMA (Time Division Multiple Access)- Acceso Múltiple de División de Tiempo. Tecnología de servicio inalámbrico digital, usando multiplexado de división de tiempo.

tear-off menu- Menú móvil. Menú emergente que se puede mover a cualquier lugar de la pantalla, como una ventana.

techie- Experto en computación. Término despectivo para designar a un programador o a un experto en computación.

technical support- Apoyo técnico. Servicio que ofrecen fabricantes de computadoras y de programas, a sus clientes.

technobabble- Barboteo técnico. En tecnología de la información, y otras áreas especializadas, el uso de términos técnicos que para un principiante carecen de significado.

telecommunications- Telecomunicaciones. Emisión, transmisión o recepción de todo tipo de signos, imágenes, señales, sonidos o información, por medio de radioelectricidad, medios ópticos, hilos, etc.// La transmisión de datos por computadora a través de redes telefónicas.

Telecommunications Act of 1996- Acta de Telecomunicaciones de 1996. El Acta de Telecomunicaciones de 1996, decretada por el Congreso de los Estados Unidos el 1o de febrero de 1996, y firmada por el Presidente Clinton el 8 de febrero de 1996, significó cambios importantes en las leyes que afectan a la televisión por cable, a las telecomunicaciones y a la Internet.

telecommute (telework)- Teletrabajo. Uso de la telecomunicación para trabajar fuera de la tradicional oficina, o lugar de trabajo, y hacerlo en el hogar (SOHO), o en una localización móbil.

Telecompute- Telecomputar. Hacer uso de las facilidades computacionales en un sitio aparte, por medio de una Red de Area Amplia (Wide-Area Network), o un enlace de módem.

Teletype (TTY)- Teletipo. Dispositivo de entrada que permite mecanografiar y enviar caracteres alfanuméricos, usualmente uno a la vez; conforme se mecanografían, a una computadora o impresora.

Telnet- Programa emulador de terminal para redes de Protocolo de Control de Transmisión/Protocolo de la Internet (TCP/IP), como la Internet.

template- Patrón. Modelo. Diagrama de plástico o de papel que se puede colocar sobre el teclado para indicar los significados de las diferentes teclas de un programa en particular. // Hoja de plástico con dibujos de menúes y cuadros de comando, que se coloca sobre un bloc digitalizador (digitizing tablet). // Formato. En aplicaciones de hoja de cálculo y base de datos, forma en blanco que muestra los campos en existencia, sus localizaciones y su longitud.

tera- Prefijo que indica un trillón.

terabyte- Un trillón de octetos (bytes).

terminal- Terminal. Dispositivo que permite comunicarse con una computadora. En general, una terminal es la combinación de teclado y pantalla. // En redes, computadora personal, o estación de trabajo, conectada a una computadora de grandes dimensiones (mainframe).

Terminal Adapter (TA)- Adaptador de Terminal. Dispositivo que conecta una computadora a una línea externa de comunicaciones digitales, como una línea de Red Digital de Servicios Integrados (ISDN).

terminal emulation- Emulación de terminal. Operación mediante la cual se logra que una computadora se comporte como un tipo de terminal en particular.

Terminate-and-Stay-Resident (TSR) program- Programa Terminar y Permanecer Residente. Programa almacenado en Memoria de Acceso Aleatorio (RAM), de fácil acceso, al presionar una combinación de teclas.

test driver- Conductor de prueba. Programa que somete a prueba a otro programa.

TeX- Macroprocesador que proporciona control completo sobre formateo tipográfico.

Texas Instruments (TI)- Compañía multinacional fabricante de semiconductores, en especial de procesadores digitales de señales y otros circuitos integrados relacionados. Sus oficinas generales se encuentran en Dallas, Texas.

Texas Instruments Graphics Architecture (TIGA)- Arquitectura de Gráficas de Texas Instruments. Especificación de gráficas de alta resolución, diseñada por Texas Instruments en los 1980s.

text- Texto. Palabras, oraciones, párrafos.

text box- Cuadro de texto. Area dentro de una ventana, donde el usuario puede mecanografiar caracteres.

text editor (editor)- Editor de textos. Programa que permite la creación y edición de archivos de texto.

text file (ASCII file)- Archivo de texto. Archivo que contiene texto. Archivo de texto se utiliza frecuentemente como sinónimo de archivo ASCII, archivo en el que los caracteres se representan por sus códigos ASCII.

text mode (character mode)- Modo de texto. Modo de video en el que la pantalla se divide en hileras y columnas de cuadros (boxes). Cada cuadro puede contener un caracter.

text wrap (text flow)- Envoltura de texto. Característica de varios procesadores de palabra que permite rodear de texto a una imagen o a un diagrama.

texture- Textura. La representación digital de la superficie de un objeto, en gráficas tridimensionales.

texture mapping- Textura que rodea a cualquier objeto tridimensional.

TFT (Thin Film Transistor)- Transistor de Película Delgada. Tipo de pantalla, de panel plano, de cristal líquido (LCD), en la cual cada pixel se controla por medio de cuatro transistores: uno para prendido o apagado y tres para cada uno de los colores básicos: rojo, verde, y azul.

thermal printer- Impresora térmica. Impresora que utiliza el calor para transferir una imagen al papel.

thermal transfer printer- Impresora de transferencia térmica. Impresora de no-impacto, de dos tipos, que usa el calor para imprimir en papel. Cuenta con una cabeza de impresión que contiene varias patillas de calentamiento que entra en contacto con tinta de base de cera, e imprime en papel común (thermal wax transfer printer), o quema puntos en papel con un recubrimiento especial cuando el papel pasa por una línea de elementos de calentamiento (direct thermal printer).

thermal wax transfer printer- Impresora térmica de transferencia de cera. Ver thermal transfer printer.

thin client- Aplicación de cliente que corre en computadoras personales o estaciones de trabajo y depende de un servidor para realizar algunas operaciones, que está diseñado a ser especialmente pequeño para que el servidor procese la mayor parte de datos.

Thin-Film Transistor (TFT)- Ver TFT.

third-generation computers- Computadoras de la tercera generación. Computadoras de a mediados de los años sesentas, construidas a base de circuitos integrados en pequeña escala.

third-generation programming language- Lenguaje de programación de la tercera generación. Lenguaje de programación de alto nivel que permite escribir programas en lenguaje ensamblador.

third party- Intermediario.

thread- Mensajes en serie en un foro de discusión. Parte de un programa que se puede ejecutar independientemente de otras partes, en programación.

three-dimensional graph- Gráfica tridimensional.

three-dimensional graphics- Gráficas tridimensionales.

three-dimensional spreadsheet- Hoja de cálculo tridimensional.

three-gun tube (CRT)- Tubo de rayo catódico a color. Ver CRT.

three-tier architecture- Arquitectura de tres niveles. Tipo especial de arquitectura de cliente/servidor que consiste en tres procesos separados y bien definidos, cada cual corriendo en una plataforma distinta.

throughput- La cantidad de datos transferidos de un lugar a otro, o procesados en una cantidad de tiempo específica.

thumbnail- Término usado por diseñadores gráficos, o fotógrafos, para una representación en pequeña escala de una imagen más grande. // Muestra en miniatura de una página, antes de imprimirse.

thunking- La transformación entre formatos de instrucción de 16 bits y 32 bits, en un sistema operativo.

TIA (Thanks In Advance)- Abreviatura de correo electrónico de "Thanks In Advance", que significa: ''Gracias por adelantado''.

tick marks- Marcas de garrapata. Pequeñas líneas en un eje de coordenadas x,y, que marcan los incrementos de medida en una gráfica.

TIFF (Tagged Image File Format)- Ver Tagged Image File Format.

tilde- Tilde. El signo ~, que se pone sobre la letra n.

tile- Mosaico. División de la pantalla de una computadora en ventanas, de manera tal que cada ventana sea del mismo tamaño.

tiled windows- Ventanas en forma de mosaico. Ver tile.

time bomb- Bomba de tiempo. Programa destructivo oculto, en espera de activarse.

Time Division Multiple Access (TDMA)- Ver TDMA.

time out- Interrupción durante la cual la computadora intenta accesar un dispositivo, que no responde, y el teclado permanece inactivo.

time-sharing- Uso compartido de tiempo. Técnica antigua de uso compartido de tiempo de computación, cuando las computadoras no personales (mainframe) requerían de cuartos especiales con aire acondicionado, piso elevado (para conexiones) y acceso controlado, limitado a administradores de sistema. Los usuarios en localidades remotas, pagaban en base al tiempo de computación usado.

time sharing system- Sistema de uso compartido de tiempo. Ver time-sharing.

timed backup- Respaldo a intervalos de tiempo. Característica de programas de aplicación que almacena cambios a archivos, a determinados intervalos de tiempo.

title bar- Barra de título. Barra en la parte superior de una ventana que incluye el nombre del archivo, o la aplicación.

TLA (Three-Letter Acronym; Three- Letter Abbreviation)- Acrónimo de Tres Letras. Abreviatura de Tres Letras.

TLD (Top-Level Domain)- Dominio de Máximo Nivel. Sufijo que se añade a nombres de dominio de la Internet.

tn- Telnet. Protocolo de la Internet.

TNX ("Thanks") Abreviatura de: ''Thanks'', que significa: ''Gracias''.

TNXE6 or TNX 1E6 ("Thanks a million")- Abreviatura de: "Thanks a million", que significa: "Un millón de gracias".

TOD (Time of Day)- Abreviatura de: "Time of Day", que significa: "Hora del día".

toggle- Cambiar de un estado o modo a otro y viceversa, pulsando determinadas teclas.

toggle key- Tecla de cambio. Tecla que cambia de un estado o modo a otro y viceversa.

toggle switch- Interruptor de cambio (interruptor de dos posiciones). Dispositivo que filtra y hace seguir paquetes (packets) entre segmentos de Red de Area Local (LAN).

token- Señal. Señal que circula en un tipo de red de computadoras conectadas entre sí, en forma de anillo.

tokenize- Romper una cadena de caracteres en las unidades más pequeñas con significado.

token passing- Paso de señal. Tipo de Método de Acceso de Canal (CAM). Protocolo de transmisión de datos

token ring network- Red en forma de anillo. Tipo antiguo de red de computadoras conectadas entre sí, en forma de anillo.

toner- Tóner. Tipo de tinta negra pulverizada, que se usa en impresoras láser y máquinas de fotocopiado.

toner cartridge- Cartucho de tóner.

toolbar- Barra de herramientas. Hilera horizontal o columna vertical de botones de imagen de selección, que constituyen un recordatorio visible y constante de una forma sencilla de seleccionar ciertas funciones de escritorio, o de otras aplicaciones.

toolbox- Caja de herramientas. Barra de íconos en pantalla de herramientas de dibujo, en aplicaciones de gráficas de dibujo y presentación.

toolkit- Estuche de herramientas. Programa que acompaña al Lenguaje de comando de herramientas (Tcl) para crear interfaces gráficas de usuario.

top-down programming- Programación ordenada. Técnica de programación que principia con un esquema general del programa y luego se enfoca en los detalles.

topology- Topología. La forma de una Red de Area Local (LAN), u otro sistema de comunicaciones. La topología puede ser física o lógica.

TOPS (Transparent Operating System)- Sistema Operativo Transparente. Tipo de Red de Area Local (LAN), diseñada por Sun Microsystems, que puede combinar computadoras Apple Macintosh, Computadoras Personales (PCs) y estaciones de trabajo Sun, en la misma red.

touch screen- Pantalla de tacto. Tipo de pantalla que cuenta con un panel transparente para comandos, sensible al tacto, que cubre la pantalla.

touch-sensitive display- Pantalla sensible al tacto. Ver touch screen.

tower model- Computadora modelo torre. Computadora en la cual el suministro de energía, la placa base y los dispositivos de almacenamiento masivo se apilan uno encima del otro, en un armazón que se sostiene en el piso o escritorio, en forma vertical.

tower case- Caja o armazón de computadora torre.

tpi (tracks per inch)- Pistas por pulgada. La densidad de las pistas de un disco.

TPS (Transactions Per Second)- Transacciones Por Segundo. Medida usada para determinar la cantidad de transacciones que se procesan en un segundo, en sistemas orientados a transacciones.

trace- Trazar, en un programa de dibujo.

track- Pista. Banda en un dispositivo magnético, que recibe información.

trackball- Dispositivo de señalamiento con funciones equivalentes a las de un ratón. Su forma es esencialmente la de un ratón invertido estacionario, en el cual el usuario gira una bola con la mano para mover el cursor.

tracking- El espacio que se deja entre letras.

tracks per inch (tpi)- Ver tpi.

tractor feed- Suministro por tracción. Ruedas de una impresora que tiran del papel al ir avanzando.

traffic- Tráfico. La cantidad de datos (carga) en un dispositivo o sistema de comunicaciones.

transaction- Transacción. En programación de computadoras, secuencia de intercambio de información y trabajo relacionado (como actualización de bases de datos), que se maneja como una unidad, para efectos de atención a una solicitud y para asegurar la integridad de una base de datos.

transaction processing- Proceso de transacción.

transaction processing system- Sistema de proceso de transacción.

transactional application- Aplicación transaccional. Programa que lleva un registro de todas las transacciones de los usurios de una red.

Transceiver (transmitter-receiver)- Transmisor-receptor. Dispositivo que tanto transmite, como recibe señales analógicas o digitales.

transducer- Transductor. Dispositivo que se estimula por la energía de un sistema, y suministra energía, usualmente de otra forma, a un segundo sistema. Un micrófono es un transductor que transforma energía de sonido, en señales eléctricas.

transfer- Transferencia. Cambio de posición de datos.

transfer rate- Velocidad de transferencia. Velocidad a la cual se transmiten datos de un dispositivo a otro. La velocidad de datos frecuentemente se mide en megabits (millones de bits) o megabytes (millones de octetos), por segundo.

transient cookie- Archivo transitorio. En la Web, pequeño archivo que contiene información acerca de un usuario, que desaparece cuando se cierra el explorador de usuario.

transistor- Transistor. Dispositivo compuesto de material semiconductor, que amplifica una señal, o abre o cierra un circuito. Inventado en 1947, el transistor se ha convertido en elemento clave de los circuitos digitales, incluyendo a las computadoras.

Transistor-Transistor Logic (TTL) monitor- Monitor de Lógica Transistor-Transistor. Monitor que acepta entrada digital.

translate- Traducir. Convertir un archivo de datos de un formato a otro.

translator- Traductor. Programa ensamblador o compilador.

transmission- Transmisión. Envío de datos.

Transmission Control Protocol (TCP)- Ver TCP.

Transmission Control Protocol/Internet Protocol (TCP/IP)- Ver TCP/IP.

transparent- Transparente. Invisible. Presente, pero no se puede ver, o se ve a través de. En software de computadora, una acción es transparente si se realiza sin algún efecto visible.

transparent GIF(Graphics Interchange Format)- Formato de Intercambio de Gráficas transparente. Archivo de imagen que tiene un color asignado a ser "transparente", para que el color asignado sea reemplazado por el color de fondo del explorador (browser), cualquiera que éste sea.

transport layer- Capa de transporte. En el modelo de comunicaciones de Interconexión de Sistemas Abiertos (OSI), la capa de transporte asegura un arribo confiable de mensajes y proporciona mecanismos de verificación de errores y control de flujo de datos.

transpose- Transponer. Cambiar el orden de caracteres, palabras u oraciones en pantalla.

transposition- Transposición. Cambio del orden normal de letras de una palabra.

trap- Trampa. Página de sitio de Web, que no permite al lector regresar a la página anterior. // Lugar en un programa donde se pueden manejar condiciones inesperadas o no permitidas, en programación de lenguaje ensamblador.

trapdoor (backdoor)- Puerta trampa (puerta trasera). Forma no documentada de accesar un programa, servicio en línea, o todo un sistema de computación.

trapping- Intercepción de errores. Ver error trapping.

trash- Basura. En Macintosh, sitio donde se depositan archivos no deseados.

trash can- Bote de basura. En Macintosh, sitio para desechar archivos no deseados.

tree- Arbol. Representación gráfica de datos vinculados de manera estructurada.

tree structure- Estructura de árbol. Tipo de estructura de datos, en la cual cada elemento se conecta a uno o más elementos directamente inferiores.

trigger- Gatillo. En una base de datos, serie de instrucciones de Lenguaje de Consulta Estructurado (SQL) que automáticamente "dispara" una acción cuando ocurre determinada operación, como cambiar datos en una tabla.

trigonometric functions- Funciones trigonométricas.

Triple DES- Triple DES. Método de codificación de los mismos datos tres veces, con el algoritmo de codificación DES.

triple-pass scanner- Escáner de triple paso.

Triton- Familia de grupos de microchips Intel 430, de Pentium.

Trojan horse- Caballo de Troya. Programa de computadora con instrucciones destructivas ocultas.

troll- Pescar. Práctica de atraer a usuarios de la Internet a enviar respuestas a declaraciones incorrectas cuidadosamente elaboradas, que funcionan como un señuelo.

troubleshooting- Localización de averías. Proceso por el cual se determina la causa del mal funcionamiento de un dispositivo, o sistema de computación.

True BASIC- Versión estructurada moderna del lenguaje de programación BASIC, desarrollada por sus creadores John Kemeney y Thomas Kurtz.

true color- Color verdadero. Cualquier dispositivo de gráficas o software que utiliza al menos 24 bits para representar cada punto o pixel, lo cual permite más de 16 millones de colores.

TrueType- Tecnología de caracteres tipográficos, desarrollada por las compañías Microsoft y Apple Computer.

TrueType font- Caracteres tipográficos TrueType.

truncate- Truncar. Cortar la parte final de algo. Omitir parte de un número o serie de caracteres. // Término usado para describir un tipo de redondeo de números de punto flotante.

truncation- Acción de truncar.

truncation error- Error al truncar.

truth table- Tabla de verdad. Análisis de una función lógica, por medio de una lista de todos los valores posibles que la función pueda obtener.

TSR (Terminate-and-Stay-Resident)- Terminar-y-Permanecer-Residente. Programa de utilidad que permanece en Memoria de Acceso Aleatorio (RAM) permanentemente.

TTL (Transistor-Transistor Logic)- Lógica de Transistor-Transistor. Sistema de lógica que funciona a base de transistores.

TTL monochrome monitor- Monitor monocromático de Lógica de Transistor-Transistor. Monitor monocromático (de un solo color) de Lógica Transistor-Transistor. Ver TTL.

TTY (Teletype)- Ver Teletype.

TTYL (Talk To You Later)- Abreviatura de correo electrónico de: "Talk To You Later", que significa: "Platicamos más tarde.

tune- Poner a tono. Mejorar el funcionamiento de un sistema, ajustando parámetros numéricos.

tuple- Juego completo de información (record), en sistemas relacionales de base de datos. // Serie de valores, separados por comas, que pasan de un programa a otro, en programación de computadoras.

Turbo C++ - Lenguaje compilador de los lenguajes C y C++, creado por la Compañía Borland International.

Turbo Pascal- Compilador de alto rendimiento, creado por la compañía Borland International.

Turing machine- Máquina de Turing. Máquina experimental concebida por Alan Turing, cuya finalidad era el determinar si se podía considerar a la computadora como una máquina inteligente.

Turing test- Prueba de Turing. Experimento desarrollado por Alan Turing, para determinar si a una computadora se le podía considerar como una máquina inteligente.

turnkey system- Sistema listo para funcionar. Sistema o paquete de software que ya ha sido construído e instalado, y se encuentra listo para funcionar.

tutorial- De tutoría. Forma de instrucción guiada paso a paso.

TWAIN- Norma de interfaz de facto para escaners.

tweak- Realizar pequeños cambios para afinar una pieza de hardware o software.

TweakUI- Utilidad de software que permite a usuarios de Windows 9x, Windows NT y Windows 2000 modificar la interfaz de usuario de escritorio y otras características de sistema.

twiddle- (Caló) Hacer pequeños cambios de ajuste.

twisted pair- Pareja de cables de cobre trenzados y aislados.

type- Tipo. Clase de caracteres impresos. // Ingresar caracteres, presionando teclas en un teclado.

Type 1- Tipo 1. Caracteres tipográficos, ideados por la Compañía Adobe Systems, inspirados en las curvas de Bézier.

Type 1 font- Caracteres tipográficos de Tipo 1. Ver Type 1.

typeface- Tipo de letra. Diseño de una serie de caracteres.

typeover- Teclear sobre. Ver overtype mode.

typeover mode- Modo de teclear sobre. Ver overtype mode.

typesetter- Adaptador de imágenes.

typesetting- Composición.

typesetting mistakes- Errores de composición.

type size- Medida de tipo. Medida de caracteres, en puntos.

type style- Estilo de tipo. Estilo de caracteres.

typography- Tipografía.

U

UART (Universal Asynchronous Receiver/Transmitter)- Transmisor/Receptor Universal Asíncrono. Componente de computadora que maneja comunicación serial asíncrona.

ubiquitous computing (pervasive computing)- Computación ubicua (computación expansiva). Idea de que la tecnología va más allá de la computadora personal, conforme los dispositivos de computadora se tornan cada vez más pequeños y más potentes. Ahora esta tecnología abarca a dispositivos de uso diario, con tecnología y conectividad inherentes.

UCSD Pascal- Sistema operativo, basado en el lenguaje Pascal.

UDP (User Datagram Protocol)- Protocolo de Datagrama de Usuario. Protocolo sin conexión, que corre en redes de Protocolo de la Internet (IP), como el Protocolo de Control de Transmisión (TCP).

UI (User Interface)- Interfaz de usuario. La unión entre un usuario y un programa de computadora. Una interfaz es una serie de comandos o menús, a través de los cuales un usuario se comunica con un programa. // Capa de un programa (shell). Los sistemas operativos y las aplicaciones algunas veces proporcionan una capa alternativa para interaccionar con el programa más fácilmente.

Ultra ATA (Ultra DMA)- La versión más reciente de la norma ATA , que respalda velocidades de transferencia de datos, de modo de transmisión de datos acelerado (burst mode), de 33.3 megaoctetos por segundo.

Ultra DMA (Ultra ATA)- Ver Ultra ATA.

ultra-large scale integration (ULSI)- Integración a Ultra Gran Escala. La colocación de aproximadamente más de un millón de elementos de circuito, en un solo chip.

unauthorized access- Acceso no autorizado. Acceso forzado a una computadora.

undelete utility- Utilidad de recuperar lo borrado. Programa de utilidad que puede recuperar un archivo borrado.

Undernet- La red más grande de Canales de Transmisión de la Internet (IRC), en la Internet.

underscore- Subrayar. El caracter para subrayar, de un teclado estándar: _ .

undo- Anular. Regresar a un estado previo, al anular los efectos de uno, o más comandos.

undocumented- No documentado. Características no descritas en la documentación oficial de un producto.

undocumented feature- Característica no documentada. Ver undocumented.

unerase – Recuperar archivos borrados.

unformatted text file- Archivo de texto no formateado.

ungroup- Desagrupar.

unicast- Enviar una señal a un solo receptor.

Unicode- Unicódigo. Norma para representar caracteres como números enteros. Serie de caracteres de 16 cifras binarias (bits), capaz de representar todos los idiomas del mundo.

Uniform Resource Identifier (URI)- Identificador de Recurso Uniforme. Término genérico para todo tipo de nombres y direcciones que se refieren a objetos, en la World Wide Web.

Uniform Resource Locator (URL)- Localizador de Recurso Uniforme. Dirección global de documentos y otros recursos, en la World Wide Web.

U-NII (Unlicensed National Information Infrastructure) Infraestructura Nacional de Información Sin Licencia. Infraestructura designada para proporcionar comunicación de red inalámbrica de alta velocidad, de corto alcance, a bajo precio. Los dispositivos U-NII no requieren de licencia.

uninstall- Desinstalar. Retirar una aplicación ya instalada, de una computadora.

Uninterruptible/Uninterruptable Power Supply (UPS)- Suministro de Energía Sin Interrupción. Suministro de corriente eléctrica que incluye una batería, para conservar la corriente en caso de una pérdida de energía.

union- Unión. Item de datos con valores de varios tipos.

UNIVAC 1- Computadora de gran tamaño, construída en 1950.

Universal Asynchronous Receiver/Transmitter (UART)- Ver UART.

Universal Serial Bus (USB)- Vía de Transmisión Universal En Serie. Norma de vía de transmisión externa con velocidades de transferencia de datos de 12 megabits por segundo.

Unix- Sistema operativo multiusuario, de multitarea, desarrollado por los Laboratorios Bell, a principio de los años setentas.

Unix-to-Unix Copy Program (UUCP)- Programa de Copia Unix-a-Unix. Utilidad y protocolo de Unix, que permite a una computadora enviar archivos a otra computadora, por medio de una conexión en serie directa, o por modems y el sistema telefónico.

unmoderated newsgroup- Foro no moderado. Grupo de discusión sin censura.

update- Actualizar. // Actualización.

upgrade- Actualización. Nueva versión de un producto de hardware o software, diseñado para reemplazar la versión antigua del mismo producto.

upgrade processor- Procesador actualizador. Microprocesador que mejora sistemas más antiguos.

upload- Transmitir datos de una computadora a un Servicio de Tablero de Boletín, a una computadora de gran capacidad (mainframe), o a una red.

uppercase- Letras mayúsculas.

Unified Memory Architecture (UMA)- Arquitectura de Memoria Unificada. Computadora con cápsulas (chips) de gráficas construídas en la placa base, que usan parte de la memoria principal de la computadora para memoria de video.

Upper Memory Block (UMB)- Bloque Superior de Memoria. Bloque de memoria en el Area Superior de Memoria (UMA) del Sistema Operativo de Disco (DOS).

UPS (Uninterruptible/Uninterruptable Power Supply)- Ver Uninterruptible Power Supply.

upward compatible- Compatible hacia arriba. Programas que corren no sólo en la computadora para la cual fueron diseñados, sino también en modelos más recientes y con mayor potencia.

URI (Uniform Resource Identifier)- Ver Uniform Resource Identifier.

URL (Uniform Resource Locator)- Ver Uniform Resource Locator.

USB (Universal Serial Bus)- Ver Universal Serial Bus.

Usenet- Foros de discusión en Internet. Sistema de tarjeta de boletín que puede ser accesado a través de la Internet, o a través de varios servicios en línea. Usenet abarca a más de 14, 000 foros, llamados newsgroups.

Usenet site- Sitio de Usenet.

user- Usuario. Persona que opera una computadora.

User Datagram Protocol (UDP)- Ver UDP.

user-friendly- Amigable para el usuario. De fácil uso para el usuario.

user group- Grupo de usuarios. Grupo de personas con intereses comunes en algunos aspectos de la computación.

User Interface (UI)- Ver UI.

user program- Programa de usuario. Programa diseñado para la solución individual de problemas del usuario.

UTC (Coordinated Universal Time) Tiempo Coordinado Universal. Escala de tiempo que se acopla con la Hora de Greenwich, basada únicamente en la velocidad de rotación inconsistente de la Tierra, con tiempo atómico de gran exactitud.

utility program- Programa de utilidad. Pequeño programa que se suma a las capacidades que proporciona el sistema operativo. // Programa que realiza una tarea muy específica, relacionada usualmente a recursos de sistema de manejo. // Programa de servicio que no es parte del sistema operativo, pero sí compone el software del sistema.

UUCP (Unix-to-Unix Copy Program)- Ver Unix-to-Unix Copy Program.

uudecode- Programa de utilidad de Unix que descifra textos con código ASCII.

uuencode- Programa de utilidad de Unix que cambia un archivo binario, a texto con código ASCII.

V

V. *xx*- Normas de módem y otras normas de red telefónicas.

vaccine- Vacuna. Programa de computadora que ayuda a proteger contra virus.

vacuum tube (Cathode Ray Tube (CRT))- Tubo de vacío. Ver Cathode Ray Tube.

validation- Prueba de que un sistema funciona.

Value-Added Network (VAN)- Red de Valor Agregado. Proveedor de red privada que una compañía contrata para facilitar el Intercambio Electrónico de Datos (EDI) o para proporcionar otros servicios de red.

Value-Added Reseller (VAR) (OEM)- Revendedor de Valor Agregado. Ver OEM.

vampire tap- (Caló) Toma de vampiro. Conexión a un cable coaxial en el cual se taladra a través del blindaje exterior (outer shield) del cable para conectar una grapa (clamp) al conductor interior del cable.

vanilla- (Caló) Sencillo. Simple. Sin características adicionales.

vaporware- Programas al vapor. Programas a los que se les hace publicidad, aún antes de estar listos para salir al mercado.

VAR (Value-Added Reseller)- Ver Value-Added Reseller.

variable- Variable. Símbolo o nombre que representa un valor.

variable pitch- Medida variable. Caracteres de diferentes anchuras, en cierto tipo de letra. Ver proportional pitch.

VAX (Virtual Address eXtension)- Extensión de Dirección Virtual. Sucesor de la línea de minicomputadoras PDP-11, de Digital Equipment Corporation.

VBA (Visual BASIC for Applications)- Visual BASIC para Aplicaciones. Ver Visual BASIC.

VBScript (Visual Basic Scripting Edition)- Edición de Escritura de Texto de Visual Basic. Lenguaje de texto, basado en el lenguaje de programación Visual Basic, desarrollado por Microsoft.

vCard- Tarjeta electrónica comercial, o personal. Nombre de una especificación de industria, para el tipo de intercambio de comunicaciones que se realiza con tarjetas comerciales o personales.

VDT (Video Display Terminal)- Terminal de Pantalla de Video. Monitor.

VDT radiation- Radiación de Terminal de Pantalla de Video. Radiación de monitor.

VDU (Video Display Unit)- Unidad de Despliegue de Video. Monitor.

vector- Vector. Arreglo (array) de una dimensión, en programación de computadoras. // Línea que se define por su punto de inicio y de final, en gráficas de computadora.

vector font (scalable font) (outline font)- Caracteres tipográficos vectoriales. Ver scalable font. Ver outline font.

vector graphics- Gráficas vectoriales. Software y hardware que utiliza fórmulas geométricas para representar imágenes.

vector processor (array processor)- Procesador vectorial. Ver array processor.

vector-to-raster conversion program- Programa de conversión de vector a raster. Ver vector. Ver raster.

vendor- Vendedor. Cualquier persona o compañía que vende productos o servicios a alguien más en la cadena de producción económica.

Vendor Independent Messaging (VIM)- Mensajería Independiente de Vendedor. Interfaz de Programa de Aplicación (API) que permite que programas de correo electrónico de diferentes fabricantes, se intercambien correo mutuamente.

verify- Verificar. Checar la exactitud y conclusión de una operación de computadora.

Veronica- Servicio antiguo de búsqueda de información, a través de Gopher. Motor de búsqueda de sitios Gopher.

version- Versión.

vertical- Ver portrait.

vertical application- Aplicación vertical. Programa de aplicación para un número reducido de clientes (para un mercado específico).

vertical market- Mercado vertical. Industria en particular, o grupo de empresas en las que se desarrollan productos o servicios similares, y se llevan al mercado usando métodos semejantes.

vertical market software- Programas de mercado vertical. Programas destinados a un mercado vertical en particular. Ver vertical market.

vertically flat- Verticalmente plano. Diseño de monitor que reduce la distorsión de imagen.

Very Large Scale Integration (VLSI)- Integración a Muy Gran Escala. Proceso de colocación de miles (o cientos de miles) de componentes electrónicos en un solo chip.

VESA (Video Electronics Standards Association)- Asociación de Normas de Electrónica de Video.

Consorcio de fabricantes de monitores y video adaptadores cuya finalidad es el estandarizar protocolos de video.

VESA Local Bus (VLB)- Vía de Transmisión Local de VESA. Vía de transmisión local, creada por la Asociación de Normas de Electrónica de Video (VESA).

VGA (Video Graphics Array)- Arreglo de Gráficas de Video. Sistema de despliegue de gráficas para Computadoras Personales (PCs), desarrollado por IBM.

vi- Popular editor de texto, basado en UNIX.

video- Video. Registro, manipulación y despliegue de imágenes en movimiento, en especial en un formato que pueda presentarse en una televisión. // El despliegue de imágenes y texto en un monitor de computadora. // La grabación con un grabador de video (camcorder), o algún otro dispositivo. // La pantalla de una computadora o de una terminal.

video accelerator- Acelerador de video. Ver graphics accelerator.

video adapter (video board)- Adaptador de video. Tarjeta que se conecta a una computadora personal para conferirle capacidades de despliegue.

video amplifier- Amplificador de video.

video board- Tarjeta de video. Ver video adapter.

video capture- Captura de video. La conversión de señales de video analógicas a un formato digital y posteriormente el almacenamiento del video digital en un dispositivo de almacenamiento masivo de computadora.

video capture camera- Camara de captura de video.

video capture card- Tarjeta de captura de video. Tarjeta especial que permite la captura de video de dispositivos analógicos, convierte las señales analógicas a forma digital, y comprime los datos.

videoconferencing- Videoconferencia. La conducción de una conferencia entre dos o más participantes en diferentes sitios, por medio de redes de computación que transmiten datos de audio y video.

Video Graphics Array (VGA)- Ver VGA.

video memory- Memoria de video. Memoria de Acceso Aleatorio (RAM) instalada en un adaptador de video.

Video RAM (VRAM)- Memoria de Acceso Aleatorio de Video. Memoria con un propósito especial, usada por adaptadores de video.

view- Vista. Forma particular de considerar una base de datos, en sistemas de manejo de bases de datos. Una vista dispone los registros en cierto orden y deja visibles únicamente ciertos campos.

viewer- Lector. Programa de utilidad que permite leer un archivo en su forma nativa (forma original).

vignette- Imagen redondeada de sombreado, que se incorpora gradualmente al fondo.

VIM (Vendor Independent Messaging)- Ver Vendor Independent Messaging.

virtual- No real. En general, lo que distingue lo que es meramente conceptual, de lo que tiene una realidad física.

virtual 8086 mode- Modo virtual 8086. Modo disponible en microprocesadores 80386, y en microprocesadores más avanzados.

virtual community- Comunidad virtual. Comunidad de personas en la Internet, u otras redes colaborativas, que comparten intereses comunes, ideas y sentimientos.

virtual device- Dispositivo virtual. Simulación de un dispositivo o periférico de computadora.

Virtual Device Driver (VxD)- Conductor de dispositivo virtual. Programa para cada uno de los dispositivos de hardware principales de la computadora, incluyendo el controlador de unidad de disco duro, teclado y puertos en paralelo y en serie.

virtual disk (RAM disk)- Disco virtual. Ver RAM disk.

Virtual Machine (VM)- Máquina virtual. Entorno operativo auto-contenido (self-contained), que se comporta como si fuera una computadora por separado.

virtual memory- Memoria virtual. Area de memoria imaginaria, contenida en algunos sistemas operativos.

virtual memory management- Manejo de memoria virtual.

Virtual Private Network (VPN)- Red Privada Virtual.

Virtual Reality (VR)- Realidad Virtual. Entorno artificial creado por hardware y software de computadora y presentado al usuario de manera tal que aparezca y se sienta como un entorno real. Ilusión de un espacio tridimensional creada por computadora.

Virtual Reality Modeling Language (VRML)- Lenguaje de Modelado de Realidad Virtual. Especificación para el despliegue de objetos tridimensionales en la World Wide Web.

virtual storage- Almacenamiento virtual. Ver virtual memory.

virus- Virus. Programa que causa daño a otros programas o discos.

virus protection software- Programas de protección contra virus. Programas de computadora que ofrecen protección contra virus.

Visual Basic- Lenguaje de programación de alto nivel, basado en el lenguaje BASIC, diseñado por Microsoft para Microsoft Windows.

Visual BASIC for Applications (VBA)- Visual BASIC para Aplicaciones. Ver Visual Basic.

VLB (VESA Local Bus)- Vía de Transmisión Local de VESA. Vía de transmisión local, creada por la Asociación de Normas de Electrónica de Video (VESA).

VL-Bus (VESA Local Bus)- Ver VLB.

VLSI (Very Large Scale Integration)- Ver Very Large Scale Integration.

VM (Virtual Machine)- Máquina Virtual. Ver Virtual Machine.

voice actuation- Estimulación de voz. Reconocimiento de comandos de voz como instrucciones para procesar, por parte de una computadora.

voice-capable modem- Módem capaz-de voz. Módem que puede distinguir transmisiones de datos, transmisiones de facsímil y llamadas telefónicas, para enrutarlas al dispositivo adecuado.

voice mail- Correo de voz. Sistemas de correo electrónico con audio.

Voice-Over-the Internet (VOI) (VOIP) (Internet telephony)- Voz por la Internet (telefonía de Internet). Categoría de hardware y software que permite el uso de la Internet como medio de transmisión de llamadas telefónicas.

voice recognition- Reconocimiento de voz. Decodificación del habla humana a texto, por medio de un programa de computadora.

voice synthesis- Síntesis de voz. Texto de computadora en forma de habla sintetizada, que las personas pueden entender.

volatile- Volátil. No permanente.

volatile memory- Memoria volátil. Memoria no permanente; que se borra.

volt- Voltio.

volume- Volumen. Cantidad fija de almacenamiento en un disco o cinta. Información grabada en memoria externa.

volume label- Etiqueta de volumen. El nombre de un volumen (el nombre de un disco o cinta). El especificar una etiqueta de volumen hace más sencillo el llevar un registro de los datos que se almacenan en cada medio.

VON (Voice On the Net)- Voz En la Red. Coalición de productores de programas de telefonía de la Internet.

Von Neumann architecture- Arquitectura de Von Neumann. Tipo de computadora con una arquitectura que le permite almacenar programas y datos en un mismo tipo de memoria.

Von Neumann, John (1903-1957)- Matemático, pionero en la computación.

VR (Virtual Reality)- Ver Virtual Reality.

VRAM (Video Random Access Memory)- Ver Video RAM.

VRML (Virtual Reality Modeling Language or Virtual Reality Markup Language)- Lenguaje de Modelado de Realidad Virtual o Lenguaje de Marcado de Realidad Virtual. Lenguaje de programación que describe un ambiente tridimensional.

W

W3 (WWW) (World Wide Web)- Sistema de servidores de la Internet que albergan documentos especialmente formateados.

W3C (World Wide Web Consortium)- Consorcio de la World Wide Web. Consorcio internacional de compañías comprometidas con la Internet y la Web.

WAIS (Wide Area Information Server)- Servidor de Información de Area Amplia. Programa que se utiliza para buscar documentos en la Internet.

wait state- Estado de espera. Breve suspensión de actividad, durante la cual la Unidad Central de Procesamiento (CPU), o vía de transmisión, se mantiene desocupada para sincronizar con memoria, u otros dispositivos más lentos.

waiting queue- Cola de espera. Zona de memoria donde se encuentra la información en espera de ser procesada.

wallpaper- Papel tapiz. Patrón gráfico que se exhibe en el escritorio de la computadora, como fondo; debajo de ventanas, íconos y cuadros de diálogo.

WAN (Wide Area Network)- Red de Area Amplia. Red comercial de datos, que se extiende sobre una superficie geográfica relativamente grande.

warez- (Caló) Copia no autorizada de programas comerciales, que se ofrece al público por medio de un centro de mensajería electrónica (Sistema de Tablero de Boletín (BBS)), o por medio de grupos de noticias de la Internet.

warm boot (warm start)- Puesta en marcha en caliente. El reinicio del sistema operativo de una computadora, sin apagarla.

warp- Torcer. Manipular digitalmente una imagen

watch icon- Icono de reloj. Puntero del ratón que aparece con la imagen de un reloj, anunciando que la computadora está en proceso de completar una operación, y es preciso esperar.

waterfall model (systems development life cycle model) Modelo cascada (modelo de ciclo de vida de desarrollo de sistemas).- Método de desarrollo lineal y secuencial, en ingeniería de programas.

watt- Vatio. Unidad de potencia eléctrica.

WAV- Formato para el almacenamiento de sonido en archivos, desarrollado por Microsoft e IBM.

wave file- Archivo de ondas. Archivo del registro digital de las ondas sonoras.

waveform- Forma de onda. En la industria de telecomunicaciones, representación gráfica de una señal, como el esquema de amplitud contra tiempo, en la forma de una onda.

waveguide- Guía de onda. Línea de alimentación electromagnética, que se usa en comunicaciones de microondas, en radiodifusión y en instalaciones de radar.

waveguide synthesis- Síntesis de guía de onda. Método para generar y reproducir sonidos musicales, en una tarjeta de sonido.

wavetable- Tabla de ondas. Tabla de ondas de sonido almacenadas, que son ejemplos digitalizados de sonido grabado real.

wave table synthesis- Síntesis de tabla de ondas. Técnica para generar sonidos de señales digitales.

web- Red. En cualquier sistema de hipertexto, una serie de documentos relacionados, que juntos forman una presentación de hipertexto.

Web (World Wide Web)- Red Mundial. Sistema de hipertexto a nivel mundial, con la Internet como medio de comunicación.

Web address- Dirección de Web. Serie de caracteres que identifican un archivo, que se puede ver en la World Wide Web.

Web browser- Navegador, explorador de Web. Programa de aplicación que se usa para localizar y desplegar páginas de Web.

webcam- Cámara de web. Cámara de video, frecuentemente conectada directamente a la computadora, cuya imagen actual, o la más reciente, puede solicitarse a un sitio de Web.

WebCrawler- Popular motor de búsqueda (search engine), que corre America Online.

Webmaster- Persona que administra un sitio de Web.

Web page- Página de Web. Página de información, disponible en la Web.

Web page design- Diseño de página de Web.

Web ring- Anillo de Web. Forma de interenlazar sitios de Web relacionados, para que puedan ser visitados uno después del otro y eventualmente regresar al primer sitio de Web.

Web server- Servidor de Web. Programa que, usando el modelo de cliente/servidor y el Protocolo de Transferencia de Hipertexto de la World Wide Web (HTTP), sirve los archivos que forman las páginas de Web, a usuarios de Web.

Web server farm- Granja de servidores de Web. Grupo de computadoras que actúan como servidores, alojadas en un solo lugar. Una granja de servidores de Web puede ser: 1) un sitio de Web que tiene más de un servidor. 2) un proveedor de servicio de la Internet (ISP), que ofrece servicios de anfitrión de Web, usando múltiples servidores.

Web site- Sitio de Web.

weight- Peso. El espesor de un tipo de letra, o de líneas de dibujo.

welcome page- Página de bienvenida. Documento de Web que actúa como punto de entrada a una serie de documentos relacionados.

weld- Soldar. Unir dos o más objetos en un programa de dibujo.

well-known port numbers- Números de puerto bien conocidos. Números de puerto reservados por asignación por la Corporación de la Internet para Nombres y Números Asignados (ICANN), para uso por los puntos finales de aplicación que comunican usando el Protocolo de Control de Transmisión (TCP) de la Internet o el Protocolo de Datagrama de Usuario (UDP).

WEP (Wired Equivalent Privacy)- Privacía Equivalente a Conexión Alámbrica. Protocolo de seguridad para Redes de Area Local Inalámbricas (WLANs) definido por la norma 802.11b. Este protocolo está diseñado para proporcionar el mismo nivel de seguridad de una Red de Area Local (LAN) alámbrica.

What-You-See-Is-What-You-Get (WYSIWYG)- Lo Que Ve Es Lo Que Obtiene. Aplicación que permite ver en pantalla exactamente lo que aparecerá cuando se imprima el documento.

Whetstone- Programa de comprobación de velocidad de computadoras.

whiteboard- Pizarrón blanco. Medio gráfico en el cual pueden participar miembros de una conferencia por Internet.

white hat- Sombrero blanco. Experto en computación que identifica una debilidad de seguridad en un sistema o red de computación pero, en lugar de obtener ventaja de esta oportunidad, alerta sobre el problema a los dueños del sistema y exhorta a tomar medidas correctivas.

white noise- Ruido blanco. Sonido que contiene cada frecuencia del alcance de la audición humana (generalmente de 20 Hz a 20 kHz), en cantidades iguales.

white pages- Páginas blancas (sección blanca). Lo equivalente en computación a la sección de páginas blancas de un directorio telefónico.

white space- Espacio en blanco. Parte de una página donde no hay texto.

whois- Utilidad de la Internet que proporciona información acerca de un nombre de dominio, o dirección de Protocolo de la Internet (IP).

wide- Orientación horizontal. En contraste con "alto" (tall).

Wide Area Information Server (WAIS)- Ver WAIS.

Wide Area Network (WAN)- Ver WAN.

widow- Viuda. La última línea de un párrafo, al principio de otra página, o de un párrafo nuevo. La primera línea de un párrafo como última línea de una página.

Wi-Fi (Wireless Fidelity)- Fidelidad Inalámbrica. Término acuñado por la Alianza de Fidelidad Inalámbrica (Wi-Fi); organización compuesta por proveedores de equipo y software inalámbricos, que tienen como fín el certificar todos los productos con base en las especificaciones 802.11 del Instituto de Ingenieros Electrónicos y Electricistas (IEEE) para que puedan ser interoperables, y así promover el término "Wi-Fi" como nombre universal para cualquier producto inalámbrico de Red de Area Local (LAN), con base en las especificaciones 802.11

wildcard- Comodín. Caracter que sustituye a cualquier otro caracter.

WIMP (Windows, Icons, Menus and Pointing device)- (Caló) Ventanas, Iconos, Menús y Dispositivo de Señalamiento. Tipo de interfaz de usuario que la computadora Macintosh hizo famosa, y posteriormente fue imitada por los sistemas operativos Windows.

Win32- Interfaz de Programa de Aplicación (API) de Windows para el desarrollo de aplicaciones de 32 bits.

Win32s (WIN32 subset)- Paquete de software que se puede anexar a Windows 3.1 y Windows para sistemas de grupos de trabajo, para dotarlos de la habilidad de correr algunas aplicaciones de 32 bits.

Winchester disk- (Caló). Disco Winchester. Cualquier disco duro diseñado para ser usado en microcomputadoras. Tiene su origen en un sistema antiguo que tenía dos discos duros de 30 MB cada uno, como la legendaria escopeta Winchester de calibre 30 y de grano 30 (30-30).

window- Ventana. Area rectangular en la que se divide la pantalla de una computadora. La mayoría de los sistemas operativos y aplicaciones actuales cuentan con interfaces gráficas de usuario (GUIs), que permiten dividir la pantalla en varias ventanas. Dentro de cada ventana se puede correr un programa distinto, o se pueden desplegar diferentes datos.

windowing system- Sistema por ventanas. Sistema para compartir recursos de presentación de despliegue gráfico entre varias aplicaciones, al mismo tiempo.

window menu- Menú por ventana. Menú de control en Windows.

Windows (Microsoft Windows)- Ventanas (Ventanas Microsoft). Nombre de sistemas operativos, desarrollados por la Compañía Microsoft.

Windows 2000 (Win2k)- Producto de la línea de sistemas operativos de Microsoft Windows, que combina y mejora la funcionalidad del sistema operativo Windows NT de alta seguridad, para usuarios empresariales, y la relativa simplicidad de Windows 98, para usuarios caseros. Existen cuatro versiones de Windows 2000: Sistema Operativo Profesional, Servidor, Servidor Avanzado y Servidor de Centro de Datos.

Windows application- Aplicación de Windows.

Windows CE- Versión reducida del sistema operativo de Windows, diseñado para pequeños dispositivos, como Asistentes Personales Digitales (PDAs), o Computadoras Personales de Mano (Handheld PCs).

Windows Metafile Format (WMF)- Formato de Metaarchivo de Windows. Formato de archivo de gráficas que se utiliza para intercambiar información de gráficas, entre aplicaciones de Microsoft Windows.

Windows NT- Sistema operativo de nueva tecnología (de los 1990s), creado por Microsoft para llevar a cabo tareas intensivas de procesamiento, en redes de computación empresariales de relativo alto grado de seguridad.

WinFax Pro- Programa de facsímile para enviar y recibir facsímiles de aplicaciones de Windows.

WINS (Windows Internet Naming Service)- Servicio de Nombramiento de la Internet de Windows. Sistema que determina la dirección de Protocolo de la Internet (IP) asociada a determinada computadora de la red.

Winsock (Windows Socket)- Enchufe Windows. Aplicación estándar de enchufe para Windows. Interfaz de Programación de Aplicación (API) para el desarrollo de programas de Windows que se puedan comunicar con otras máquinas por medio del Protocolo de Control de Transmisión / Protocolo de la Internet (TCP/IP).

Wintel (Windows-Intel)- Término de la industria de comercio de la computación para designar a las computadoras basadas en un microprocesador Intel y uno de los sistemas operativos de Windows de Microsoft.

WinZip- Programa de Windows que permite archivar y comprimir archivos para que se puedan almacenar o distribuir más eficientemente.

Wired Equivalent Privacy (WEP)- Ver WEP.

wireframe- Armazón de alambre. Dibujo que se muestra como forma rápida de mostrar una imagen; en su forma no terminada (borrador).

wireless- Inalámbrico. Término usado para describir a la telecomunicación, en la cual ondas electromagnéticas, en lugar de alguna forma de cable, transportan la señal por parte, o toda la trayectoria de comunicación.

wireless communication- Comunicación inalámbrica. Enlace de computadoras por medio de señales infrarrojas, o de radio.

Wireless Fidelity (Wi-Fi)- Ver Wi-Fi.

wireless LAN- Red de Area Local inalámbrica. Red de Area Local que se conecta a un usuario móbil, a través de una conexión inalámbrica de radio.

wizard- Experto. Utilidad dentro de una aplicación, que permite usar la aplicación para realizar una tarea en particular. // Super programador. Programador extraordinario. // Administrador del sistema de una sala de charla.

WLAN (Wireless Local Area Network)- Red de Area Local Inalámbrica. Tipo de red de area local que utiliza ondas de radio de alta frecuencia, en lugar de cables, para comunicarse entre nodos.

WMF (Windows Metafile Format)- Ver Windows Metafile Format.

w/o (without)- Abreviatura de correo electrónico de: "without", que significa: "sin".

word- Palabra. Grupo de bits. Cualquier grupo de caracteres separados por espacios, o puntuación en ambos lados, en procesamiento de palabra. // En programación, el tamaño natural de datos de una computadora. El tamaño de una palabra varía de una computadora a otra, dependiendo de la Unidad Central de Procesamiento (CPU).

Word (Microsoft Word)- Programa de procesamiento de palabra de Microsoft.

WordPerfect- Programa de procesamiento de palabra de amplia popularidad, antes de ser desplazado por Microsoft Word.

word processing- Procesamiento de palabra. El uso de una computadora para crear, editar, e imprimir documentos.

word processing program- Programa de procesamiento de palabra. Ver word processing.

word size- Tamaño de palabra. Número de bits con los que una computadora puede trabajar a la vez.

wordspacing- El espacio entre palabras.

WordStar- Programa de procesamiento de palabra, diseñado por la compañía norteamericana MicroPro, en los años ochentas. Fue uno de los programas procesadores más populares, antes de la introducción de WordPerfect, que a su vez fue desplazado por Microsoft Word en popularidad.

word wrap- Salto de línea. Característica de programas de procesamiento de palabra, mediante la cual cuando se teclea más allá del margen derecho, el programa automáticamente pasa la palabra completa a la siguiente línea, para evitar su división.

workaround- Forma de evitar un error de programación (bug), sin repararlo.

workflow- Flujo de trabajo. Series de tareas definidas dentro de una organización, para producir un resultado final específico.

workgroup- Grupo de trabajo. Conjunto de personas que trabajan sobre un mismo proyecto, conectadas a una misma red de computadoras.

working directory- Directorio en funcionamiento. El directorio en el cual se está trabajando en el momento.

working model (crippled version)- Ver crippled version.

workstation- Estación (puesto) de trabajo. Tipo de computadora que se usa para aplicaciones de ingeniería CAD/CAM, publicación de escritorio, desarrollo de software, y otro tipo de aplicaciones que requieren una cantidad moderada de energía de computación y capacidades de gráficas de relativa alta calidad.

World Wide Web (WWW)- Sistema de hipertexto a nivel mundial, con la Internet como medio de comunicación.

World Wide Web Consortium (W3C)- Ver W3C

worm- Gusano. Programa o algoritmo que se duplica a sí mismo en una red de computación, y usualmente realiza acciones maliciosas.

WORM (Write Once, Read Many)- Escribir (grabar) una vez, leer muchas. Tecnología de disco óptico que permite grabar datos en un disco una sola vez.

wrap- Envolver. Hacer fluir texto de una línea o columna, a la siguiente, o hacer fluir texto alrededor de una ilustración.

wrap-around type- Tipo de envoltura. Tipo de letra diseñada para rodear a un texto.

wrapper- Envoltura. Programas que acompañan a recursos, o a otros programas, con el propósito de mejorar conveniencia, compatibilidad o seguridad.

write- Grabar. Copiar datos de la memoria principal, a un dispositivo de almacenamiento, como un disco.

write head- Cabeza de grabación.

Write Once, Read Many (WORM)- Ver WORM.

write-protect- Protección contra grabación. Modificar un archivo, o disco, para que no sea posible modificar, editar o borrar sus datos.

write-back cache- Caché de contestación. Método especial de almacenamiento a alta velocidad, en el cual las modificaciones a datos en el caché no se copian al origen del caché, sino hasta que sea absolutamente necesario.

WRT (With Respect To, With Regard To)- Siglas de correo electrónico de: "With Respect To" o "With Regard To", que significan: "Respecto a", o "Concerniente a…".

WTB (Want To Buy)- Siglas de correo electrónico de: "Want To Buy", que significan: "Quiere comprar".

WWW (World Wide Web)- Ver World Wide Web.

WYSIWYG ("What You See Is What You Get")- Lo que ve es lo que obtiene. Imagen de un texto en pantalla, que será igual a lo que la impresora produzca.

X

X (X Window System)- Forma corta de: Sistema de Ventanas X, que es un sistema de ventanas que se originó a principios de los años ochentas, como resultado de un trabajo de investigación colaborativa entre la Universidad de Stanford y MIT, con ayuda de IBM.

X-10- Norma para dispositivos caseros, controlados por computadora.

X.25- Protocolo que establece una forma internacional estándar de organizar datos en paquetes.

X.400- Norma de mensajería especificada por la Unión Internacional de Telecomunicaciones – Sector de Normas de Telecomunicaciones (ITU-TS), que constituye una alternativa para el protocolo de correo electrónico: Protocolo de Transferencia de Correo Sencillo (SMTP).

X.500 (X.500 Directory Service)- Servicio de Directorio X.500. Forma estándar para el desarrollo de un directorio electrónico de personas dentro de una organización, con el propósito de que pueda ser parte de un directorio de Páginas Blancas global (global White Pages directory), disponible a cualquier persona en el mundo que cuente con acceso a la Internet.

X.509- Norma internacional para certificados digitales por ITU-TSS.

x86- Nombre genérico de una serie de familias de microprocesadores de Intel, que se inició con el microprocesador 8086.

Xanadu- Serie de ideas y un proyecto de diseño de programas, para un sistema universal de almacenamiento y acceso de información electrónica.

x-axis- Eje x. En una gráfica, el eje horizontal.

Xbase- Entorno de programación, basado en el lenguaje de programación dBASE.

X client- Cliente X. Aplicación que solicita servicios de un servidor X, en el sistema X Window.

XCMD (external command)- Ver external command.

xcopy- Comando de ciertos sistemas operativos para copiar grupos de archivos.

xDSL (Digital Subscriber Lines)- Líneas de Subscriptor Digital. Todo tipo de Líneas de Subscriptor Digital.

Xenix- Versión de UNIX, que corre en Computadoras Personales (PCs), creado por Microsoft Corporation.

Xeon- Línea de circuitos integrados Pentium II, introducida por Intel en 1998.

XFree86- Versión de origen abierto del sistema X Window.

XGA (Extended Graphics Array)- Ver Extended Graphics Array.

x-height- Altura de x. Altura de la letra x, en determinado tipo de letra.

XML (Extensible Markup Language)- Lenguaje de Formateo Extensible. Especificación desarrollada por el Consorcio de la World Wide Web.

XML Namespaces- Colección de nombres de atributo, y de tipo de elemento.

XMODEM- Protocolo de transferencia de archivos, desarrollado en 1977 por Ward Christensen.

XMS (Extended Memory Specification)- Especificación de Memoria Extendida. Procedimiento desarrollado por AST Research, Intel Corporation, Lotus Development y por Microsoft Corporation, para el uso de memoria extendida y área de memoria alta de DOS. Ver Extended Memory Specification.

X-OFF, X-ON- Códigos que interrumpen o inician, respectivamente, la transmisión de datos de una computadora a una terminal.

Xpointer (XML Pointer Language)- PunteroX (Lenguaje de Puntero XML). Lenguaje para la localización de datos dentro de un documento de Lenguaje de Formateo Extensible (XML), basado en propiedades tales como: la localización dentro del documento, contenido de caracter y valores de atributo.

X server- Servidor X. Programa en el sistema Windows X, que está configurado para trabajar con el equipo de una computadora específica.

XSL (Extensible Style Language)- Lenguaje de Estilo Extensible. Especificación para separar estilo de contenido, al crear páginas HTML ó XML.

X terminal- Terminal X. Computadora donde se puede ejecutar el sistema X Window.

X Window System (X)- Ver X.

Y

Y2K (Year 2000) problem- Problema del Año 2000. El problema de manejar programas que no pueden representar correctamente fechas posteriores a 99 (1999).

Yahoo! (Yet Another Hierarchical Officious Oracle)- Directorio de la World Wide Web, iniciado por David Filo y Jerry Yang, en la Universidad de Stanford.

y-axis- Eje y. En una gráfica, el eje vertical.

Yellow Book- Libro amarillo. Norma de la Organización Internacional de Normas (ISO), que describe la forma en que se codifican datos en CD-ROMs.

YMMV (Your Mileage May Vary)- Abreviatura de correo electrónico de: "Your Mileage May Vary", que significa: "Tu recorrido en millas puede variar".

YMODEM- Protocolo de comunicaciones asíncronas, diseñado por Chuck Forsberg, que expande al Xmodem, al incrementar el tamaño de bloque de transferencia y respaldando transferencias de archivo de secuencia (batch file).

yottabyte- Dos a la octogésima potencia (10^{24}) de octetos.

yoke- Culata. Conjunto de electroimanes alrededor de la parte exterior de un Tubo de Rayos Catódicos (CRT), que dirigen electrones a los pixeles apropiados en pantalla. Si la culata no se encuentra alineada, el monitor no funciona.

Z

Z39.50- Protocolo de comunicaciones estándar para la búsqueda y recuperación de datos bibliográficos, en bases de datos en línea.

z-buffering- Algoritmo de Determinación de Superficie Visual (VSD). Algoritmo usado en gráficas tridimensionales, para asegurarse que la perspectiva funcione en el mundo virtual, de la misma manera que en el real.

Zero-Insertion Force (ZIF) socket- Enchufe de Fuerza de Inserción Cero. Forma física por la cual los microprocesadores '486 y algunos modelos de Pentium y Celeron, se conectan con la vía de transmisión (bus) de datos, en un zoclo en la placa base de la computadora.

zero-slot LAN- Red de Area Local de ranura-cero. Red de Area Local (LAN) diseñada para usar el puerto en serie de una computadora.

zero wait state- Estado de espera cero. Sistemas que no tienen períodos de inactividad, o sea, que permiten que el microprocesador corra a su máxima velocidad, sin esperar a chips de memoria más lentos.

zettabyte- Dos a la septuagésima potencia (10 a la 21a. potencia) de octetos.

ZIF (Zero-Insertion Force) socket- Ver Zero Insertion Force socket.

Zine- Ver e-zine.

ZIP- Popular formato de compresión de datos. A los archivos que han sido comprimidos con el formato ZIP, se les denomina archivos ZIP, y usualmente terminan con una extensión .ZIP. Un tipo especial de archivo ZIP, es el de autoextracción (self-extracting), que termina con una extensión .EXE.

Zip drive- Unidad de disco removible de alta capacidad, desarrollada por Iomega Corporation. Los discos Zip son ligeramente más grandes que los disquetes (floppy disks) convencionales, y aproximadamente lo doble de gruesos.

ZMODEM- Protocolo de comunicaciones asíncronas. Protocolo de transferencia de archivos, que realiza la transmisión de archivos de computadora con mayor facilidad y gran rapidez. Proporciona velocidades de transferencia de datos más rápidas, y cuenta con mejor detección de errores que Xmodem.

zoom- Ampliar una ventana, parte de un documento, o una imagen.

zoom box (Macintosh)- Cuadro de ampliación.

Zoomed Video Port (ZV Port)- Puerto de Video Ampliado. Puerto que permite transferir datos directamente de una Tarjeta de Circuito Impreso (PC Card), a un controlador de Arreglo de Gráficas de Video (VGA).

Zulu (Zulu time)- Término usado entre los militares, y en navegación, para designar al Tiempo Coordinado Universal (UCT), algunas veces llamado Tiempo Universal Coordinado (UTC) ó (UTC), y antiguamente conocido como Tiempo de Greenwich (Greenwich Mean Time).

Printed in the United States
118250LV00002B/19/A